融合型·新形态教材
复旦社云平台 fudanyun.cn

婴幼儿托育·早期教育系列教材

婴幼儿家园共育

主　编　秦旭芳　肖　文

副主编　张　红　王　朔　王　彧

编　委　丁　洁　刘小童　裴中钰　孙　静

　　　　　宋济宇　时晓琪　田　梦　武怡君

　　　　　席文茜　臧天品

复旦大學 出版社

内容简介

在托育政策的指导下，婴幼儿家园共育意义重大。婴幼儿家园共育强调0~3岁婴幼儿家庭与负责0~3岁婴幼儿照护服务的托育园所相互合作，并结合医养教形成家园合力，促进婴幼儿全面和谐发展。本教材包括七大模块内容：婴幼儿家园共育概述、婴幼儿家园共育中的机构建设、婴幼儿家园共育中的课程实施、婴幼儿家园共育中的教师培养、婴幼儿家园共育的家庭指导、家庭–托育园所–幼儿园的有效衔接与共育以及婴幼儿家园共育中的精准评价。学习者通过学习，能够将理论阐释与实践相结合，有效开展婴幼儿家园共育，搭建婴幼儿家长和托育园所之间沟通与合作的桥梁。

本教材配套资源丰富，含有拓展阅读资源、微课视频、课件、教案、习题答案等，可登录复旦社云平台（www.fudanyun.cn）查看、获取。课件、教案仅限教师使用。每一个模块后配有在线测试题，学习者可以及时检验自己的学习情况。本教材可供婴幼儿托育相关专业、早期教育专业、学前教育专业等师生使用，也可为托育机构管理者和从业人员提供参考。

复旦社云平台
数字化教学支持说明

为提高教学服务水平，促进课程立体化建设，复旦大学出版社建设了"复旦社云平台"，为师生提供丰富的课程配套资源，可通过"电脑端"和"手机端"查看、获取。

🖥 【电脑端】

电脑端资源包括 PPT 课件、电子教案、习题答案、课程大纲、音频、视频等内容。可登录"复旦社云平台"（www.fudanyun.cn）浏览、下载。

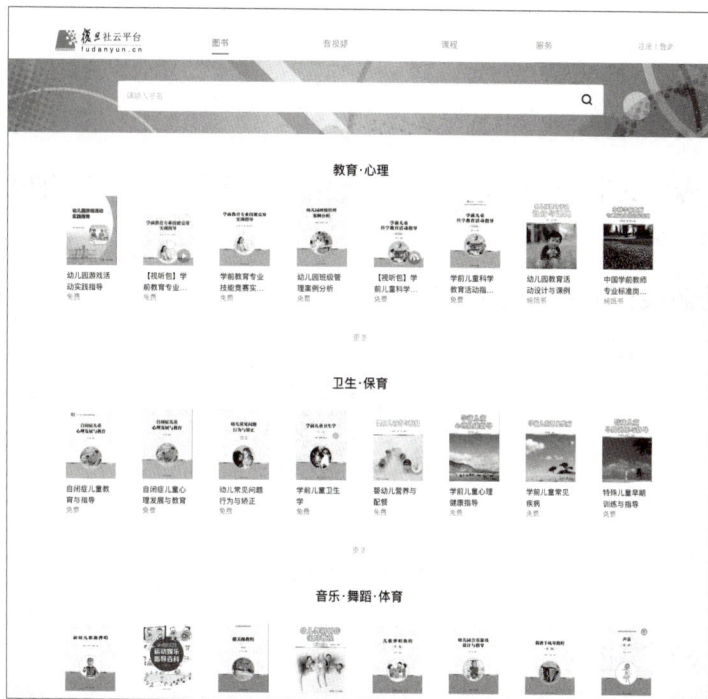

Step 1 登录网站"复旦社云平台"（www.fudanyun.cn），点击右上角"登录/注册"，使用手机号注册。

Step 2 在"搜索"栏输入相关书名，找到该书，点击进入。

Step 3 点击【配套资源】中的"下载"（首次使用需输入教师信息），即可下载。音频、视频内容可通过搜索该书【视听包】在线浏览。

PPT 课件、音视频、阅读材料：用微信扫描书中二维码即可浏览。

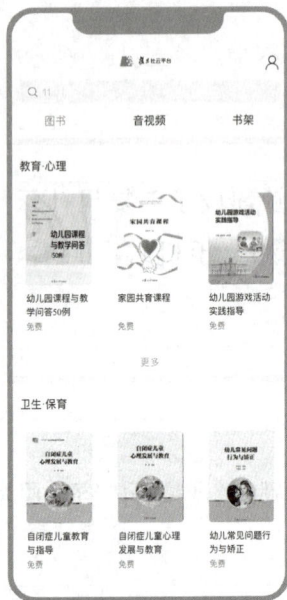

扫码浏览 ➡

📖 【更多相关资源】

更多资源，如专家文章、活动设计案例、绘本阅读、环境创设、图书信息等，可关注"幼师宝"微信公众号，搜索、查阅。

平台技术支持热线：029-68518879。

"幼师宝"微信公众号

✏ 【本书配套资源说明】

1. 刮开书后封底二维码的遮盖涂层。

2. 使用手机微信扫描二维码，根据提示注册登录后，完成本书配套在线资源激活。

3. 本书配套的资源可以在手机端使用，也可以在电脑端用刮码激活时绑定的手机号登录使用。

4. 如您的身份是教师，需要对学生使用本书的配套资料情况进行后台数据查看、监督学生学习情况，我们提供配套教师端服务，有需要的老师请登录复旦社云平台（官方网址：www.fudanyun.cn），进入"教师监控端申请入口"提交相关资料后申请开通。

前 言

近年来，国家愈发重视 0～3 岁婴幼儿的照护服务，相继出台了诸多有关托育的政策文件，如 2019 年《关于促进 3 岁以下婴幼儿照护服务发展的指导意见》《托育机构设置标准（试行）》和《托育机构管理规范（试行）》，2021 年《托育机构保育指导大纲（试行）》《托育机构负责人培训大纲（试行）》和《托育机构保育人员培训大纲（试行）》，2022 年《托育从业人员职业行为准则（试行）》，2023 年《家庭托育点管理办法（试行）》等，0～3 岁婴幼儿照护服务体系在这些政策的引导下日益规范、系统。同时，国家也调整了相应的生育政策，携手家长一同助力婴幼儿健康发育，家园共育在婴幼儿成长中的作用日益凸显。婴幼儿家园共育强调的是，0～3 岁婴幼儿家庭与负责 0～3 岁婴幼儿照护服务的幼儿园托班、托育机构及早教机构相互合作，共同参与 0～3 岁婴幼儿成长的全过程，与此同时，形成医养教结合的家园合力，从而促进婴幼儿的全面和谐发展。

本教材着重于婴幼儿家园共育，致力于将理论阐释和案例剖析相结合，挖掘先进经验、提炼典型案例、归纳思路方法，旨在探索婴幼儿家园共育这一重要领域，为婴幼儿家园共育的开展提供有效借鉴，搭建婴幼儿家长和托育园所之间沟通与合作的桥梁。本教材可供全国高职院校婴幼儿托育服务与管理专业、早期教育专业、学前教育专业等师生使用，也可供托育机构管理者和从业人员参考。

本教材分为七大模块，其中模块一为婴幼儿家园共育概述，主要讨论了婴幼儿家园共育的目标与原则、婴幼儿家园共育的内容与类型、我国婴幼儿家园共育的现实与发展以及婴幼儿家园共育的国际经验与启示。模块二为婴幼儿家园共育中的机构建设，对机构的类型、机构的规范以及机构的环境创设进行了较为详细的阐述。模块三为婴幼儿家园共育中的课程实施，主要包括了托育课程的要素与结构以及家园共育中生活课程、运动课程、学习课程、游戏课程的实施。模块四为婴幼儿家园共育中的教师培养，详细介绍了国内外托育教师的入职标准、家园共育中托育教师的职业要求以及家园共育中托育教师的职业培训。模块五为婴幼儿家园共育的家庭指导，具体涉及婴幼儿家庭指导的需求与困境、婴幼儿家庭指导的内容、婴幼儿家庭指导中的沟通和家庭教育指导的小妙招。模块六主要介绍了家庭、托育园所、幼儿园的有效衔接与共育的相关内容,包括托育园所与家庭的衔接共育、托育园所和幼儿园的衔接共育两个内容。模块七为婴幼儿家园共育中的精准评价,涵盖了婴幼儿家园共育评价的内容与方法、婴幼儿家园共育的评价工具两个方面。

本教材以"模块导读""学习目标""思政导航""内容结构""案例导入(解理辨析)""任务要求""任务内容""模块小结""思考与练习"为写作脉络,凸显课程思政特点,具有逻辑性、趣味性和耐读性。其中,"模块导读""学习目标""思政导航"和"内容结构"设置在每章的导入部分,为学习者建构目标要求以及学习内容框架。"案例导入(解理辨析)"展示了婴幼儿家园共育中的经典案例,并对案例进行详细分析,提出解决案例中问题的具体措施与当前婴幼儿家园共育的有效做法,扫描二维码即可阅读案例解析内容。"任务要求"能够使学习者精准了解每个任务的学习目标和学习内容。"思考与练习"通过相关试题的练习促进"课—岗—证"融合,加深学习者对章节内容的理解,同时帮助学习者更好地检验学习成果。为帮助教师和学生更好地使用和学习,本教材制作和整理了各个模块的微课视频、拓展知识、教案及教学课件,扫描对应二维码即可阅读、学习。

本教材由辽宁师范大学秦旭芳教授、沈阳市浑南区教育局花语幼儿园肖文园长负责全书的整体架构和协调编写工作,秦旭芳、肖文担任主编,由秦旭芳、时晓琪完成统稿工作。本教材章节分工如下:模块一由秦旭芳、时晓琪、席文茜编写,模块二由肖文、武怡君、臧天品编写,模块三由肖文、裴中钰、丁洁编写,模块四由秦旭芳、宋济宇、武怡君编写,模块五由秦旭芳、刘小童、宋济宇、裴中钰编写,模块六由秦旭芳、孙静、田梦编写,模块七由秦旭芳、臧天品、刘小童、席文茜编写。

衷心感谢复旦大学出版社领导的大力支持,感谢本教材的策划编辑夏梦雪。同时,感谢为本教材投稿的托育园和托育教师,在他们的帮助下本教材汇集了大量婴幼儿家园共育工作的真实案例和经验,使本教材内容更贴近托育工作实际,整体内容更加丰厚。

在编写过程中,本教材借鉴了很多学者著作中的观点,也查阅了很多文献和网络资料来补充书稿内容,在此表示深深的谢意。婴幼儿家园共育工作正处于不断探索的过程中,相信随着理论的革新和实践的探索会积累更多婴幼儿家园共育的策略与方法。本教材难免有不足之处,敬请全体托育同仁批评指正,编写组将不断吸取各方建议并完善。

秦旭芳

2024 年 3 月于辽师大

目录

参考文献 149

模块一
婴幼儿家园共育概述

课件

模块导读

家园共育对于婴幼儿的成长和发展有着不可小觑的作用。"家园共育"一词体现了家庭与托育机构或托育园①两个主体共同参与的重要性，仅靠其中一方单方面的努力是无法完成家园共育工作的。家园共育需要双方紧密合作，齐心协力，也要借助社会资源、相关社会组织的力量，在此过程中共同学习和反思，不断累积教育经验，才能实现婴幼儿的全面和谐发展。

本模块阐述了婴幼儿家园共育概述的相关内容，通过案例分析、理论呈现等帮助学习者掌握婴幼儿家园共育的基本理论知识，包括目标与原则、内容与类型。同时，也介绍了目前我国家园共育工作取得的进展以及存在的问题，学习者可通过阅读日本、美国等国家的家园共育材料思考其对我国家园共育的启示。学习本模块后，学习者可以清晰地掌握婴幼儿家园共育的理论知识，理解婴幼儿家园共育工作的重要性。

学习目标

1. 理解婴幼儿家园共育的目标与原则。
2. 掌握婴幼儿家园共育的内容与类型。
3. 了解我国婴幼儿家园共育的现实与发展。
4. 了解婴幼儿家园共育的国际经验与启示。
5. 能认识到婴幼儿家园共育的重要性，形成有关家园共育工作的基本认识。

思政导航

党的十九大报告将"幼有所育"作为需要取得新进展的七项重点民生任务之一，国家高度重视托育服务建设，国家卫健委发布的《托育机构保育指导大纲（试行）》中规定了婴幼儿保育的相关目标与要点，同时明确指出托育服务中实施家园共育工作的重要性，"托育机构要与家庭、社区密切合作，宣传科学育儿理念和方法"。

为进一步落实党中央、国务院决策部署，建设高质量托育公共服务体系，上海市颁布了《关于进一步促进本市托育服务发展的指导意见》。该文件提出在开展家园共育工作队伍建设方面，要大力开展托育服务从业人员队伍建设；在提供家园共育服务方面，要求综合运用全日托、半日托、育儿指导、亲子

---

① 本书中，将托育机构和早教机构统称为"托育机构"，将托育园和幼儿园托班统称为"托育园"。为行文简洁，下文将"托育机构和托育园"统称为"托育园所"。

活动等方式,满足幼儿家庭多种需要。基于此,本模块将从家园共育概述入手,涵盖婴幼儿家园共育的目标、原则、内容及类型等核心概念。旨在帮助托育教师感知并形成开展家园共育工作的基础框架,进一步明晰家园共育对婴幼儿发展的重要性;正确看待我国婴幼儿家园共育的现实与问题,思考国际优秀经验对自身开展家园共育工作的启示。

内容结构

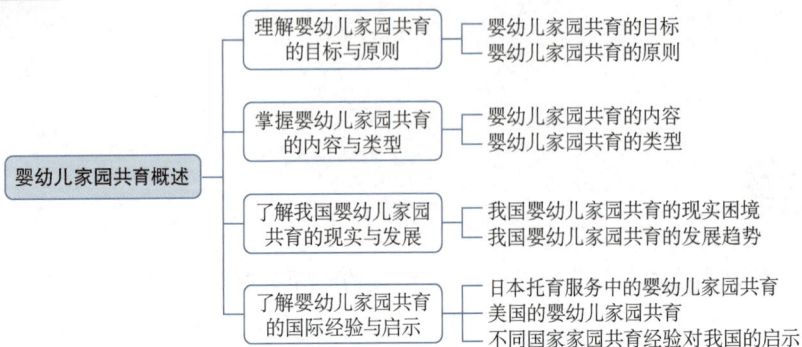

- 婴幼儿家园共育概述
  - 理解婴幼儿家园共育的目标与原则
    - 婴幼儿家园共育的目标
    - 婴幼儿家园共育的原则
  - 掌握婴幼儿家园共育的内容与类型
    - 婴幼儿家园共育的内容
    - 婴幼儿家园共育的类型
  - 了解我国婴幼儿家园共育的现实与发展
    - 我国婴幼儿家园共育的现实困境
    - 我国婴幼儿家园共育的发展趋势
  - 了解婴幼儿家园共育的国际经验与启示
    - 日本托育服务中的婴幼儿家园共育
    - 美国的婴幼儿家园共育
    - 不同国家园共育经验对我国的启示

任务一 理解婴幼儿家园共育的目标与原则

案例导入

解理辨析

奶奶笑了

奶 奶 笑 了

嘟嘟是奶奶的小心肝,从一出生就是奶奶照顾的。最近小区里新开了一家托育园,嘟嘟爸妈认真考察后,决定把嘟嘟送到托育园去接受专业的早期教育。奶奶知道后坚决反对,觉得孩子太小,一定会挨欺负、受委屈,嘟嘟爸妈怎么劝说也没有用。

一次,奶奶得了重感冒,趁此机会爸妈赶紧把嘟嘟送到了家附近的托育园,嘟嘟很快适应了环境,每天都很开心。病愈的奶奶听说嘟嘟还是入托了,吵着要到托育园把孙子接回来。李园长热情接待了嘟嘟奶奶,带她全面参观了托育园的环境,还通过视频监控让奶奶观看嘟嘟在班级里的活动,看到嘟嘟和老师、小朋友相处得非常融洽,奶奶终于放下心来,脸上也多了几分笑容。李园长又向奶奶介绍了托育园的家园共育方案,帮助奶奶下载了一款可以实时观看嘟嘟在园情况的软件,欢迎奶奶参与到园所的监督和管理中来,和托育园合力制定教育方案。

看着整洁温馨的环境、专业的园长老师、活动室里开心游戏的嘟嘟,奶奶满意地笑了。

(本案例来源于辽宁省沈阳市浑南区教育局花语幼儿园,王繁)

思考:在李园长帮助嘟嘟奶奶打消对托育园疑虑的过程中,体现了家园共育的哪些原则?

任务要求

1. 熟悉婴幼儿家园共育的四项目标,了解目标的重要指引作用。

2. 理解婴幼儿家园共育的原则和践行策略。

家园共育又名"家园合作"，部分学者引申"家校合作"的概念并对其进行解释，家校合作是指在教育活动中，结合学校和家庭这两个对学生影响最大的社会机构的力量，相互扶持，共同努力，来促进学生的发展。[①] 因此，本书中家园共育是指家庭与托育园所等婴幼儿教育机构在遵循一致的婴幼儿发展目标的基础上，彼此理解并互相支持、合作实施医养教结合的保育教育。其中，"医"指开展婴幼儿保健护理、疾病防治等工作；"养"指一日生活照料与养育，包括进餐、饮水、睡眠、如厕、盥洗等生活行为习惯的养成；"教"则是指对婴幼儿实施早期教育，通过游戏或多种形式的活动促进婴幼儿认知、动作、语言、社会性等多方面的发展。在此过程中，通过家庭与托育园所的不断互动、调整、实施，进而推动婴幼儿的全面发展。

一、婴幼儿家园共育的目标

婴幼儿家园共育的目标是开展家园共育工作的基础，具体包括以下四个目标。

(一) 理清家长与托育教师的角色与责任

合作行为是社会群体所具有的一种互动形式，合作者之间是否存在相对稳定、健康的角色分工是决定合作效率的重要因素之一，在家园共育中，家长与托育教师的角色分工就影响着家园共育的效果与效率。

首先，明确家长是婴幼儿教育的主导者与学习者。从法律义务层面来看，《家庭教育促进法》第四条指出，"未成年人的父母或者其他监护人负责实施家庭教育"[②]，说明家长是婴幼儿教育的第一责任人，是对婴幼儿开展教育的主导者。在家园共育工作中，托育教师和托育园所要尊重家长的教育主体地位，同时将家长的学习需要纳入家园共育工作的内容，鼓励更多家长形成主动学习婴幼儿医养教方面相关知识、方法的习惯。

其次，明确托育教师是婴幼儿教育中的合作者和指导者。积极、良好的家园关系表现在：托育教师和家长都将对方视为教育过程中平等的合作伙伴，为着共同的教育目标，互相信任、彼此理解、互尊互助。[③] 托育教师作为婴幼儿教育的合作者，需要建立并维护这种充满信任和尊重的合作伙伴关系。同时，托育教师拥有专业的教育理念和教学能力，是专职的教育从业人员，可以给予家长专业指导。托育教师善于发挥不同家长的优势，根据婴幼儿的发展水平与情况对其家长提供多种形式的帮助。

(二) 树立和谐的教育观念

教育观念是家长一切教育行为的出发点。在家园共育工作中，托育教师应当帮助家长更新教育观念，消除"赢在起跑线"的超前学习观念，树立以婴幼儿为本，关注其身心全面和谐发展的教育观念。首先，要帮助家长树立正确的成才观。借助不同的家园共育形式，运用事实案例启发家长，树立尊重婴幼儿兴趣需要且符合未来社会发展的新时代教育观念。提醒家长调整对婴幼儿成长的期待，端正自己的教育心态，正确看待不同婴幼儿之间发展的差异性。其次，帮助家长树立健康平等的亲子观。部分家长的教育动机始于自身的目标或过高的理想，他们会将其强加给婴幼儿，认为自己是他们成长的正确规划者，同时家长也习惯将技能学习与婴幼儿的个人能力和价值相匹配。家园共育要引导家长关注当下的教育行为和观念是否合理科学，存在哪些问题，帮助家长形成科学的亲子观念。

(三) 满足婴幼儿全面发展的需要

《"十四五"学前教育发展提升行动计划》中强调既要实现婴幼儿的全面发展，又要促进每个婴幼儿

① 马忠虎. 家校合作[M].北京:教育科学出版社,1999:54.
② 教育部. 中华人民共和国家庭教育促进法[EB/OL]. (2021-10-23)[2024-01-03]. http://www.moe.gov.cn/jyb_sjzl/sjzl_zcfg/zcfg_qtxgfl/202110/t20211025_574749.html.
③ 郭文英. 架起家园共育的彩虹桥[M].北京:北京师范大学出版社,2009:33.

富有个性的发展。① 全面发展指的是婴幼儿的德智体美劳整体、全方位的发展，家园共育既要关注到婴幼儿多方面能力的发展，又要推动婴幼儿富有个性的发展。只有将全面且颇具个性化的能力发展作为长期目标融入到德、智、体、美、劳的全方位养育和教育之中，才能实现婴幼儿有效、全面的发展。托育教师、托育园所、家长要为婴幼儿创设积极的、富有支持性的环境，让婴幼儿主动探索环境，在与环境的不断交互中获得有益于身心发展的经验。同时，婴幼儿还需要良好的精神氛围和人际关系，需要教师、家长的关怀、尊重、激励，需要在与成人的交往中感受到安全、温暖与支持，需要同伴的互动、游戏、交往。② 因此，婴幼儿家园共育工作的主要目标就是要满足婴幼儿全面发展的需要。

（四）实现家长与婴幼儿的共同成长

在家园共育活动中我们一直强调关注婴幼儿在其中的发展与进步，但也不能忽视家长教育能力的提升。教育能力不是与生俱来的，家长自身的教育能力和观念直接影响家庭教育的质量，对婴幼儿未来发展的可能性影响深远。"儿童是成人之父"③，作为家长，在养育生命的同时也需要从婴幼儿身上不断学习和反思，在此过程中需要专业人员的指导。家园共育为家长提供了科学的家庭教育指导和多样的学习机会，帮助家长学习婴幼儿不同阶段的发展规律，了解先进的教育理念，反思教育过程中自己的不足等。利用日常沟通的机会，托育教师可以把婴幼儿行为表现、发展情况与教育方法或理念相结合，有技巧性地与家长探讨下一步的教育措施和行为。借助家长学校、育儿经验分享会等形式，开展家庭教育指导和实践活动，引导家长成为教育的终身学习者，实现与婴幼儿的共同成长。

二、婴幼儿家园共育的原则

婴幼儿家园共育强调家庭和托育园所应该共同承担育儿的责任，提供婴幼儿需要的支持、资源和环境，以促进婴幼儿身心发展和良好性格的形成。在这个过程中，需要遵循尊重信任支持原则、资源整合共享原则及一致性与协同性原则。

（一）尊重信任支持原则

尊重信任支持原则是婴幼儿家园共育的基本原则，是指在婴幼儿的教育中，家庭与幼儿园或托育机构之间互相尊重，真诚相待，建立起相互信任、支持的和谐关系。只有家园之间彼此尊重，才能使双方产生愉悦的情感体验，共同承担起婴幼儿教育的责任。

为保证托育园所与家长之间的平等尊重，以实现双方之间的互信互助，可以采取以下措施。首先，托育教师和家长都应该摆正态度，相互尊重对方的角色和权益。在家长工作中，托育教师要尊重家长的育儿诉求，把家长看成帮助自己改善教育方法、提高教育能力的朋友。婴幼儿家长要尊重托育教师的工作内容、教学方法和自主性，理解其角色和责任。其次，托育教师与家长应建立一个开放、互动的沟通平台，保证双方的开放性沟通。托育教师应主动与家长保持沟通，鼓励家长提出问题和建议，同时也向家长传达信息和反馈。最后，托育园所的管理决策应该透明，家长有权了解和参与其中。机构应向家长提供决策依据、目标和计划，征求他们的意见并尊重家长的意愿。家长应理解机构的决策考虑因素，共同参与决策过程，确保决策的公正性和合理性。通过以上措施，托育园所和家长之间可以实现平等合作，互信互助，为幼儿提供更全面、贴心的教育和成长环境。

① 教育部.教育部等九部门关于印发《"十四五"学前教育发展提升行动计划》和《"十四五"县域普通高中发展提升行动计划》的通知[EB/OL].(2021-12-14)[2024-1-3].http://www.moe.gov.cn/srcsite/A06/s7053/202112/t20211216_587718.html.
② 基础教育教学研究课题组.幼儿园家园共育指导[M].北京:高等教育出版社,2014:11.
③ 刘晓东.儿童精神哲学[M].南京:南京师范大学出版社,1999:380.

（二）资源整合共享原则

婴幼儿家园共育的资源整合共享原则是指在婴幼儿教育领域中，将托育园所与家庭的教育资源进行整合和共享，以促进家庭和托育场所之间的密切合作，共同为婴幼儿提供更好的教育和发展环境。通过资源整合和共享，可以最大程度地发挥各方的优势，创造一个有益于婴幼儿全面发展的教育环境。

托育园所和家长之间可整合共享的资源涉及托育材料和托育经验。在托育材料方面，托育园所可以分享玩具教具、优秀绘本、活动手册等，让家长在家中与孩子一起使用这些材料开展继续教育活动。家长也可以利用自己的家庭优势为托育园所提供材料。在教育经验方面，托育园所可以为家长提供科学的教育知识、活动指导与建议，家长也可以分享家庭经验、教育理念等，推动互相学习。托育园所和家长之间可进行资源共享的渠道有线上和线下两种。线上可共享资源的渠道包括专门的网站、应用程序、论坛、教育资源库或社交媒体群组，线下可共享资源的渠道包括家园合作活动、家长课程、家访，等等。通过以上方法，托育园所和家长可以实现资源共享，共同为婴幼儿的全面发展提供支持和资源，创造更加丰富多彩的教育环境。

（三）一致性与协同性原则

婴幼儿家园共育的一致性与协同性原则是指托育园所与家长之间的教育方法、价值观和目标应该保持一致，双方在教育过程中相互配合，以形成教育合力，共同完成教育婴幼儿的目标。一致性与协同性原则的遵守有助于在家庭和托育场所之间建立稳定的学习环境，促进婴幼儿的全面发展。

家园共育渗透在托育活动的方方面面，因此托育园所可以通过多块面推进，坚持一致性与协同性原则。一是推进教育目标的一致性与协同性。托育教师可以和家长一起共同制订婴幼儿的教育目标和计划。教师应及时向家长传达婴幼儿的学习情况、发展进展以及日常生活表现等信息，同时，家长也应该向教师提供婴幼儿在家庭中的情况、需求和活动意见，在全面了解的基础上，共同商讨婴幼儿的发展方向，并制订相应的照护计划。二是推进各类婴幼儿家长教育理念的一致性与协同性，特别是祖辈家长和年轻家长之间的教育观念需要达成一致。因此，托育园所在邀请幼儿父母前来参加家长会的同时，也可以针对性地召开祖辈家长会，让祖辈家长了解到正确的托育理念。三是推进婴幼儿生活常规的一致性与协同性，特别应引导家长们为婴幼儿做正向的榜样。每个班级都可以与家长一起讨论制订生活公约，并确保老师、家长和婴幼儿共同遵守，帮助婴幼儿在不同环境中养成一致的行为规范和生活习惯。通过以上措施，可以为婴幼儿创造一个稳定、支持性的成长环境，有助于婴幼儿健康成长和全面发展。

任务二　掌握婴幼儿家园共育的内容与类型

案例导入

解理辨析

我的五官

我的五官

2岁的宝宝正处于自我意识敏感期，开始认识到"我"与外界是有区别的，他们开始划分"你的"和

"我的",对属于自己的东西有较强的占有欲和保护欲。在这一时期,托育机构经常会开展以"小小的我"为主题的系列活动,而这一主题活动最好的开端就是从"认识五官"开始。

在周五的亲子活动中,玲玲老师和家长一起讨论宝宝自我意识敏感期的特点,同时商议下周即将开展的"认识五官"的活动方案,家长们不仅给出了很多建议,还帮助玲玲老师一起制作了五官的教具。经过讨论,她们确定了将从认识五官、我的五官作用大、贴五官、我和妈妈照镜子、保护五官五个方面开展活动。玲玲老师还设计了好多认识五官的小游戏,像"我的鼻子在哪里""翻卡片""指指点点"等,她都推荐给了家长们,让家长们在家里与宝宝一起游戏,宝宝们就能够更快更好地认识自己的五官啦!

(本案例来源于辽宁省沈阳市辽中区教育局,付佳)

思考:在"认识五官"活动的设计过程中,玲玲老师与家长采取了哪些行动?

任务要求

1. 熟悉婴幼儿家园共育的内容。
2. 掌握婴幼儿家园共育的类型。

家园共育工作是指围绕婴幼儿这一核心,通过多种不同类型的家园共育活动与家长开展互动,下文将详细介绍婴幼儿家园共育的内容和类型。

一、婴幼儿家园共育的内容

婴幼儿家园共育工作要以婴幼儿发展情况为切入点,与家长保持密切沟通,让其了解婴幼儿在托的一日生活与能力表现,家园共论婴幼儿发展。同时,吸引家长主动参与并构思家园共育活动,赋予其教育责任感,家园共施教育活动,还要根据不同婴幼儿的能力发展水平为家长提供专业的育儿指导。

(一)家园共论婴幼儿发展

家园共育需要托育教师和家长互通婴幼儿在托班和家中的生活互动情况,针对婴幼儿的发展需要商议教育方法并配合实施、反馈效果。首先,建立密切的沟通联络是家园共论婴幼儿发展的前提。托育教师可以采用面谈等方式进行一对一交流,也可以借助告示栏、家园联系手册等实现一对多互动。托育教师应随时和家长互通,反馈婴幼儿的发展状况,耐心解答家长疑问并建立信任,保持密切沟通。其次,婴幼儿发展是家园共论的核心议题。无论采用何种方式沟通都要落实在婴幼儿全方面发展上,所以托育园所及其托育教师不能只要求家长配合工作、反馈问题。一方面要向家长阐明医养教结合的发展目标,让家长充分理解并在家中配合实施相关教育举措。另一方面要通过解读家长的育儿需求了解他们的教育目标并给予引导,教师要与家长一同复盘婴幼儿生活中的细节表现,分析婴幼儿言语、大小肌肉动作发展情况。抓住与家长沟通的每一个契机,巧妙建议家长重视发展优势能力,只有以婴幼儿发展为核心的沟通才能让家园共育更有价值和生机。

(二)家园共施教育活动

家园共施教育活动是指家庭和托育教师针对某一主题在家庭和托育园所中同时开展不同形式的日常活动,旨在通力合作达成教育目标。首先,托育教师应当做好计划,以固定频率或抓住某一教育契机开展家园共育活动并邀请家长参与。除了常规的家长会、家长开放日等,还可以以婴幼儿的兴趣或情绪情感、大小肌肉动作、社会性发展等关键点为导向设计共育活动。在日常托育服务中,通过户外亲子活动、育儿经验分享会、环创设计与讨论等形式邀请家长参与活动。同时,托育教师要为家长提供在家庭中开展活动的多种形式和引导方法,根据婴幼儿的差异提醒家长灵活调整活动流程和要求。其次,应提高家长积极性,参与家园共育活动的设计。家长的经验不但能帮助托育教师了解不同婴幼儿的家庭文化差异、行为习惯及其背后原因,还能汇集丰富的社会、社区资源,丰富活动形式,帮助婴幼儿深入体验学习。教师要先调动家长的积极性,在沟通时以本次活动的问题与建议为切入点,询问家长对于共育工作的期待,引导家长共同商议活动主题和形式并采纳合理建议。

(三) 提供家庭教育指导

为家长提供教育指导是托育园所等组织的专业责任,也是家园共育工作的内容之一。托育教师采用多种方式宣传先进教育理念与育儿知识、方法,不仅能帮助家长提升教育能力、进一步提高家庭教育质量,还能了解不同的家庭环境,有利于实现托育和家庭教育的连贯性和一致性。首先,托育教师要理清家庭教育指导的过程与方法,根据不同婴幼儿的发展和家庭环境差异选择适当的指导内容与方法。指导的内容和方法要具有较高的针对性和可操作性,结合婴幼儿的兴趣爱好创新指导形式与内容。其次,托育教师在进行家庭教育指导时,要有意识地引导家长反思。婴幼儿正处于生长发育的关键时期,虽然没有形成独立的价值观和思维,但家长的行为会映射在婴幼儿身上,他们会依据身边成人的言行反应调整自己的行为。所以托育教师应当从教育行为和理念入手,帮助家长反思自己选择的教育方法是否适用于婴幼儿,是否真正解决了婴幼儿当下的发展需要,让家长学会反思,促进其教育能力的提高。

二、婴幼儿家园共育的类型

目前,学界对于婴幼儿家园共育的类型划分并未统一,常见的划分方式有两种:一是按家园合作的目的划分,二是按家长的参与程度进行划分。

(一) 按家园共育的目的划分

美国学者戴维斯(D. Davies)认为家长参与托育园所的教育活动是为了实现相应的教育目的,具体可以划分为以下四种类型[①]:
① 解决目前教育中存在的问题,如约见家长、家长会等;
② 促使家长参与其子女的教育,如开展家庭教育指导、家长开放日等;
③ 利用社区教育资源来丰富园所机构教育,如参观博物馆、开辟校外教育基地等;
④ 让家长参与教育决策,如家长咨询委员会、家长—教师协会等。

(二) 按家长参与程度划分

杰斯特威克(Gestwicki)根据家长参与程度的高低将家园共育划分为三个层次,分别是形式上的参与、人际的参与以及管理式的参与。[②]

1. 形式上的参与
即低层次的家长参与。这类家园共育主要以托育机构、幼儿园等机构为主体,邀请家长参与活动,如家长开放日、家长会、婴幼儿作品展览等,间接获得婴幼儿发展和成长的相关信息资料。从家长参与的被动性来看,家园联系簿、家园宣传栏、教师约谈等方式也属于形式上参与的家园共育。

---

① 马忠虎. 家校合作[M]. 北京:教育科学出版社,1999:63.
② Gestwicki Carol. Home, School and Community Relations: A Guide to Working with Parents(2th ed)[M]. New York: Delmar Publishers, 1997: 78.

2. 人际的参与

即中层次的家长参与。在此类家园共育中,家园双方以双向交流为主,家长经常以志愿者身份主动向教师和机构发起交流沟通,提出参与意向及需求建议,如:家访、协助制作教具等。

3. 管理式的参与

即高层次的家长参与。此类家园共育中,家长被视为婴幼儿教育的主体和重要成员,有权利参与婴幼儿发展目标和方案的讨论、教育活动的制订与设计、园所相关事项的决议等。

虽然不同学者对于家园共育的分类各不相同,但其共同点在于家园合作均是由最基础的了解沟通逐渐发展到参与园所相关工作的决策,再次表明家园共育是一项长期工作,需要家庭与园所双方渐进性的推进。

📋 **案例**

解理辨析

[QR code]

有趣的泥巴

有趣的泥巴

户外游戏时,乐乐抓了几把土装在裤兜里带回了教室。菲菲老师发现后赶紧帮乐乐换了条干净裤子。清理泥土时,乐乐说什么也不让菲菲老师把泥土倒掉。原来上周末乐乐和哥哥一起在公园里玩了泥巴,感觉特别好玩。菲菲老师灵机一动,决定在班级开展一个关于泥巴的主题活动。放学时,菲菲老师向家长说明了自己的想法,得到了家长们的认可。

接下来的几天里,孩子们从家里带来了各种各样的泥巴,包括捏泥、彩色泥浆、泥巴拓印、摔泥巴,等等,菲菲老师和孩子们玩得不亦乐乎。家长们还纷纷将自己小时候玩泥巴的方法分享给菲菲老师,不断丰富课程资源,玩泥巴的活动持续了一个多月才结束。

(本案例来源于辽宁省沈阳市辽中区机关幼儿园,邢俊媛)

思考: 菲菲老师是如何与家长合作完成主题教育活动的?涵盖哪些家园共育的内容与类型?

任务三 了解我国婴幼儿家园共育的现实与发展

🎯 **案例导入**

照片里的妈妈

解理辨析

[QR code]

照片里的妈妈

同同的父母经常出差,把刚满1岁的同同送到了家附近的托育机构。刚入托时同同有些不合群,不想和小朋友一起做游戏,如果老师或小朋友触碰到他,他就会大哭大闹,甚至出现攻击性行为。小雪老师几次邀约家长来园探讨同同的教育问题,家长都说没有时间,老师感到十分头疼。

一天,老师给小朋友们讲了绘本《我的好妈妈》,并在班级里布置了一面合影墙,上面张贴了每一位小朋友的家庭合影。临近放学时,小雪老师看到同同站在合影墙下面,望着墙上的照片,嘴里喃喃地说:"妈妈下来。"同同的妈妈这次出差已经快一个月了,小雪老师知道同同心里一定非常想念妈妈,于是老师快步走过去抱住了同同,并在放学后跟同同妈妈通了好长时间的电话,全面介绍了同同在托育机构的情况,建议妈妈一定要关注孩子的心理,尽可能多抽时间陪伴孩子。

一段时间后,同同妈妈换到了一个不用经常出差的部门工作,在老师和同同父母的共同努力下,同同的状态越来越好,不再排斥与老师和小朋友互动,还出现了主动交往的行为。

(本案例来源于辽宁省沈阳市浑南区教育局花语幼儿园,徐雪菲)

思考:案例中的托育机构在开展家园共育工作时遇到了什么困难? 老师是如何解决的?

任务要求

1. 了解我国托育园和托育机构中家园共育的现实困境。
2. 了解托育园和托育机构中家园共育的发展趋势。

作为未来的教育工作者,要想更好地开展婴幼儿家园共育工作,就要先了解我国家园共育的现实问题与发展趋势。

一、我国婴幼儿家园共育的现实困境

近年来,随着三孩政策的实施和家长自身学历水平的提高,许多家庭愿意与托育园及托育机构合作教育婴幼儿,但我国婴幼儿家园共育发展也面临着一些挑战和改进空间。

(一) 托育园中家园共育的困境

1. 托班教师在亲子活动中对家长的育儿指导不足

托育园在举办亲子活动时,不仅应通过活动促进婴幼儿的发展,更应该对家长进行指导。但是当前托育教师在亲子活动中对家长的育儿指导不足,主要体现在以下两个方面。

第一,教师对亲子活动的价值认知不全面,指导内容片面。当前很多教师忽视引导增进亲子关系以及指导家长科学育儿。在亲子活动中,更多关注自己与婴幼儿的互动,较少关注自己与家长、婴幼儿与家长、婴幼儿与婴幼儿之间的互动。教师对家长的指导仅仅停留在示范亲子活动的玩法上。第二,教师对家长的需求了解不深入,指导缺乏针对性。当前很多教师认为家长参加亲子活动的目的是让婴幼儿能得到发展,因此,在亲子活动中,教师传授育儿知识较多,对育儿理念的指导介绍很少。但很多家长在教养时常常困惑于选择何种育儿理念,在育儿理念模糊的情况下,便无法采取有效的教养方法。

2. 托育教师缺乏与家园共育相关的评价手段

评价可以帮助我们了解家庭和托班在家园共育中的合作程度,以及是否能够达到良好的教育质量标准。然而当前很多托育教师并没有对家长参与教育行为进行评价,主要体现在以下三个方面。

首先,缺乏家庭教育支持的评价。当前的教育评价体系缺乏对家庭教育支持的评价,难以衡量对家庭教育支持的有效性和质量。其次,缺乏不同类型家长参与度的评价。当前的教育评价体系更多关注亲子互动过程,很少衡量不同类型家长在教育中的参与度和贡献。最后,缺乏家庭环境的评价。家庭环境对婴幼儿的成长有着重要的影响,包括家庭氛围、资源条件、家庭价值观等因素。然而,目前的评价体系很少考虑家庭环境对婴幼儿教育的影响,往往只关注班级环境。

(二) 托育机构中家园共育的困境

1. 亲子课程设置存在问题

托育机构在亲子课程的设置上存在一定的问题,主要体现在三点:一是很多托育机构的亲子课程

为成型课程,教师缺乏自主权,课程缺乏时效性;二是教师设计的大多为拼盘课程,未经过精心编排导致专业性和系统性不足;三是亲子课程环节安排较多,导致效果不佳。

首先,很多托育机构中的亲子课程是加盟某个品牌的授权课程或使用合作组织的成型课程。品牌加盟商为了保持课程的统一性,设置的亲子课程结构化和精细化程度较高,并严格控制课程的标准化教学。这样加盟品牌托育机构的教师只能严格执行总部的课程文本,而无权进行灵活的创新。总部课程无法兼顾不同文化环境和家庭背景的婴幼儿发展,导致婴幼儿活动的自发性和生成性不足。其次,很多教师在自行编制教学计划时会参考市场上现有的教学活动指导用书,把诸多相近或相似的课程拼凑在不同的教学环节中,最终导致亲子课程缺乏完整体系。最后,很多早教机构的亲子课程都按照一定的流程组织实施,导致很多家长和婴幼儿还没来得及消化又进入了下一个环节,活动效果大打折扣。

2. 家长在亲子活动中接受指导不主动

很多家长在亲子活动中主动性不强,很难积极配合教师开展各项活动,主要体现在以下三点。

首先,参与亲子活动的家长群体有限。亲子活动中家长的参与具有重要作用。然而当前参加亲子活动的家长以祖辈为主,居于第二位的是母亲、保姆,父亲则最少。其次,家长对亲子活动的目标不明确,主动性不够。当前很多家长认为托育机构的亲子活动是婴幼儿学习的过程,目的是提高婴幼儿各方面的能力,而非自己接受家庭教育指导的过程,不愿意学具体的内容。最后,家长对亲子活动中自己的角色认识不清,积极性不足。家长对亲子活动中自己角色认识不清直接影响着教师对家长的指导。大多数家长认为自己在亲子活动中的角色作用主要是陪伴婴幼儿,保护婴幼儿安全,模仿教师等。

二、我国婴幼儿家园共育的发展趋势

托育园所中存在的家园共育问题不尽相同,家园共育未来的发展趋势也有不同。推动婴幼儿家园共育的改进和发展,需要各方面共同努力。

(一) 托育园中家园共育的发展趋势

1. 托班教师具有扎实系统的早教知识和灵活多样的指导策略

扎实系统的早教专业知识是托班教师有效指导家长的重要基础。托育园应加强托班教师在亲子活动中指导家长能力的培训。首先,托育园可以采用"请进来"或"送出去"的方式,组织教师关于家庭教育指导的培训学习。其次,托育园也要加强教研,引导教师在亲子活动前进行集体备课。此外,托班教师要经常与每个家庭进行联系,了解家长的不同需求,选择和设计合适的亲子教育活动,对家长指导内容进行个性化设计。

不断提升指导策略是托班教师有效指导家长的有力保障。首先,教师在亲子活动中可以针对不同的活动内容和需求灵活使用指导策略。例如,在活动开始部分可采用集体指导,在练习阶段则采用个别指导;使用示范策略时,教师既可通过自己的示范向家长展示指导孩子的方法,也可以请一对家长和孩子一起来示范活动操作,在评价讨论中学习如何进行亲子活动,再让孩子和家长进行亲子个别练习。其次,托班教师应加强研究和反思家长指导的意识。托班教师要在亲子活动前思考在哪些环节需要指导家长,可以采用什么样的家长指导策略;在活动结束后及时回顾指导家长的过程。反思可以更好地促使教师有意识地了解自己所使用的指导策略,关注和思考这些指导策略以及自己在指导过程中的不足。

2. 托班进行科学全面的家园共育评价

托班针对家园共育的评价在提高家长对幼儿教育重视程度的同时,还可以帮助发现共育问题,促进家庭和幼儿教育机构更高效合作,优化共育效果。评价至少应该包括两方面:家长参与教育的评价和教师指导家长的评价。

教师应制定针对家长参与教育的评价体系,分析和判断家长参与教育的价值。教师可以通过对家长参与教育的评价,检验或改善原有的教育活动,或者开发和发展新的适合家长参与的教育活动,该评价体系可以是对家长参与教育本身的评价,也可以是对家长参与教育活动实施过程的评价,还可以是对家长参与教育活动效果的评价。

教师指导家长的评价可以通过多种方式进行。评价者可以通过观察教师与家长的互动过程,了解其指导家长的能力。当家长作为评价主体时,可以通过反馈和交流的方式,让家长了解他们对于教师指导的感受和评价。也可以进行问卷调查,收集家长对于教师指导能力的评价和意见。当教师作为评价主体时,可以对自己的指导能力进行自我评估,反思和总结自己在指导家长方面的优势和不足之处。幼儿园应建立健全的评估体系,以文件形式确定一系列激励机制,定期对教师开展的家长教育进行评价与总结,及时表彰优秀的指导教师。

(二)托育机构中家园共育的发展趋势

1. 托育机构帮助家长树立正确的亲子教育理念

正确的亲子教育理念是托育教师有效指导家长的前提。首先,机构应利用多种途径引导托育教师和家长正确理解亲子教育内涵。托育机构要开展家园共育和亲子教育培训,引导教师树立家长是幼儿的第一任老师的理念。同时,托育机构对家长的咨询服务中,要着重向家长介绍其在亲子活动中的主要地位,引导家长了解自身在亲子活动中的角色和作用。其次,托育机构应利用多种方式帮助教师和家长树立科学的亲子教育理念。托育机构要开展家庭教育指导研究,引导教师认识亲子教育的意义。同时,可以通过家园共育栏目等,分享其他家长的育儿经验,供家长们学习交流;也可以组织家长沙龙、家长讲座等,或者充分利用网络资源,通过创建具有指导理念和特色的教师微信群、QQ群等拓宽指导家长的方式,引导家长树立正确的亲子教育观,指导家长科学育儿。

良好的亲子关系是一切教育的前提。作为家长,在课程活动中应充分利用托育机构提供的良好环境,在教学活动中主动积极参与,关注婴幼儿的需要,对婴幼儿做好回应性支持,充分配合活动,与婴幼儿进行良好的互动。在早教课程结束后,及时肯定婴幼儿,用发展的眼光看待婴幼儿的成长。在家庭中遇到问题应及时向教师反馈,利用托育机构提供的环境,主动与教师交流婴幼儿的成长变化,提升家长的育儿经验和育儿技巧,为婴幼儿长久的发展奠定基础。

2. 亲子课程具有自主性、科学性和适宜性

托育机构在亲子课程的设置方面,应着眼于婴幼儿的年龄特征和适宜性发展而不断调整和创新课程,确保课程的自主性、科学性和适宜性。在实施亲子课程时,让家长和婴幼儿成为活动主体,保证课程收获良好成效。

首先,托育机构的主要负责人应做好顶层设计,努力提升托育机构领导和教师亲子课程研发的能力,建立一套成型的亲子课程体系。与此同时,托育机构也可以建立专门的课程审查监管队伍,对教师自编的亲子课程进行审查,防止出现课程专业性和系统性不足的问题。其次,在亲子课程的实施方面,托育机构要反思课程环节设计的科学性和适宜性,适当整合部分环节或删减不必要的环节;加强各环节间的逻辑关系,改变把诸多相近或相似课程拼凑在不同教学环节中的"拼盘"现象,以保障课程的整体感和系统性;教师应强化课程流程引导者意识,尽可能发挥家长和婴幼儿的自主性和能动性,成为活动的主体,而不是活动的被动执行者。最后,针对当前很多早教机构加盟品牌的成型课程缺乏时效性的问题,托育机构应重新审视并验证总部加盟课程的科学性和不足之处,在课程设置上优先考虑婴幼儿身心发展的实际情况,在教学实践中发现该课程与婴幼儿的年龄特征不符时,充分发挥自己的专业智慧,对亲子课程进行灵活调整和创新。

任务四 了解婴幼儿家园共育的国际经验与启示

案例导入

解理辨析

小 R 的一天

小 R 的一天

2018 年 4 月 26 日

与平常一样的小 R,今天入所时流了一点儿鼻涕。除了自己读小画书,还积极地与老师和小朋友交流。今天大家一起种了向日葵,小 R 带着不可思议的表情把一颗种子"咚"地扔到了土里,用喷壶浇了水后才露出了笑容。然后大家出去散步,享受空气浴。中午饭全都吃了,间食甘夏柑没有吃完。上午和下午心情都很好。12:30—13:15 睡午觉,换了四次尿垫,没有大便。8 点 47 分体温 36.1°,14 点 34 分体温 35.6°。

2018 年 4 月 4 日

今天与往常不同,小 R 早上来时哭了,但进屋后就笑呵呵地玩了起来。然后和入园适应生(这里指入园适应期可以晚来早走的小朋友)一起去了松久公园,在公园里小 R 捡了一块块好看的石头送到老师的手里。老师问:"热吗?"小 R 回答:"嗯。"老师问:"困了吗?"小 R 没有反应,感觉她没听懂。

2018 年 3 月 8 日

今天做了地震避难训练。小 R 认真地听老师讲解,弯曲身体,双手抱头,将额头枕在大腿上。然后大家玩球,老师在黑板上画两个圆圈,大家往圈里投球,小 R 很会投。

(本案例来源于《日本学前儿童托育服务体系研究》,康璐昕,延边大学)

思考:本案例中日本托育教师的记录体现了哪些家园共育工作的内容? 对你有什么启示?

任务要求

1. 了解日本和美国的婴幼儿家园共育经验。
2. 理解不同国家家园共育经验对我国的启示。

美国拥有较为完善的托育服务和家园共育工作的体系,而日本作为亚洲国家,与我国一样重视家庭在社会中的作用,形成了多元的托育服务体系,他们在家园共育工作上的经验值得我们学习。

一、日本托育服务中的家园共育

日本作为亚洲福利制度较为健全的国家之一,在面临"少子化""待机儿童"等问题后出台了一系列儿童家庭福利政策,强调构建完善的家庭育儿支持体系,联动儿童保育机构、社区、社会组织等多方参与支持家庭育儿事业。在 2015 年《儿童和育儿支援新制度》颁发前,日本学龄前儿童的教育体制和我国学龄前阶段相似性较高。因此,日本托育服务中的家园共育内容与实施对我国有很强的启发性。

(一) 托育服务中的家园共育

日本针对学龄前儿童的托育服务类型主要有:幼稚园、保育所、认定儿童园、地区型保育,其中地区型保育服务又分为小规模托育、家庭托育、企业主导型托育、居家访问型托育。[①] 日本的托育服务既要承担学龄前儿童的保育与教育,还要整合、联动家庭所在地区的社会资源支持家庭育儿,肩负着提高家庭、社区参与育儿的能力水平,调动社会全部力量支持育儿事业的责任。日本的托育服务机构为儿童家长提供了多样的家园共育内容和形式,助力科学育儿。下面将重点介绍面向学前儿童服务的保育所、认定儿童园和地区型保育。

1. 保育所和认定儿童园

保育所和认定儿童园是当今日本最为主要的托育服务形式,根据日本厚生省颁布的《儿童福利法》规定:保育所是为因家长工作、生病等原因导致家庭保育缺失的0～5岁婴幼儿提供托育服务的场所。而"认定儿童园"这一托育场所,无论监护人是否就业都可为0～5岁儿童提供托育服务,同时还义务提供儿童养育咨询、亲子聚会等家园共育服务。保育所和认定儿童园的托育服务中有关家园共育方面的工作主要体现在以下两方面。

一是以婴幼儿生长和能力发展情况为媒介,为家长提供育儿咨询服务。在相关政策的引导下,学前儿童托育服务机构为家长提供丰富多样的育儿咨询,传统方式包括:家园联络手册、入托离托时的沟通、家庭访问、家长参观、亲子郊游和运动会等。同时,运用新媒体开拓家园共育新方式,如保育所开发软件,为保育士即托育教师与家长搭建沟通记录平台。托育教师采取图文结合的方式向家长介绍婴幼儿的一日生活与各领域的发展状况,包括健康状态、心情以及婴幼儿动作、语言、社交等能力的发展。这样便于家长了解婴幼儿在托育机构中的生活状态与发展水平,以此为依据开展符合婴幼儿需要的家庭教育。

二是开展丰富的育儿支援活动,旨在帮助家长减轻育儿负担,提升育儿能力,保障家庭教育质量。保育所与认定儿童园开展了形式多样的育儿支援活动,借助辖区内的社会活动场地举办育儿活动,例如在儿童馆会举办开放的婴幼儿餐食交流、亲子活动等。同时,文部科学省等部门设立"育儿支援指导者培训"项目,调动保育所托育教师积极参与,有助于了解辖区内和入托家庭的育儿难题与现实情况,通过鼓励家长参与育儿,不断提升教育能力。

2. 地区型保育

2015年日本出台《儿童及育儿援助新制度》,设立地区型保育服务,旨在解决0～2岁儿童入托难的问题。新制度要求将地区型保育服务作为新进事业,提高育儿参与性,因此创立了许多借助地区型保育服务机构辐射不同社区家庭的家园共育支援项目。各市町村设有"地区育儿支援基地",为社区内的家长提供亲子交流与育儿咨询;"家庭援助中心"项目以"家长互助"为出发点,联动各个家庭开展互助育儿活动;"养育援助访问"项目针对迫切需要养育帮助的家庭提供指导建议和对策;"婴儿家庭全数访问"项目针对婴幼儿月龄四个月以内的家庭进行访问并提供养育信息、监督其养育环境。日本政府以市町村为核心推动家庭与托育服务机构合作交流,有助于准确掌握该地区家庭育儿的真实状况和迫切需求。

(二) 托育课程中的家园共育

日本托育课程主要依据《保育所保育指针》中的目标与内容进行设置,经过四次修订形成现在应用

---

① 内閣府子ども・子育て本部. 子ども・子育て支援新制度について[EB/OL]. (2022-11-12)[2024-1-3]. https://www.cao. go. jp/consumer/iinkai/2014/172/doc/140930_shiryou5_1. pdf.

的版本。逐步将保育所的功能从保育为主转向保教并重,调整 0～3 岁托育阶段的保育教育与 3～5 岁阶段保持一致性和统一性,同时还将其适用范围扩大到地区型保育服务,适用于小规模托育、家庭托育、企业主导型托育、居家访问型托育等多种托育服务类型。所有的托育服务机构必须严格按照《保育所保育指针》的目标内容开展托育工作。①

《保育所保育指针》并没有单独将家园共育的工作内容独立成板块,而是将其渗透在保育指针的每个目标与内容中,指出要以学龄前儿童的后续学习和生活衔接为核心,发挥保育所等托育服务机构的专业特长和保育士的专业能力,接收并了解儿童家长的意向与需要,主动对其进行育儿支持。同时要建立家庭、社区、社会团体等多位一体的育儿支援体系,充分利用社会资源开展援助活动。如保育士针对培养儿童关心身边的任何朋友的能力这一目标,事先与家长进行沟通,根据儿童自身水平设置不同的目标达成度。然后请家长在日常生活中启发儿童观察身边的人事物有什么变化并尝试总结,进而感受给予家人和朋友关心的重要性和幸福感。通过家托双方的共同合作,有利于建立儿童、家长与保育士的信任关系,促进儿童后续学习的发展。

二、美国的婴幼儿家园共育

由于联邦制传统,美国没有全国性的托幼政策和治理体系。幼儿教育和保育的主要责任是在州一级,而不是联邦政府。尽管这样的管理方式使得美国的托育服务较为多元、复杂,但各州有关婴幼儿家园合作共育的教育理念相似,认为教师和家长都是教育者,都是教育儿童的专家。相对而言,教师是教育班级群体儿童的专家,而家长则是教育他们自己孩子的专家,教师和家长之间的关系是平等、互惠的伙伴关系;家园共育不仅有助于幼儿和家长的发展,而且也有助于教师的专业成长和家园关系的进一步改善。

(一) 托育服务中的家园共育

1. Head Start 计划

Head Start 计划(开端计划)主要是为贫穷家庭及其婴幼儿提供的综合性服务,其中包括教育、健康与支持性服务。父母参与也是这个系统的目标之一。Head Start 的工作人员包括老师、社工人员和家庭访问员。

Head Start 计划的家园共育路径包括集体交往和个别交往路径,以个别交往为主、集体交往为辅。集体交往路径有家长开放日、家长委员会和家长会;个别交往路径有接送交流、家长园地、家园小报、家长手册、家长会谈、家长信箱、幼儿园访问、家长志愿者、家长便条等 14 种。在广度上,丰富多彩的家园共育路径拓宽了家园共育的范围;在深度上,集体交往和个别交往路径相辅相成,既有家园双方非面对面的交往,也有家园双方面对面的交往,因此巩固了合作的双边关系,提高了共育的内在质量。在频率上,Head Start 计划十分重视加强家园双方互动的频度,不仅注意建立和家庭间的合作关系,而且也重视维系和家庭间的共育关系。

2. 家庭式托育

家庭式托育指在住宅区中随时为一小部分儿童提供的收费性照料服务。家庭式托育是美国婴幼儿托育的重要形式之一。美国各州家庭式托育的招收规模和开放时间各有不同,纽约州规定:家庭式托育是在一个家庭中为 3～6 名儿童提供每天 3 小时以上的托儿服务;加利福尼亚州规定家庭式托育指在父母或其他监护人不在时,在照料者自己的家中定期对儿童提供不超过 24 小时的照料、保护和监管。虽然各州对收托儿童数量和开放时间各有不同,但是家庭式托育具有在家庭中举办、收托人数少、

---

① 保育所保育指针概要[EB/OL].(2021-7-5)[2024-1-3]. https://www.mhlw.go.jp/content/12401000/000800750.pdf.

收托时间弹性、个别化照料等特点,因此受到广大家长的喜爱。

家庭式托育的服务内容涉及婴幼儿卫生健康服务、膳食营养服务、日常游戏活动、睡眠安排、行为观察与监管和婴幼儿的家庭服务。在婴幼儿的家庭服务方面,家庭式托育教师在入托之初会提供家庭手册,包括机构理念、课程、日常活动安排、质量评估、与家庭的沟通方式、指导和纪律、接送程序等。此外,要求托育教师要与家长建立良好的伙伴关系,包括为家庭提供婴幼儿行为管理的书面指导策略、鼓励家长随时到访、定期召开家长会和家庭研讨会,每年至少两次与家长深入沟通,沟通内容涉及婴幼儿各项技能的发展情况等。

(二) 托育课程模式中的家园共育

1. FunShine Online 课程模式

FunShine Online(阳光在线课程,简称 FSO)是美国一种较为流行的婴幼儿托育课程模式,也格外注重家长与托育机构的合作。

FSO 托育课程模式要求通过各环节家园共育与婴幼儿建立积极关系。第一个环节是入园和早餐时间。此时可以发展婴幼儿的语言,当婴幼儿就餐时,教师和家长可以相互配合向婴幼儿分享词汇或阅读故事。第二个环节是晨间游戏。此时可以发展婴幼儿的身体、语言、社会与情感以及认知。当婴幼儿游戏时,教师和家长需要观察教育契机以呈现歌曲、游戏、项目或其他活动让婴幼儿参与。第三个环节是午餐,此时是婴幼儿聆听和相互交流的好时机。第四个环节是午睡。教师和家长可以阅读早上的故事或重新讲个短故事,还可以重复婴幼儿感兴趣的安静活动等。第五个环节是下午游戏。家长应参与并配合教师开展身体、认知和创造力活动等。

2. High Scope 课程模式

High Scope 课程模式(高瞻课程模式)建构了 0~3 岁婴幼儿发展的素养框架,并提出了相应的婴幼儿托育实施路径。High Scope 课程模式在制订日常计划和托育程序、加强与婴幼儿的互动等方面,都十分重视与家长之间的合作。

注重家庭的文化及与家长的合作是促进婴幼儿有效学习与发展的保障。一方面,家庭文化是婴幼儿成长的背景。教师会努力了解婴幼儿的家庭文化,与婴幼儿、家长创造开放的人际关系,积极影响婴幼儿看待、聆听、理解事情的方式,在赋予每个婴幼儿自信的同时,更好地支持每个婴幼儿家庭的文化背景。另一方面,托育机构与家长合作是实现婴幼儿成长的必要条件。为此,High Scope 课程模式要求教师必须与父母及其他家庭成员合作,教师需要提供课程和学习信息,邀请家长参与班级活动和讨论会,与其交流婴幼儿身心发展的观察和评估情况,共同庆祝婴幼儿在学习与发展方面所取得的进步等,从而与家庭建立合作伙伴关系。这样,婴幼儿便能够在托育机构和家庭之中接受较为一致性的托育。

三、不同国家家园共育经验对我国的启示

不论是拥有多元化托育服务的日本还是托育发展历史悠久的美国,其托育服务中的家园共育都对我国有着较强的参考价值,取其精华有助于我国托育事业及托幼一体化的推进和发展。

(一) 理念为先,形成可持续发展的核心理念

理念为先,形成可持续发展的核心理念是推动家园共育工作、实现高质量婴幼儿托育与教育的基础。

首先,婴幼儿家园共育要以婴幼儿为本。具体可以从两方面进行考量,一是家园共育的开展必须

建立在尊重婴幼儿发展的前提上。家长和教师要根据婴幼儿当下的发展情况讨论并设计形式多样的家园共育活动,不可将家长的期望过度强加给婴幼儿。二是要尊重并满足不同婴幼儿的发展需求。每个拥有不同家庭背景的婴幼儿都是独立的个体,有着不同的发展需要。家园共育工作应该着眼于每个婴幼儿的发展需求与潜力,提供有针对性、符合最近发展区的教育指导。美国的托育服务在各方面都体现了这一点,如美国幼儿教育协会(简称 NAEYC)《机构认证标准》提出能否促进每个婴幼儿发展以及支持每个家庭多样化的教育需求是衡量其托育质量的重要指标之一。

其次,婴幼儿家园共育要以家庭为中心。在家庭环境中,父母的言行举止和教育方式都对婴幼儿的行为处事、发展造成深远影响。家庭教育有着天然的情感优势和时间便利,能在生活中的各个环节随时随地进行教育。美国和日本都关注到家庭教育的重要性,出台了一系列育儿支持和指导的项目。美国在制订"开端计划"时,直接将家庭教育指导、入户考察等纳入托育服务中。而前文提到的日本地区型保育中的小规模托育与家庭托育,都对保育士人数、场地、婴幼儿数量做了明确规定,力求营造和还原"家庭氛围",还强调相关托育服务机构要提供各类入户指导和访问。

(二) 多元参与,探索多元共育的托育服务模式

根据日本、美国托育服务的发展可以得出,整合多方资源是推动托育服务可持续发展的重要战略。因此,我国要想建立一个全面、协调的托育服务系统就需要通过整合多方资源来实现。

首先,整合社区资源参与托育服务建设。社区作为婴幼儿的主要生活场所,无论是托育机构还是家庭,都是生活在社区中的,都受到社区文化及环境等各种因素的影响。这就需要我国政府大力完善社区托育服务设施,加快建立健全社区托育服务组织和服务平台,一方面充分发挥社区自然资源、人力资源、物力资源及信息资源在托育服务事业发展中的作用,提高全社会整体的托育服务水平;另一方面积极鼓励社区为家庭,特别是处境不利婴幼儿的家庭提供更多的支持,为托育服务提供有力支撑。

其次,整合社会力量参与托育服务建设。我国作为人口大国,公办托育机构不可能满足全国婴幼儿多种多样的发展要求,就目前我国托育市场而言,大多以民办私营为主。因此,应整合社会力量参与托育服务建设,国家在大力发展托育服务的过程中,可以通过政府购买服务、公益创投以及社会资助等来充分动员企业、社会组织、社会工作者以及志愿者等社会力量的参与,制定出台社会力量参与托育服务的指导性文件,从国家层面予以指导,构建社会托育服务信息网络,增强社会参与的公信力和影响力。

(三) 注重衔接,加快托幼一体化进程

美国与日本相继走上了托幼一体化的道路,整合或联动0~6岁学龄前儿童教育的主管部门,建立了完整的保育教育政策法规,从国家政策层面保证托幼一体化的实施和开展。同样,家园共育作为托育和幼儿园教育的重要内容,必须在各项活动和指导中坚持贯彻托幼一体化的方针。

婴幼儿家园共育要重视婴幼儿发展的整体性与连续性。0~3岁和3~6岁婴幼儿的成长和发展不可分割,婴幼儿保育教育的质量决定其未来发展的可能性。早期的美国与日本都曾进入托幼分离、各行其是的误区,但如今都已经向托幼一体化发展。例如,日本在《幼儿教育大纲》中,提出以健康、人际、环境、语言和表现五大领域的幼儿教育内容,而厚生省在《保育所保育方针》中设置了同样的目标内容。这说明日本力图通过整合保教内容,实现0~6岁活动课程一体化来渗透托幼一体化的核心理念。因此,开展家园共育工作时,一是要向家长科普婴幼儿不同阶段的能力发展规律,二是要在家园共育工作的顶层设计中体现婴幼儿发展的连续性,针对语言、动作等能力的发展设置渐进性的家长教育与亲子活动。

模块小结

本模块涉及四部分内容。任务一带领我们熟悉婴幼儿家园共育的四大目标和三大原则。任务二帮助我们理解婴幼儿家园共育的三部分内容：家园共论婴幼儿发展、家园共施教育活动及提供家庭教育指导，认识了按家园共育的目的划分、按家长参与程度划分的婴幼儿家园共育类型。任务三帮助我们了解我国托育园和托育机构在家园共育过程中的现实困境及未来的发展趋势。任务四指引我们了解较有代表性的日本、美国的婴幼儿家园共育情况，理解不同国家家园共育经验对我国的启示。

思考与练习

一、选择题

（一）单项选择题

1. 婴幼儿家园共育工作的主要目标是（　　）。

   A. 满足婴幼儿全面发展的需要　　　　　　B. 为婴幼儿创设积极的环境

   C. 开展家庭教育指导和实践活动　　　　　D. 教师和家长互相信任

   E. 正确看待不同婴幼儿之间发展的差异性

2. 婴幼儿家园共育工作的切入点是（　　）。

   A. 教师与家长密切沟通　　　　　　　　　B. 婴幼儿的发展情况

   C. 家园共施教育活动　　　　　　　　　　D. 家园密切建立沟通联络

   E. 教师为家长提供教育指导

3. 按家长参与程度划分，（　　）属于家园共育的参与方式。

   A. 解决目前教育中存在的问题　　　　　　B. 促使家长参与其子女的教育

   C. 利用社区教育资源来丰富园所机构教育　D. 让家长参与教育决策

   E. 管理式的参与

4. 日本针对学龄前儿童的托育服务类型不包括（　　）。

   A. 幼稚园　　　　　　　　　　　　　　　B. 托儿所

   C. 保育所　　　　　　　　　　　　　　　D. 认定儿童园

   E. 地区型保育

5. FunShine Online 课程模式不包括（　　）环节。

   A. 晨间游戏　　　　　　　　　　　　　　B. 入园和早餐

   C. 午间故事　　　　　　　　　　　　　　D. 午餐

   E. 午睡

（二）多项选择题

1. 婴幼儿家园共育的目标有（　　）。

   A. 满足婴幼儿全面发展的需要　　　　　　B. 树立和谐的教育观念

   C. 理清家长与教师的角色与责任　　　　　D. 建立家长与教师的良好沟通关系

   E. 实现家长与婴幼儿的共同成长

2. 婴幼儿家园共育的原则有（　　）。

   A. 资源整合共享原则　　　　　　　　　　B. 尊重信任支持原则

   C. 提供支持和资源原则　　　　　　　　　D. 一致性与协同性原则

　　E. 理解和尊重家庭文化原则

　3. 婴幼儿家园共育的内容有(　　　　)。

　　A. 家长提供支持和资源　　　　　　　　B. 家园共论婴幼儿发展

　　C. 家长和教育者共同关注婴幼儿的身心发展　　D. 提供家庭教育指导

　　E. 家园共施教育活动

　4. 托育机构中家园共育的困境有(　　　　)。

　　A. 课程缺乏时效性　　　　　　　　　　B. 父母对亲子活动参与性不高

　　C. 教师设计的课程未经过精心编排　　　　D. 教师在课程设置上缺乏自主权

　　E. 教师面对家长提出的问题无从解答

　5. 美国家庭式托育的服务内容涉及(　　　　)。

　　A. 婴幼儿卫生健康服务　　　　　　　　B. 婴幼儿膳食营养服务

　　C. 婴幼儿日常游戏活动　　　　　　　　D. 婴幼儿睡眠安排

　　E. 婴幼儿课程指导

二、判断题

　1. 婴幼儿教师是婴幼儿教育的第一责任人。　　　　　　　　　　　　　(　　)

　2. 家长参与教育活动的设计与制定属于高层次的家园共育方式。　　　　(　　)

　3. 当前托育园所教师的家园共育评价工作开展较好。　　　　　　　　　(　　)

　4. 保育所和认定儿童园是当今日本最为主要的托育服务形式。　　　　　(　　)

　5. 日本《保育所保育指针》单独将家园共育的相关工作内容独立成板块。　(　　)

三、简答题

　1. 简述自己了解的当前婴幼儿托育家园合作中存在的问题。

　2. 托育园所在哪些活动中能体现一致性和协同性原则?

　3. 美国、日本的家园共育经验对我国有哪些启示?

四、实训任务

　　以小组为单位选择本地一所托育园所,调查该机构本学期家园共育工作的目标与计划、家园共育活动实施情况并进行主题分享,依据模块一所学理论知识评价该机构家园共育工作的优势与不足,形成小组报告。

模块二
婴幼儿家园共育中的机构建设

模块导读

本模块婴幼儿家园共育中的机构指的是0~3岁婴幼儿接受早期医养教的场所,其中,"医"指开展婴幼儿保健护理、疾病防治等工作;"养"指一日生活照料与养育,包括进餐、饮水、睡眠、如厕、盥洗等生活习惯行为的养成;"教"则是指对婴幼儿实施早期教育,通过游戏或多种形式的活动促进婴幼儿认知、动作、语言、社会性等方面的发展。目前国内市场上存在的机构,包括托育园、提供托育服务的机构、提供早教服务的机构三种类型。科学的机构能够促进婴幼儿认知、语言、社会性能力的发展,有利于减轻家庭养育的负担,促进家庭内部的和谐,保障社会和人口素质的稳定。在创设环境时,教师应当充分了解和关注婴幼儿发展所需的心理环境和物质环境,重视婴幼儿家园共育环境。

本模块主要阐述0~3岁婴幼儿家园共育中的机构,通过案例呈现、理论知识梳理帮助学生掌握当前机构类型及其建设。要求学生在理论学习的基础上进行实操训练,完成本模块学习后能有依据地进行机构环境的创设。

学习目标

1. 了解婴幼儿家园共育中机构的类型、设置及管理的规范。
2. 知道机构的重要性及各类型机构的区分。
3. 熟悉机构设置及管理的规范。
4. 掌握机构环境的创设,初步树立起创设环境的意识。
5. 关注机构的发展,了解最新的标准,树立社会责任感和使命感。

思政导航

着力构建多元化、多样化的婴幼儿照护服务体系,是《"十四五"公共服务规划》提出的刚性任务,也是促进人口长期均衡发展的必要政策支撑。[①] 确立托育机构标准,在此基础上提升托育机构质量,有助于为织密"幼有所育"网提供政策兜底,为提升托育服务质量提供支撑。

2024年4月1日起,国家卫生健康委发布的《托育机构质量评估标准》[②](以下简称《标准》)正式实施。《标准》对托育机构的办托条件、托育队伍、保育照护、卫生保健、养育支持、安全保障、机构管理等

---

① 人民网.人民来论:托育机构需要标准化"托底"[EB/OL].(2023-11-10)[2024-04-05]. http://opinion. people. com. cn/n1/2023/1110/c431649-40115513. html.

② 人民网.托育机构监控录像资料保存期不少于90天[EB/OL].(2024-04-02)[2024-04-05]. http://society. people. com. cn/n1/2024/0402/c1008-40208052. html.

评估的内容进行了规定。其中,在养育支持中强调机构的家园共育,明确提出机构应与家长合作,通过多种方式告知家长信息、与家长日常沟通,在照护理念与方法上努力与家长达成共识,践行家托共育;采用多种方式向家长传播科学育儿知识和方法;定期开展家长满意度调查,了解家长(或主要养护者)的意见与建议,并根据其意见改进托育工作。基于此,本模块将重点介绍婴幼儿家园共育中的机构,了解婴幼儿家园共育中机构的类型、设置及管理的规范,在此基础上掌握机构环境的创设,关注机构的发展,树立社会责任感和使命感。

内容结构

婴幼儿家园共育中的机构建设	了解机构的类型	提供细心养护的托育园 提供专业看护托育服务的机构 提供科学指导早教服务的机构 婴幼儿家园共育中机构的意义
	熟悉机构的规范	遵循婴幼儿家园共育人员规范 遵循婴幼儿家园共育机构规范
	熟悉机构的环境	营造婴幼儿心理环境 创建婴幼儿物质环境 构筑婴幼儿家园共育环境

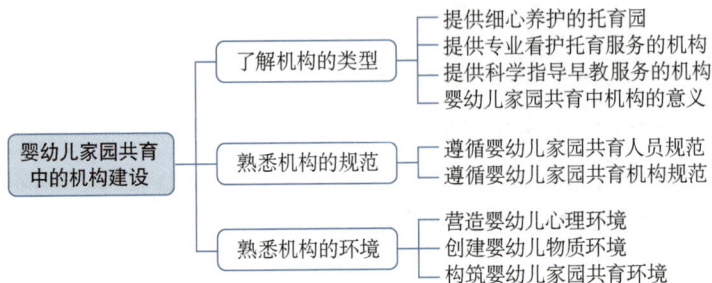

任务一 了解机构的类型

案例导入

义务宣传员

解理辨析

义务宣传员

户外活动时间到了,早托班的宝宝们在操场上做游戏,小区里有很多家长在围栏外看热闹。乐乐妈妈也在人群当中,正热心地向一个抱孩子的妈妈介绍早托班的情况:"我家乐乐在早托班适应得可好了,才上两个月就能自己吃饭、上厕所、穿脱衣服,他说幼儿园有他的好朋友,每天都要第一个到幼儿园。"

梦园长走过来加入了她们的聊天,告诉妈妈们,孩子在3岁以前会出现多个敏感期,家长要充分利用这些敏感期对孩子进行潜能开发和习惯培养。在专业的托育园中,教师会指导家长给孩子提供专业的"医养教",同时还会通过合理的膳食、适当的运动等方式科学有效地促进幼儿身心全面发展。

听了梦园长的话,妈妈们都频频点头,乐乐妈妈兴奋地说:"我太庆幸把乐乐送到早托班了,以后我就是早托的'义务宣传员'!"

[本案例来源于辽宁省沈阳市爱本真儿童之家(原东方爱婴),董誉]

思考:家长是否应该把婴幼儿送到托育机构?有哪些托育机构可以选择呢?

任务要求

1. 了解托育主要的三种机构,知道三种机构的含义。
2. 掌握三种机构的类型及任务。
3. 领悟机构对于个体和社会的意义。

婴幼儿家园共育中的机构指 0～3 岁婴幼儿接受早期医养教的场所。目前我国出现了多种类型机构,一般包括托育园、提供托育服务的机构、提供早教服务的机构三种类型。科学医养教的机构能够促进婴幼儿语言、社会性等多方面发展。

一、提供细心养护的托育园

托育园作为常见托育的机构类型,有着重要的含义概念与医养教任务。

(一)托育园的含义和任务

长期以来,我国学龄前教育被划分为 0～3 岁和 3～6 岁两个独立的教育阶段,并由不同的教育机构承担两个年龄段婴幼儿的教育职责。托儿所主要对 0～3 岁婴幼儿实施以保育为主的教育活动,幼儿园则主要对 3～6 岁幼儿实施医养教结合的教育活动。近年来,随着社会大众的托育需求日益高涨,以及托幼一体化教育研究的不断深入,有条件的幼儿园逐渐放宽招生对象年龄,开始从 3～6 岁幼儿向下延伸至 3 岁以下婴幼儿,并根据婴幼儿年龄设置相应的托班,形成了托育园。有学者认为托育园就是在幼儿园中设立的为 0～3 岁婴幼儿提供教养活动的班级,与小、中、大班并举,处于幼儿园同一管理体制下。当前国内大部分托育园幼儿年龄在 2～3 岁之间,也有部分幼儿园明确规定其托育园只招收 2.5 岁以上的幼儿。对这些班级所取的具体名称,各个托育园有所不同,有的叫"托班",有的叫"婴班""小小班"等等。

(二)托育园的类型

1. 独立托育园

独立托育园是以小团体机构式的集体科学养育模式,为 0～3 岁婴幼儿家长提供独立于幼儿园照护的代为收托养育婴幼儿的一种照护服务机构。而此类型的机构,经有关部门登记、卫生健康部门备案,为 3 岁以下婴幼儿提供全日托、半日托、计时托、临时托等托育服务。独立托育园中设置 6～12 个月的乳儿班、12～24 个月的托小班、24～36 个月的托大班三种班型。

2. 托幼一体园

近年来,随着大众托育需求的增加,许多幼儿园逐渐向下延伸出 2～3 岁婴幼儿的照护服务,形成了 2～6 岁托幼一体化园所。"托幼一体化"是指在办学模式上突破托育与幼儿教育的壁垒,实行 2～3 岁婴幼儿托育服务与 3～6 岁幼儿保育的相互融合,实现 2～6 岁全龄段一体化发展,形成 2～6 岁学前教育整体性、系统化发展的格局。

托幼一体园一般包括 2～3 岁托班、3～4 岁小班、4～5 岁中班和 5～6 岁大班。2～3 岁托班的托育教师配置、课程体系、活动设计以及环境创设一般都是 3～6 岁幼儿小中大班学前教育体系的简单沿用。在这种循序渐进的方式下,幼儿逐渐从托班过渡到幼儿园小班,整体上还是在一个熟悉的环境中,衔接也比较顺利。

总的来说,托幼一体的方式为婴幼儿的托幼衔接提供了很多有利条件,不会给婴幼儿带来很多环境或作息上的变化，也避免了婴幼儿的二次分离焦虑。

二、提供专业看护托育服务的机构

提供托育服务的机构有着保障婴幼儿安全、科学看护婴幼儿等理念。这里从机构的含义、任务、类型了解托育的专业看护。

(一) 提供托育服务机构的含义及任务

提供托育服务的机构，是为 0～3 岁婴幼儿提供专业化的照料和看护等的服务机构，其任务是保障婴幼儿健康，实施科学的托育服务。托育教师通过生活活动培养婴幼儿饮食、睡眠等方面的习惯，对婴幼儿进行语言、动作训练，设置感官体验等环节促进婴幼儿发展。

(二) 提供托育服务机构的类型

在对国外托育机构的借鉴与本土式的探索下，我国提供托育服务的机构形成了以下三种类型。

1. 社会式、企事业单位配套和家庭式托育

根据管理方式的不同，机构可以分为社会式托育、企事业单位配套托育、家庭式托育。

社会式托育有社区统筹托育、营利性托育、普惠托育三类。社区统筹托育，是社区规划开设的托育机构，为小区内的业主提供婴幼儿托育服务；营利性托育，是社会开办的民营托育机构，由创办者依据相应的法律运营管理，其收费标准需要向公众公示；普惠托育，也叫非营利性托育，是民营开办的机构。普惠托育机构的服务价格为普通居民家庭所能接受的范围，提供的服务能惠及大多数婴幼儿家长，而不是个别群体。

企事业单位配套托育延续了 20 世纪 70 年代的托育模式，为 0～3 岁的婴幼儿提供看护服务。托育机构进企业、事业单位布点，可以保证托育服务的利用率。但目前企事业单位配套托育也会面临场地、人员、投入等巨额成本，很难支撑托育机构的建设和运营。因此，企事业单位可以与就近托育机构合作，给予员工家庭福利性托育服务，促进普惠型托育服务的普及。

家庭式托育是个人、家庭或机构在居民住宅中，以收费的形式为婴幼儿提供照顾服务。家庭式托育机构嵌入社区、就近便利、投入成本低，能与其他类型的托育机构取长补短，成为托育服务机构中的重要部分。当前家庭式托育处于起步阶段，存在一些环境安全隐患，难以达到卫生保健要求，机构工作人员的资质难以保证。

2. 全托制、全日制和半日制托育

根据收托方式的不同，机构分为全托制、全日制和半日制托育。

全托制托育指收托的婴幼儿每日都生活在机构内，家长每隔半周、一周将孩子接回家。全托负责对婴幼儿每日的生活等做出安排，让婴幼儿在集体活动和稳定的生活习惯中、在科学的照护中健康发展。全托制托育在很大程度上满足了家长照顾婴幼儿的需求，减轻了家长教育的时间负担。这种机构在当前数量不多，难以确保建筑面积及常规的管理。此外，婴幼儿过小与家长分离也会造成亲子关系的疏离。

全日制托育指收托的婴幼儿一日都生活在机构内。家长上班前将孩子送入，下班时接回家，一日三餐均由机构提供。婴幼儿体验着安全的环境、合理的饮食、细心的照料以及个性化的教育，每日在机构生活 8～10 小时。比如深圳市颁布的《深圳市托育机构一日活动指引(试行)》中，制定了全日制托育一日活动安排(见表 2-1-1)。

表 2-1-1　全日制托育一日活动安排

活动时间	活动内容
7:30—8:30	入园、晨检
8:00—8:30	早餐
8:30—9:00	盥洗、饮水、如厕、自主游戏
9:00—10:00	户外活动
10:00—10:30	盥洗、饮水、如厕、餐点
10:30—11:30	自主游戏/集体游戏
11:30—11:45	盥洗、如厕
11:45—12:15	午餐
12:15—12:30	漱口、餐后自主活动
12:30—15:00	午休
15:00—15:30	盥洗、饮水、如厕、餐点
15:30—16:30	户外活动
16:30—17:30	自主游戏/离园

资料来源:《深圳市托育机构一日活动指引(试行)》

半日制托育指收托的婴幼儿半日生活在机构内,分为上午、下午两批。一般是家长早上将婴幼儿送入,到吃午饭时家长接回家,或者是午送晚接。半日制托育是婴幼儿成长的过渡途径,其托育时间更加灵活,家长可以根据自己的工作或事务安排婴幼儿的托育时间。

各种收托方式的托育服务不是固定不变的,有的托育服务兼具全日制、半日制、计时制、临时制等方式,为家长提供有针对性的托育服务,使得家长与婴幼儿受益。

3. 独立式托育和附属式托育

根据建筑空间的不同,机构分为独立式托育和附属式托育。

独立式托育指在单独地段设置的独立建筑,有与外界分隔的单独地段,不受外界的干扰,便于管理和适于建筑分区,能保障有一定的活动场地和种植园地,无论机构建造本身是否集中或分散,都不受其他建筑的制约,是机构的主要形式。

附属式托育指拼联在幼儿园、小学建筑的一侧,或者设于住宅建筑的底层或顶层的托育,这种形式在建筑上、用地上,以及接送孩子方面都很方便。这对一些规模不大的日托托儿所或幼儿园是很适合的。但要注意给婴幼儿划分一定的场地时避免与住宅之间相互干扰。

三、提供科学指导早教服务的机构

提供科学指导早教服务的机构有了更加细化的市场定位,是专门从事 0～3 岁婴幼儿教育的教育机构,会推出许多早教课程、早教产品,同时将业务延伸到家长群体,为家长提供科学的指导与服务。这里从机构的含义、任务、类型了解早教的科学指导。

(一) 提供早教服务的机构的含义及任务

提供早教服务的机构,是为 0～3 岁婴幼儿和家长提供科学的早期教育指导的服务机构。早教机构主要是为引导和激发婴幼儿"体能、智能、心理能力三维平衡发展",提出婴幼儿的九大成长目标:安全感、意志力、目标感、注意力、记忆力、思维能力、平衡、力量、速度。早教机构大多是课时制,要求家长和婴幼儿一起参加,家长和婴幼儿在老师的指导下一起游戏。

(二)提供早教服务机构的类型

提供早教服务的机构根据涵盖内容、设置主体、创立品牌可以分为以下三种类型。

1. 综合类和专门类早教

根据涵盖内容的不同,早教机构可以分为综合类早教机构和专门类早教机构。

综合类早教指在早教机构中涵盖的教育内容全面,包括促进婴幼儿体智能发展等多方面的教育内容,婴幼儿在这类机构中可以得到充分的发展。

专门类早教指在早教机构中涵盖的教育内容以专项为主,比如以音乐为主的音乐早教、以绘画为主的美术早教等。这类早教机构培养婴幼儿某方面的专长,一般不设置综合类早教机构中的大型游戏设施。

2. 私立早教和婴幼儿教养指导中心

根据设置主体的不同,早教机构可以分为私立早教和婴幼儿教养指导中心。

私立早教是由个体创立的,以亲子游戏、讲座等形式为婴幼儿及其家长提供服务,以营利为目的的私立性质的专门组织。

婴幼儿教养指导中心是由妇幼保健院或政府立策开办的,为婴幼儿的家长提供服务,教授家长相关专业知识和实践操作技能,提高家庭育儿水平。

3. 国际连锁、全国连锁和本地的早教

根据创立品牌的不同,早教机构可以分为国际连锁早教机构、全国连锁早教机构和本地的早教机构。

国际连锁早教指拥有一定规模、拓展到全球各主要城市的机构,如金宝贝、美吉姆等。1976年,美国创建了第一家Gymboree(金宝贝)早教中心,以婴幼儿早期素质教育和家庭育儿赋能为核心,2003年,金宝贝在我国开设。1983年,My Gym(美吉姆)在美国创立,其机构通过课程,促进婴幼儿人格、心智等的发展,2009年初,美吉姆在我国开设。

全国连锁早教指拥有一定规模、拓展到全国各城市的机构,比如东方爱婴和红黄蓝亲子园等。东方爱婴创立于1998年,按照月龄提供亲子课程、早教课程、兴趣课程,为家长提供早教教育服务。红黄蓝于1998年创建亲子园,首创0~6岁一体化早期教育模式。

本地的早教指尚未形成一定规模,在个别城市设立的机构,如主张游戏体验、艺术育人的爱乐早教,专注于特色早教课程的新爱婴,进行以水为主题的倍优天地等,当然还包括各地其他的社区培训机构以及教育咨询机构。

现在有不少机构将托育服务和早教服务合办,将早教的方法引入托育,或者将托育的服务纳入早教。

四、婴幼儿家园共育中机构的意义

"三孩"政策背景下,构建社会化托育服务体系,提供有质量的托育园、托育服务机构、早教服务的机构,具有十分重要的意义。

(一)促进婴幼儿健康成长

托育园所可以根据婴幼儿大脑的神经元活跃这一特性,设计出相应的课程,引导婴幼儿在游戏过程中探索,激活大脑神经元,培养婴幼儿的专注力和思维能力;托育园所给婴幼儿提供科学接触的环境,引导婴幼儿通过看看、听听、摸摸、闻闻等活动,增进对外部环境的认识;在托育园所,托育教师可以利用婴幼儿语言的关键期,运用绘本共读等方式,发展婴幼儿的语言能力;托育园所为婴幼儿提供了交往的氛围,锻炼婴幼儿集体生活能力,同时也能为婴幼儿进入幼儿园做准备,让婴幼儿平稳过渡到幼儿园生活。

(二) 增进家庭和谐关系

婴幼儿健康成长关系到家庭内部的和谐,托育园所的出现给广大家长提供了最优选择。托育园所照护性的环境、专业资质的教师让家长安心,家长们将婴幼儿放在托育园所,从而有了更多参加工作的时间和精力,一定程度上缓解了家庭的经济压力。在一些早教机构,家长和婴幼儿一起在教师指导下进行游戏,增进了亲子关系。同时,教养指导中心对家长的培训也弥补了家庭托育的不足,让更多的家长科学照护孩子,帮助孩子更好地发展。

(三) 保障社会稳定发展

完善托育园所的托育服务,是提升广大家庭获得感与幸福感的重要基础。托育相关法规的出现表明我国在幼有所育等基本民生问题上不断取得新进展。0～3岁婴幼儿托育服务,是实现幼有所育民生发展的核心与重点。托育园所的存在有效地缓解了家庭尤其是母亲照料的后顾之忧,一定程度上确保了稳定的社会生育率和女性就业率。托育园所给婴幼儿提供正规、科学、合理的养育,为家庭提供了早期教育指导建议,提升家长对婴幼儿早期教育的认识和实践能力,从婴幼儿的起点开始照料,影响到未来人才的身心健康,为下一代的发展提供支持,有利于稳步提升人口的综合素质。

任务二　熟悉机构的规范

案例导入

守护教师健康的天使

某托育园非常注重人员的健康管理,采取了一系列措施确保人员的身体健康和工作环境的安全。

"明天是年度大体检,请大家准备好证件按时去医院体检哦!"刚入职的小李老师看到通知后非常开心,这是自己人生中第一次全身健康检查,更令她惊喜的是,该托育园还会为每位员工建立一份私人健康档案,里面详细记录员工的健康状况、血型、过敏史、疫苗接种等相关信息。

托育园的服务对象是0～3岁的婴幼儿,他们年龄小、抵抗力弱,托育园必须要保证工作人员身体健康,才能够给孩子提供安全健康的环境。小李老师感慨道:"这样的托育园,简直就是守护教师健康的天使呀!"

(本案例来源于辽宁省沈阳市浑南区教育局花语幼儿园,杨莹)

思考:人员是机构设置和管理中的重要主体,机构设置和管理的规范还有哪些?

守护教师健康的天使

任务要求

1. 了解机构设置和管理的基本规范,能够判断机构的运行是否合法。
2. 熟悉《托育机构管理规范(试行)》并调节自身的行为,具有积极参与机构管理工作的意识。

托育园所能否为婴幼儿提供科学、规范的服务以促进婴幼儿健康成长,取决于是否有相应的规范指引及落实。国家卫生健康委员会出台《托育机构设置标准(试行)》和《托育机构管理规范(试行)》,内容涉及婴幼儿家园共育人员和机构规范。

一、遵循婴幼儿家园共育人员规范

人员是机构合理运行的重要条件,机构规范中涉及的人员涵盖工作人员和收托的婴幼儿。为了确保婴幼儿的健康成长,《托育机构设置标准(试行)》及各地机构设置规范中都提及了人员配置以及人员管理等的内容,这里从人员配置和人员管理两大方面梳理婴幼儿家园共育人员的规范。

(一) 人员配置的规范

家园共育人员的合理配置是机构运行的基本前提,也是人员发挥作用的重要保障。托育机构应当根据场地条件,合理确定收托婴幼儿规模,并配置相应的工作人员。

1. 机构工作人员配置的规范

机构中的托育教师是婴幼儿家园共育的主体成员,负责婴幼儿日常的生活照护和安排适龄的游戏活动,以促进婴幼儿身心健康,养成良好行为习惯。同时教师应进行家长教育,指导家长科学育儿。在进入机构前,托育教师应当具有婴幼儿照护经验或相关专业背景,接受过婴幼儿保育培训和心理知识培训,并取得相关资格证书或技能证书。

2. 收托婴幼儿的规范

从婴幼儿年龄编班层面来看,当前收托婴幼儿可大致分为三个班型:6～12 个月的乳儿班、12～24 个月的托小班、24～36 个月的托大班。从婴幼儿班级规模层面来看,乳儿班班容量在 10 人及以下,托小班班容量在 15 人及以下,托大班班容量在 20 人及以下。其中 18 个月以上的婴幼儿可混合编班,每个班不超过 18 人。

《南京市 0～3 岁婴幼儿保育机构设置管理暂行办法》[①]中对师幼配比也进行了详细的规定。在 0～6 个月,一名教师最多照看两名婴幼儿;在 7～12 个月,师幼比应为 1∶3。随着月龄的增加,师幼比要求降低。

(二) 人员管理的规范

机构工作人员和婴幼儿是机构发展的基本要素,应该具有明确的入托、在托的管理。

1. 机构工作人员管理的规范

第一,为确保工作人员队伍的稳定和质量,托育机构应与在岗工作人员签订相对稳定的劳动或聘用合同,保障工作人员的合法权益。

第二,托育机构工作人员应当具有完全民事行为能力,身心健康,无虐待儿童记录,无犯罪记录,并符合国家和地方相关规定要求的资格条件;托育机构工作人员应当热爱婴幼儿,具有相应的专业能力、

---

① 南京市人民政府. 市政府关于批转市人口计生委《南京市 0～3 岁婴幼儿保育机构设置管理暂行办法》的通知[EB/OL]. (2014-07-12)[2024-02-07]. https://www.nanjing.gov.cn/zdgk/201408/t20140801_1056248.html.

职业道德和心理健康水平。

第三，托育机构应当建立工作人员岗前培训和岗后定期培训制度，通过学期初的安全教育、学期中的安全培训，集中培训与一对一培训，全面培训与针对性培训，线上培训与线下培训等方式，不断提高工作人员的专业能力、职业道德和心理健康水平，提高自律性。

第四，托育机构应当增强法治意识，加强对工作人员的法治教育，建立健全的约束机制，对虐童等行为实行零容忍，发现虐童等行为，严格按照有关法律法规和相关规定，追究有关负责人和责任人的责任。

2. 收托婴幼儿管理的规范

第一，婴幼儿进入托育机构前，应当完成适龄的预防接种，经医疗卫生机构健康检查合格后方可入托；离开机构3个月以上的，返回时应当重新进行健康检查。

第二，婴幼儿父母或监护人应当主动向托育机构提出入托申请，并提交真实的婴幼儿及其监护人的身份证明材料；托育机构应当与婴幼儿监护人签订托育服务协议，明确双方的责任、权利义务、服务项目、收费标准以及争议纠纷处理办法等内容。

第三，托育机构应当建立收托婴幼儿信息管理制度，及时采集、更新，定期向备案部门报送。并且主动向家长和社会公示机构的标准、日常医养教情况、卫生情况、园区的安保情况以及公示食品安全。

第四，托育机构应当与家长、社区合作。托育机构与家长、社区紧密合作有利于促进婴幼儿的健康成长。托育机构应当建立与家长联系的制度，通过定期召开家长会、成立家长委员会、举办家长开放日等途径，帮助家长了解保育照护的内容和方法，听取家长的意见和建议。同时，托育机构应当加强与社区的联系与合作，面向社区宣传科学育儿知识，开展多种形式的服务活动，促进婴幼儿早期发展。

第五，托育机构应当建立信息公示制度，定期公示收费项目和标准、保育照护、膳食营养、卫生保健、安全保卫等情况，接受监督。

二、遵循婴幼儿家园共育机构规范

机构管理是托育机构合理运行的基本保障，托育机构的管理应该在科学理念指引、在标准规范下进行。为最大限度地确保婴幼儿的安全和健康，国家卫生健康委组织制定了《托育机构管理规范（试行）》《托育机构婴幼儿伤害预防指南（试行）》等规范，使得机构管理有路径可循，此外各市也制定了相应的管理规范。婴幼儿家园共育机构规范主要从保育管理、健康管理、安全管理三方面展开。

（一）保育管理的规范

保育管理包括合理安排一日生活和活动、提供生活照料、创设适宜环境、设置合适活动等方面，以此促进婴幼儿身体和心理的全面发展。

第一，托育机构应当科学合理安排婴幼儿的生活，做好饮食、饮水、喂奶、如厕、盥洗、清洁、睡眠、穿脱衣服、游戏活动等服务。托育机构应当顺应喂养，科学制定食谱，保证婴幼儿膳食平衡。有特殊喂养需求的，婴幼儿监护人应当提供书面说明。

第二，托育机构应当保证婴幼儿每日户外活动不少于2小时，寒冷、炎热季节或特殊天气情况下可酌情调整。托育机构应当以游戏为主要活动形式，促进婴幼儿在身体发育、动作、语言、认知、情感与社会性等方面的全面发展。游戏活动应当重视婴幼儿的情感变化，注重与婴幼儿面对面、一对一的交流互动，动静交替，合理搭配多种游戏类型。托育机构应当提供适宜刺激，丰富婴幼儿的直接经验，支持婴幼儿主动探索、操作体验、互动交流和表达表现,发挥婴幼儿的自主性,保护婴幼儿的好奇心。常州市颁布的《常州市托育一日作息安排表及婴幼儿照护要点(试行)》中涉及保育管理的内容,可扫码阅读。

第三,托育机构应当建立照护服务日常记录和反馈制度,关注婴幼儿的在托身心发育状况,定期与婴幼儿监护人沟通婴幼儿发展情况,及时更新纸质材料与婴幼儿发展档案,保证家园和谐共育。

(二) 健康管理的规范

0～3岁婴幼儿身心发展的特殊性要求机构筑牢健康的防线。健康管理包括机构定期的检查、日常的观察、环境卫生、人员健康等方面。

第一,托育机构应当坚持晨午检和全日健康观察。晨午检内容包括:一摸,摸婴幼儿有无发热现象和有无淋巴结肿大现象;二看,观察婴幼儿的精神状态、面色等;三问,询问婴幼儿的饮食、睡眠、大小便情况;四查,检查婴幼儿有无携带不安全物品。发现婴幼儿身体、精神、行为异常时,应当及时通知婴幼儿监护人。全日健康观察要求对婴幼儿在托期间的情况进行观察,重点关注晨检中异常的婴幼儿。

第二,托育机构应当按照有关托儿所卫生保健规定,完善相关制度,切实做好婴幼儿和工作人员的健康管理,做好室内外环境卫生。机构应当建立卫生消毒和病儿隔离制度、传染病预防和管理制度,做好疾病预防控制和婴幼儿健康管理工作。

第三,托育机构工作人员上岗前,应当去医疗卫生机构进行健康检查,合格后方可上岗。托育机构应当组织在岗工作人员每年进行1次健康检查。在岗工作人员患有传染性疾病的,应当立即离岗治疗;治愈后,须持病历和医疗卫生机构出具的健康合格证明,方可返岗工作。

(三) 安全管理的规范

安全是筑牢托育机构发展的防线,包括落实责任、健全制度、细节规定、应急安排、实时监控等方面。

第一,托育机构应当落实安全管理主体责任,建立健全安全防护措施和检查制度,配备必要的安保人员和物防、技防设施。

第二,托育机构应当建立完善的婴幼儿接送制度,婴幼儿应当由监护人或其委托的成年人接送。

第三,《托育机构婴幼儿伤害预防指南(试行)》重点对托育机构的健康安全和应急标准做了明确规定。托育机构要加强室内安全管理,包括所有生活环节、活动区域、教学活动、班级内物品中的安全管理;做好室外活动的安全管理,包括户外活动及大型活动的安全管理。

安全应急管理中,托育机构应建立制度规范安全行为,细化安全要求,制定预案防范应急伤害。即通过定期检查、安全演习等进行事前预防及事后安全管理。托育机构应当制订重大自然灾害、传染病等突发事件的应急预案,定期对工作人员进行安全教育和突发事件应急处理能力培训。机构应当明确专兼职消防安全管理人员及管理职责,加强消防设施维护管理,确保用火、用电、用气安全。托育机构工作人员应当掌握急救的基本技能和防范、避险、逃生、自救的基本方法,在紧急情况下必须优先保障婴幼儿的安全。

第四,托育机构应当建立照护服务、安全保卫等监控体系。监控报警系统确保24小时设防,婴幼儿生活和活动区域应当全覆盖。监控录像资料保存期不少于90日。

任务三 熟悉机构的环境

案例导入

机构的环境创设

机构需要根据婴幼儿的生长发育特点,为其提供专业规范、安全健康的环境。通常来说,一个班级的活动单元可以划分为就餐区(见图 2-3-1)、睡眠区(见图 2-3-2)、盥洗区(见图 2-3-3)和游戏区(见图 2-3-4)。就餐区要干净整洁,餐桌、餐椅高度适合婴幼儿使用;睡眠区要光照充足,空气流通,单人单床,床高适合婴幼儿使用;盥洗区要大、小便器数量充足,有淋浴设施,适合婴幼儿使用,水龙头数量充足,高度适宜,能控制水温;游戏区要光线充足,干净整洁,玩具架高度适合婴幼儿使用,玩具材料安全环保,符合婴幼儿年龄特点。

图 2-3-1 就餐区

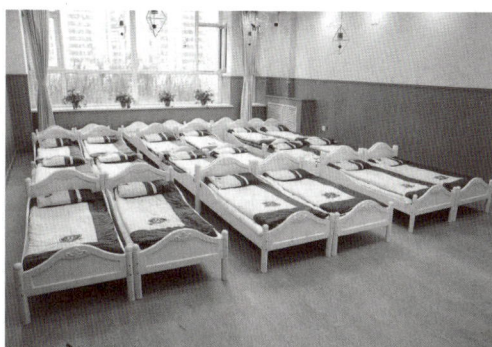

图 2-3-2 睡眠区

图 2-3-3 盥洗区

图 2-3-4 游戏区

思考:你知道机构在进行婴幼儿环境创设时需要注意哪些问题吗?

解理辨析

机构的环境创设

任务要求

1. 熟悉机构心理环境创设的规范。
2. 掌握机构物质环境创设的规范。

托育园所的环境不仅是婴幼儿生活的空间,更是婴幼儿学习的空间。环境创设的核心是婴幼儿,托育机构的教育理念和教育行为以及婴幼儿的生活状态,会通过托育机构心理环境和物质环境体现出来。

一、营造婴幼儿心理环境

为婴幼儿的健康成长营造一个温馨的心理环境是非常重要的。将尊重婴幼儿作为与婴幼儿互动的基本准绳,用情感联结与婴幼儿建立起依恋关系,以适宜回应作为婴幼儿探索的信任基地,是营造婴幼儿心理环境的三把钥匙。

(一)尊重婴幼儿——与婴幼儿互动的基本准绳

最早较为完整地提出尊重概念的心理学家是皮亚杰和英海尔德,他们从尊重他人的角度出发,将尊重定义为"把他人评价为一个不同于其他人的个体,并将他人看作一个独特的整体,认识到他人自身价值"。尊重婴幼儿就是将婴幼儿视作能动的个体并重视他,认识到他们本身的价值。尊重是托育教师与婴幼儿互动的基本准绳,也是与婴幼儿建立平等对话的前提。托育教师首先要尊重婴幼儿,并且在与婴幼儿交往的过程中时时刻刻表现出这种尊重,传达尊重的态度。

首先,托育教师需要通过语言来表达尊重。个体通常通过言语或肢体上的行为来表达自己的尊重,从而获得自我肯定和维持自尊的社会资源。其中,语言作为托育教师与婴幼儿互动交流的重要途径,其存在本身也是表达态度的一种方式。一方面,语言本身可以作为表达尊重的一种方式,如在托育教师将婴幼儿抱起时提前通过提示性语言告知,并稍微等待几秒钟。另一方面,语言除了征求婴幼儿意见、描述托育教师动作的作用外,托育教师还可以告诉婴幼儿其自身的感受和想法,为婴幼儿创设尊重的氛围和环境。真正的尊重是发生在平等个体之间的双向尊重,而个体的尊重具有从单向尊重向双向尊重发展的过程。互相尊重将是婴幼儿教育的第一课,也是婴幼儿在社会化进程中必学的重要一课。

其次,托育教师应了解、关注并接受婴幼儿真实的样子,给予他们自由选择的权利,而不是期望他们应该变成什么样子。面对极有可塑性的婴幼儿,成人往往对其有期待的模型,并试图朝着那个方向去"塑造"婴幼儿。最典型的一种想法就是:虽然婴幼儿现在可能感到痛苦或不理解,但我努力这样做都是为了他的将来。而从婴幼儿的角度看,他们一定非常困惑。婴幼儿是弱小的群体,他们依赖于人,信任自己的照护者。当照护者根据自己的想法去"塑造"婴幼儿、忽略婴幼儿的真实需求时,婴幼儿就不再是"真实的"样子,也不知道自己真实的需求是否应该被满足。在自我需求和成人期望不一致的情况下,婴幼儿会陷入"自我认知"的混乱之中,他们会质疑自己并感到恐惧,缺乏安全感,进而丧失对事物的自主性。

(二)情感联结——与婴幼儿建立起依恋关系

依恋是一种复杂的、渐进的过程,最本质的要素是照料者对婴幼儿的亲密回应。婴幼儿既有能力,又很脆弱,他们需要依靠一个或多个成人为他们提供持续且积极的体验,才能逐渐变得有安全感和自主性。

婴幼儿与父母通常会建立长期,甚至终生的依恋关系,而与托育教师之间的依恋关系则相对较短。随着托育教师和婴幼儿不断加深了解,并掌握了彼此的沟通方式,依恋关系也会随着时间的推移不断向前发展。当婴幼儿达到发展的一个个里程碑时,这些特定的沟通方式也会不断发展和变化。当前脑研究向家长和托育教师证实,温暖且积极的互动能够巩固婴幼儿大脑中的神经元联结。为了建立良好的依恋关系并使之发展,托育教师必须在互动中给予婴幼儿积极的回应,并为他们提供高质量的照料。随着婴幼儿不断长大,并能通过学习不断发展自理技能时,他们就能从依恋关系中培养自主性和独立性。

(三) 适宜回应——做婴幼儿探索的信任基地

婴幼儿会把父母和熟悉的托育教师视为信任基地,从而获得勇气向外探索和实践。他们会定期环顾家长或托育教师确认是否还在附近,重新获得能量去四处活动,继续探索周围环境。善解人意的托育教师能够敏锐地察觉婴幼儿潜在的负面情绪,并同他们进行语言交流,接受婴幼儿的这些情绪,不去干扰他们,为婴幼儿的情绪发展提供信任基地。

托育教师应给予婴幼儿自由自主的权利,让他们在活动中不断练习,选择合理手段来达成自己的目的。但自由并不意味着托育教师要完全放手,而是需要教师关注婴幼儿何时真正需要帮助,在保证婴幼儿自主性的基础上提供最少的帮助,尽量让婴幼儿做动作的发起者和问题的解决者。即使婴幼儿向托育教师寻求帮助,教师也要视情况给予他们鼓励或帮助。对于婴幼儿而言,最好的学习方法是参与,参与到环境中、参与到与他人交往中。因此,婴幼儿需要自由活动的时间,自由与人的自主性、创造性、自尊等心理学概念息息相关。这些美好心理品质或能力的形成都需要在自由活动中去发展和巩固。如果婴幼儿在人生的开端就依赖于他人提供的刺激和牵引,而缺少自由活动的时间,那么他们就有可能失去自由探索的独立能力。婴幼儿需要被允许有自己的时间,做力所能及的事情。当他们努力去拿他们想要的物品时,给他们时间,放手让他们享受通过努力而获得的满足。此时,托育教师也同样获得了自由的"许可"。当托育教师因为自己的事情不能与婴幼儿互动时,应当允许婴幼儿在教师的视线内、在安全丰富的环境中自主活动,这样既照顾到了婴幼儿的自主需求,也满足了教师的自由。有些托育教师为了能更好地照顾婴幼儿而牺牲自己所有的时间,透支自己的精力,这既不能保证教养质量,也完全限制了教师的自由,是不可取的。给予婴幼儿自由并不是在牺牲父母和托育教师自由的基础之上的。

二、创建婴幼儿物质环境

在托育机构中,婴幼儿所接触的物质环境主要包括就餐环境、睡眠环境、盥洗环境及游戏环境。

(一) 构建婴幼儿就餐环境

1. 布局

有的机构是三餐两点,有的机构是两餐两点,还有的机构是一餐一点,不管是哪种餐制,都需要有专门的就餐区,以保证婴幼儿愉快地进餐。婴幼儿的就餐区基本固定在自己的位置上,少数托育机构在婴幼儿就餐时会调整桌椅的摆放位置,但绝大多数机构是保持基本位置不变,就餐区设计与布置的基本原则是尽可能地使就餐环节更加流畅,既方便婴幼儿用餐,又能方便托育教师照护需要帮助的婴幼儿。

2. 设施

在就餐区或临近区域,冰箱和加热设备是必要的。同时,还要配备必需的水槽和柜台、餐具消毒柜及餐具柜。就餐区应使用矮小的桌椅便于婴幼儿自己就餐,以培养他们的独立性。针对不同月龄婴幼儿的就餐需求,机构可以为不同月龄的婴幼儿提供不同的餐椅:为6月龄以下无法独坐的婴儿提供摇摇椅;为7~9个月可以独自坐,但需要支撑力的婴儿提供宝宝椅;10个月以上的婴幼儿已经可以坐得很稳,有些还可以借力站立,他们需要相对较大的空间,因此可以提供餐桌椅,同时确保他们可以自由进出。一些婴幼儿在小规模群体中吃饭会更好,因为这样的群体外界刺激少,教师在选择桌子时也要考虑到这一点。对于那些不能坐椅子的小婴儿,托育教师需要抱着他们喂食。当然,如果婴幼儿在就餐时离开餐桌去玩耍,那么托育教师就需要花费一定的时间来培养他们就餐时需坐在餐桌前的习惯。

(二)创设婴幼儿睡眠环境

1. 布局

睡眠区应该远离游戏区,并且拥有柔和的氛围,让人放松的颜色,环境安静且无干扰。同时,为了防止婴幼儿在睡觉时着凉,床不能太靠近外墙和窗户,也不能摆得过于密集,否则不利于通风,也不利于疏散。为给婴幼儿睡眠时提供健康和安全的保障,每张小床之间至少要有90厘米的间隔。婴幼儿不能共用寝具,托育教师也不能将它们存放在一起,以避免他们的寝具相互接触。有些托育机构会用枕套打包寝具,并将它单独放在每个婴幼儿的小床上。

2. 设施

睡眠环境的设置具有挑战性,不同年龄的婴幼儿需要不同的睡眠家具。小婴儿睡在摇篮里会更安全,大一点的婴儿则需要睡在婴儿床里。学步阶段的婴幼儿可以睡在婴幼儿床或地板上的床垫上。每一个婴幼儿都应该有自己的寝具,婴幼儿之间不应该共用婴儿床或其他寝具。由于婴幼儿各自的入睡时间不同,所以很有必要在班级里设置睡眠区,以使托育教师能看到婴幼儿入睡,婴幼儿在入睡时应该背躺在床上,这样可以避免猝死综合征(SIDS)的发生,为减少窒息危险,坚实的床垫和整洁的睡眠区必不可少,当婴幼儿尤其是小月龄婴儿趴睡时,教师需要注意帮助婴幼儿调整睡姿,以免窒息。

不睡觉的婴幼儿可以休息或在班级的安静区域活动,托育教师可以为其安排只在这个时间段使用的图书和材料,安排一些个别化操作活动和认知活动。安静的音乐以及揉背,有助于婴幼儿放松。如果有必要,可以在安静区投放轻柔的灯光照明。

(三)建立婴幼儿盥洗环境

1. 美观

机构里的盥洗区设计要实用并便于清洁,同时,盥洗区要设计得既美观又能为婴幼儿提供丰富的学习机会,还能符合安全和卫生标准。托育教师可以在卫生间放置不同形状的镜子、植物、挂件,比如彩色挂件、拼贴画和婴幼儿可以用来做实验的复杂的管状结构。一些托育机构会在卫生间后面的墙上挂一个小的泡状鱼缸,里面有金鱼。有的机构则是在水槽下面安装透明的管道,这样婴幼儿就能看到排水时的情况。为了增加学习机会,有些机构还会在卫生间墙上贴许多有趣的海报,让婴幼儿能够看到。

2. 换尿布区

当婴幼儿尚未学步时,托育机构就需要设置换尿布区来满足这些婴幼儿的需要。更换尿布是婴幼儿重要且频繁的生活环节之一。首先,换尿布区需要创造宁静的环境。尿布更换环节为婴幼儿和托育教师提供了安静私密的、一对一的交流机会。为确保这段时间的放松及安全,教师不应该在给某个婴幼儿换尿布时背对其他婴幼儿。如果不得不这么做,可以放置大镜子以观察班里的其他婴幼儿。尿布更换台可能是细菌的温床,因此正确的换尿布步骤是很重要的。在桌子附近设一个水池以用于清洗,在换尿布前准备好所有物品也可以减少细菌滋生,每个婴幼儿都需要有自己单独的用品来减少交叉感染。

持续关注安全性也很重要。为了减少跌倒的危险,在换衣台上或更换桌上需要安装防护条,换尿布区需要配备柜台或桌子,以方便托育教师为婴幼儿换尿布。可以在换尿布区放置一些柜台,婴幼儿垂直地躺在柜台边缘,面向教师。托育教师只需弯腰便可以直接为婴幼儿换尿布,不需要转向另一侧。换尿布的必需品都应放置在桌台附近,托育教师伸手就可以够到。这些物品包括尿布、抗菌清洁用品,以及用来放脏尿布的垃圾桶。换尿布区还需配有一个有温水的洗手池,香皂和毛巾可以放在洗手池的旁边。

3. 卫生间

当婴幼儿可以独立行走时,符合婴幼儿尺寸的小便斗和小马桶等设施能帮助他们进行如厕训练,达到独立如厕的目的。机构也应当设置不同高度的小便斗,学步儿喜欢婴幼儿卫生间,他们有权使用卫生间的洗手池、香皂和纸巾。不论是室内还是室外的卫生间,都要邻近游戏区。当婴幼儿使用小马桶时,要使他的双脚可以支撑地面。适宜的设施能够给婴幼儿带来安全感,这也有助于如厕训练的开展。

(四) 打造婴幼儿游戏环境

婴幼儿游戏环境包括室内游戏环境和户外游戏环境两大类。

1. 室内游戏环境

在婴幼儿游戏环境中,除了基本的嵌入式空间、家具和设备外,还有托育教师准备的可移动的设备、玩具和材料。空间的使用目的决定了如何布置以及摆放哪些材料和设备。在为婴幼儿创设游戏环境时,鼓励婴幼儿进行自由选择也是托育教师需要考虑的因素之一。给予婴幼儿多大的选择权取决于托育教师的理念和婴幼儿的年龄。

(1) 打造环境以支持游戏

托育教师的职责不只是指导游戏本身,还有创建游戏环境。托育教师应确保游戏环境中的每件物品都是可以安全触摸的,甚至是可入口的。这里的可入口是指婴幼儿放进嘴里的物品是干净卫生和安全的,因为对于婴幼儿来说,用嘴来舐舐或咀嚼物品是其重要的学习途径之一。托育教师应该在游戏环境中提供充足的质地柔软的物品,婴幼儿在活动和休息时都会需要这些东西。靠垫、地垫、床垫和铺在地板上的塑料泡沫大积木块都能让婴幼儿尽情地跳跃、打滚以及舒服地躺下,与毛绒玩具拥抱或依偎在一起。托育教师也需要提供质地坚硬的地面。与地毯相比,硬地板可以为爬行儿和学步儿带来完全不同的体验和兴趣。此外,当托育教师为婴幼儿准备了诸如玩水的活动时,坚硬的表面更容易清洁。例如,在塑料盆下面垫上浴室防滑垫,可以让婴幼儿安全地玩水,也不至于把周围弄得乱糟糟。

当托育教师为婴幼儿选择玩具时,应尽量选择那些有多种玩法,而不是只有一种玩法的玩具。大型积木就是很好的例子,婴幼儿可以搬运或把它们摞在一起,或用来搭建某种结构,或坐在上面。相比大型积木能够为婴幼儿带来的多种乐趣,电动玩具或发条玩具的玩法就较为单一,婴幼儿只能作为旁观者。托育教师应尽可能地让婴幼儿自由组装玩具、组合材料。例如,如果婴幼儿想把玩偶放进他们搭好的积木建筑中,托育教师不要干涉他们的行为。

(2) 环境限制

当然,并不是所有的玩具都能被随意组合,婴幼儿把橡皮泥放到水池里,可能会把水池弄脏。如果托育教师不想让婴幼儿组合某些玩具或材料,可以设置清晰的环境限制。环境限制即设置物理障碍,让婴幼儿或玩具材料只能待在既定空间内。环境限制通常会伴有口头语言限制来提示婴幼儿。例如,"不要把水溅到戏水桌外"就是一句清晰且积极的限制声明。

确定适量的玩具也是托育教师需要考虑的因素。应警惕过多的玩具会产生过度刺激,或导致过多的感官输入。另外,房间中的外在刺激过少,都会使婴幼儿出现行为方面的问题。一定要确保最适宜的玩具或材料数量。教师可以根据婴幼儿的行为来判断玩具的数量是否合适。玩具的最佳数量可以根据不同的时间点、婴幼儿的人数以及季节而变化。

（3）环境匹配

当环境能为婴幼儿提供足够熟悉的体验,使得婴幼儿能够用他们已经达到的心智能力来理解这些体验,并且这些体验又足够新鲜,能够给婴幼儿提供有趣的挑战,那么此时学习便会随之发生。当在婴幼儿已知的知识和新情境之间出现不协调时,学习便会发生。如果游戏环境过于陌生,婴幼儿就会退却,感到恐惧,并忽略该环境。如果环境不新颖,婴幼儿也会忽略它。婴幼儿不会关注那些早已成为其生活一部分且缺乏吸引力的事情。

作为托育教师,可以通过观察找到答案。通过观察,教师就能清楚地知道在环境中要为自己负责照料的婴幼儿群体投放哪些材料。通过为婴幼儿提供大量可选择的合适玩具、物品,并且让婴幼儿自由游戏,托育教师能为婴幼儿提供各种机会,便于他们去探索新环境以及玩具材料的新用途,让他们自己决定如何与环境互动。当婴幼儿在有趣且富有挑战的环境中遇到他们想解决但却解决不了的问题时,托育教师可以通过提供适当的帮助来进行干预。

同时,不要催促婴幼儿,如果推动他们前进的动力来自外部,即成人或环境,那么他们永远不会对自己感到十分满意。他们也许会带着对之前活动未了的不满情绪进入下一发展阶段,不能全神贯注地投入到新任务或新活动中去。

2. 户外游戏环境

（1）大自然的感觉统合

户外体验以及大自然所带来的感觉统合对婴幼儿的发展特别重要,而且在很大程度上有利于维持均衡、优质的婴幼儿发展。婴幼儿从户外活动中受益良多。在户外,婴幼儿能够自由地选择并探索,感官体验也得以拓展。户外环境中的自然材料和活动能为婴幼儿所有感知觉领域（听觉、嗅觉、味觉、触觉和视觉）提供积极的支持。户外的多重感官体验能为婴幼儿创建独特的学习途径,自然的光线、清新的空气以及大自然中的景色和声音都有利于婴幼儿的感觉统合。

（2）适宜的大肌肉运动

托育教师应该为婴幼儿设计适合室内和户外的大肌肉运动的活动。大肌肉运动的活动是指婴幼儿运用胳膊、腿和躯干等处的大肌肉群进行的活动,诸如攀爬、打滚、滑滑梯和跑步。学步儿时刻都在跑动、攀爬、打滚和跳跃。托育教师应该将学步儿的游戏区创建成充满活力的游戏场所,给予婴幼儿自主活动的机会。机构可因地制宜配置具有多种功能的联合器械。需要注意的是,低龄婴幼儿专用的中大型运动器械应具备安全防护措施。学步儿可在开放的区域活动,区域内可投放球类、可推拉的玩具、小货车和其他玩具,这些玩具能够鼓励婴幼儿自由活动并检测他们的大肌肉技能和协调性。还可以为婴幼儿提供一些矮的攀爬结构、斜坡和台阶等。

（3）做好安全防护

所有的游戏器具都应该配有良好的防护措施,以便于婴幼儿安全地探索。在婴幼儿可以够到的开放的架子上放一些同类的玩具,还可以把不同活动相关的材料放在不同的架子上,便于婴幼儿自由选择。与婴儿区邻近的户外游戏空间应包括阳光充足的地方和阴凉的地方,该空间应用防护栏围起来。在有攀爬结构的地面以及公开的空地上,应覆盖一些有弹性且稳固的覆盖物以确保安全,同时还要方便婴幼儿玩耍。另外,还需要一些柔软的区域供婴幼儿玩耍或休息。

三、构筑婴幼儿家园共育环境

婴幼儿的成长离不开家庭与机构的合作,家庭可以与机构通过联系栏、云交流、共建环境等多种形式创造共育环境,形成促进婴幼儿成长的教育合力。

（一）家园共育联系栏

家园联系栏是机构和家长之间实行的一种交流方式，是展示机构保教工作的一个窗口。家园联系栏有助于婴幼儿家长及时、准确、全面地了解机构对婴幼儿的照护情况和机构托育教师的工作情况，也能让机构了解家庭在照护婴幼儿过程中遇到的实际问题和困难，基于每位婴幼儿身心发展的需要，给予家长有针对性、个性化的帮助和指导，密切机构与家庭的联系。

家园联系栏可包括婴幼儿就餐、睡眠、健康、活动、一日生活与卫生习惯、动作、语言、认知、情绪情感与社会性等方面的情况反馈，家长对日常家庭中婴幼儿实际照护指导的真实需求和了解，托育服务机构所安排的机构作息安排、活动计划、饮食安排、活动讲座、知识科普等信息的公示等。

家园联系栏的功能主要体现在教育功能与培养功能上。家园联系栏内容丰富，形式多样，吸引着家长，让家长随时都能关注教师教育思想和婴幼儿的生活情况，使双方在彼此互动的过程中相互学习、相互借鉴，进一步加强家园间的联系与沟通。此外，家园联系栏的内涵在不断变化，家长的知识也在不断丰富，技能在不断提升，这些都促使托育教师不断更新教育理念，提高自身的专业修养，推动自身的专业成长。

（二）家园共通云交流

随着家园沟通合作的不断深入，此前以家访及电话沟通为主的家园互动模式显然无法满足互联网时代的家园沟通合作。新的时代下，"互联网＋家校协同育人"为打造多种形式的线上家园合作渠道、拓展家园合作载体提供了有效助力。家园共通的渠道也在日渐丰富，如公众号、微信、小程序等。托育教师通过将每位婴幼儿在机构内的图片和视频，0～3岁婴幼儿生理和心理保健、生长发育问题的识别与干预等系统科学的照护知识发布在线上平台，使家长在线上就能了解婴幼儿在机构的一日生活，学习前沿的、科学的育儿知识和方法。家园共通云交流就是对家庭科学育儿指导系列活动推进的规范。

家园共通云交流的线上内容可以包含家庭照护指导内容的确定，指导方式、指导活动方案和活动总结记录等，托育教师可以结合婴幼儿身心发展特点和对家庭照护现状的调查和分析来确定，应包含基于家长需求和兴趣的问题交流或线上专题讲座。家园共通云交流需注意家长学习形式的多样性，综合采用亲子活动、入户指导预约、家庭照护培训、专家讲座等多种形式；充分发挥互联网的优势，搭建线上交流学习平台，并考虑不同家长职业的特点，满足不同家庭随时随地学习的需求；应考虑指导的针对性，可按照婴幼儿年龄段、家庭需求或家长类型（如父母班、隔代家长班）进行分别指导。

（三）家园共建创环境

机构可以建立日常家园联系制度，作为机构班级托育教师和家长进行日常沟通联系的规范。日常家托联系制度的内容应当涵盖对日常双方联系内容的界定、日常联系的形式、日常联系要求（频次、行为规范）、联系记录等。日常家园联系有助于家长及时、准确、全面地了解机构对婴幼儿的照护情况；同时让机构了解家庭在照护婴幼儿过程中遇到的实际问题和困难，基于每位婴幼儿身心发展的需要，给予家长有针对性的指导与帮助，让家长和托育教师互相了解，一起为婴幼儿提供自然、温馨、安全、熟悉的环境和日常安排。

家园共建环境的内容不仅可以包括家长参与机构的活动决策、参加家长助教活动、配合机构完成一些亲子任务，还包括机构邀请家长参与体验式课程开发，或邀请家长参与机构的课程开发，以及为机构的管理提供志愿服务等，提升家园合作效能。机构可以邀请家长进入园所，共同创设婴幼儿的班级环境，婴幼儿家庭介绍卡片、在家喜欢的玩具、亲子共创作品等，都可以作为婴幼儿班级环境创设的一部分，既能打造体现家托共育的温馨环境，也能从环境上减轻婴幼儿的分离焦虑。

模块小结

本模块我们学习了婴幼儿家园共育中的机构建设,从机构的类型、机构设置管理、机构环境创设三个方面展开。任务一将机构分为三大类型,包括托育园、托育机构、早教机构,接着学习了不同划分依据下机构的具体分类,了解机构的含义和任务,学习了机构的建设对婴幼儿、家庭、社会的重要意义。任务二学习了《托育机构设置标准(试行)》和《托育机构管理规范(试行)》,知道了机构的相关规范。任务三认识机构的物质环境和心理环境创设要求和措施。

思考与练习

一、选择题

(一) 单项选择题

1. 婴幼儿离开托育园所(   )以上须重新进行入托体检。

   A. 1个月　　　　　　B. 3个月　　　　　　C. 6个月　　　　　　D. 2个月

   E. 4个月

2. 托育园所应当保证婴幼儿每日户外活动不得少于(   )。

   A. 1.5小时　　　　　B. 2小时　　　　　　C. 2.5小时　　　　　D. 3小时

   E. 3.5小时

3. 托育园所工作人员上岗前,必须经县级以上人民政府卫生行政部门指定的医疗卫生机构进行健康检查,取得(   )后方可上岗。

   A. 托幼机构工作人员健康合格证　　　　　　B. 体检报告单

   C. 食品从业人员健康证　　　　　　　　　　D. 育婴师证

   E. 幼儿教师资格证

4. 机构环境创设的目的是(   )。

   A. 提供安全的学习和成长环境　　　　　　　B. 增加婴幼儿的玩耍空间

   C. 提供高科技设备和工具　　　　　　　　　D. 增加婴幼儿的学习压力

   E. 增加婴幼儿的环境刺激

5. 不属于幼儿园环境创设的原则是(   )。

   A. 美观、整洁、舒适　　　　　　　　　　　B. 多样化、刺激性

   C. 安全、健康、可持续　　　　　　　　　　D. 尊重婴幼儿

   E. 高端、奢华

(二) 多项选择题

1. 晨午检查内容包括(   )。

   A. 一摸　　　　　　　B. 二看　　　　　　C. 三问　　　　　　　D. 四查

   E. 五医

2. 托育园所应当定期公示(   ),接受监督。

   A. 收费项目和标准　　　　　　　　　　　　B. 课程活动情况

   C. 膳食营养情况　　　　　　　　　　　　　D. 卫生保健情况

   E. 保育照护情况

3. (   )是目前家园工作中最常用的形式。

A. 开放日制度　　　　　　B. 家长接待日　　　　　　C. 家访　　　　　　　　D. 电话联系

E. 面对面交流

4. 自制玩教具的特点有可玩性、(　　　　)等。

A. 安全性　　　　　　　　B. 美观性　　　　　　　　C. 实用性　　　　　　　D. 趣味性

E. 创新性

5. 教师应以关怀、(　　　　)、尊重的态度与婴幼儿交往。

A. 支持　　　　　　　　　B. 鼓励　　　　　　　　　C. 接纳　　　　　　　　D. 耐心

E. 平等

二、判断题

1. 托育园所应当加强与社区的联系与合作,面向社区宣传科学育儿知识。　　　　　(　　)

2. 由于托育园所任务繁杂,所以应该省去照护服务日常记录和反馈。　　　　　　(　　)

3. 托育园所应当确保婴幼儿由监护人或其委托的成年人接送。　　　　　　　　　(　　)

4. 托育园所工作人员就是扫地、擦桌子、拿饭、维持秩序。　　　　　　　　　　(　　)

5. 创设机构物质环境时,不仅要考虑是否符合美观、安全、卫生,还要考虑是否满足婴幼儿发展的需要。　　　　　　　　　　　　　　　　　　　　　　　　　　　(　　)

三、简答题

1. 用自己的语言表述我国当前托育的机构分类及其任务。

2. 如何理解当前托育机构的法律地位?

3. 机构如何在硬件部分做好家园共育?

四、实训任务

依据《托育机构设置标准(试行)》和《托育机构管理规范(试行)》,选择本地一所托育园所,做一个情况的调查,找出不足并给出建议,完成一份调研报告。

模块三
婴幼儿家园共育中的课程实施

模块导读

　　课程实施是指把一项计划或方案付诸实践的过程,即托育教师依据计划组织课程活动的过程。家园之间良好的合作可以推动托育课程高效率、高质量的实施,进而促进婴幼儿在动作、认知、语言、情绪和社会性等各方面的发展。

　　本模块主要阐述托育课程的要素、结构以及各类课程在家园共育中的组织与实施,通过案例呈现、理论分析等帮助学习者掌握各类课程在家园共育中的组织与实施。要求学习者在理论学习的基础之上,能够针对各年龄阶段的婴幼儿开展各类家园共育活动。学习者完成本模块的学习后,可以在课程实施的家园共育中指导婴幼儿家长。

学习目标

　　1. 了解托育课程的要素与结构。

　　2. 熟悉婴幼儿身心各方面发展的规律及特点。

　　3. 掌握生活课程、运动课程、学习课程和游戏课程在各年龄阶段的组织与实施。

　　4. 能够根据婴幼儿的身心发展水平和年龄特征,安排各类课程在家园共育中的组织与实施,能指导家长开展活动。

　　5. 能认识到托育教师的责任重大,形成热爱婴幼儿的基本态度和情怀。

思政导航

　　《3岁以下婴幼儿健康养育照护指南(试行)》明确提出:"将早期学习融入养育照护全过程。在日常养育过程中,婴幼儿通过模仿、重复、尝试等,发展运动、认知、语言、情感和社会适应等各方面能力。养育人要将早期学习融入婴幼儿养育照护的每个环节,充分利用家庭和社会资源,为婴幼儿提供丰富的早期学习机会。"基于此,本模块将从婴幼儿托育课程入手,涵盖婴幼儿日常生活、运动、语言、认知、情感和社会适应及游戏,旨在指导托育教师能根据婴幼儿的身心发展水平和年龄特征,安排各类课程在家园共育中的组织与实施,指导家长开展活动,进而提高婴幼儿家长健康养育照护能力和水平。

内容结构

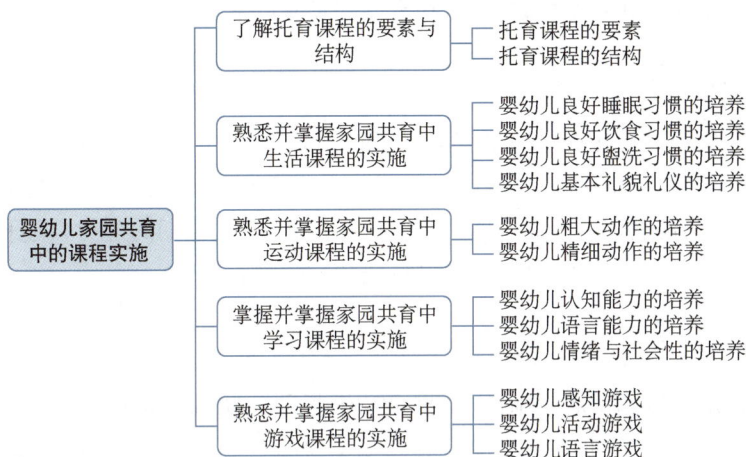

任务一 了解托育课程的要素与结构

案例导入

托班作息时间表

近年来,国家大力推进0~3岁婴幼儿教育,鼓励公办幼儿园开设托班。某市幼儿园积极响应国家号召,计划开设两个托班。在制定托班的一日活动安排时,保教主任犯了愁。带着这个问题,园领导和托班的教师一起进行了教学研讨,形成了科学合理的托班作息时间表。

(本案例来源于沈阳市第七中学附属幼儿园,宋旸)

思考:托班的时间表和大、中、小班的时间表一样吗? 如果不一样,该如何制定和管理呢?

托班作息时间表

任务要求

1. 了解托育课程的要素。
2. 了解托育课程的结构。

托育园所应根据0~3岁婴幼儿的身心规律及特点,坚持医养教结合的原则,以促进婴幼儿身心全面和谐发展及提高家长科学育儿理念为目的,有计划、有组织地进行生活课程、运动课程、学习课程及游戏课程。

一、托育课程的要素

托育课程对婴幼儿的发展具有重要意义,托育课程具有以下四个要素。

(一)托育课程的目标

托育课程的目标是为婴幼儿提供一个安全、健康、温馨的环境,促进婴幼儿身心健康的全面发展。通过托育课程,婴幼儿将得到专业的照顾和教育,培养运动能力、语言能力、社交能力、情感管理能力和自理能力。同时,托育课程也致力于促进婴幼儿的认知发展,激发他们的学习兴趣和创造力,帮助他们建立积极的人际关系和自信心。为他们的未来奠定坚实的基础。

(二)托育课程的内容

托育课程的内容是从目标发展而来的,其重点在于帮助婴幼儿认识自己,认识他人,学习沟通、运动和操作,以及思考等技巧。除此之外还要符合其他主要参与者的目标,即婴幼儿的家长和托育工作者的目标。托育课程的内容涵盖婴幼儿日常生活、运动、语言、认知、情感和社会适应及游戏。

(三)托育课程的实施

托育课程的实施是通过托育园所提供综合性的照料和教育服务,与家长共同解决各类照顾与教育的难题,促进婴幼儿的全面发展。实施托育课程需要有合格的托育人员,他们应具备相关的教育背景和专业技能,能够为婴幼儿提供安全、有趣和富有挑战性的学习环境。托育课程的实施需要有科学的课程设置和教学方法,包括游戏、活动、故事等,以促进婴幼儿的身心发展。此外,实施托育课程还需要与家长保持密切的沟通和合作,共同关注婴幼儿的成长和发展。

(四)托育课程的评价

托育课程的评价是通过对课程内容、教学质量、师资力量等方面进行综合评估,以确保托育课程的质量和效果。评价托育课程需要考虑婴幼儿的身心发展情况、家长的满意度以及托育园所的管理水平等多个方面。评价结果可以帮助托育园所不断改进和提升托育课程的质量,促进婴幼儿的全面发展。评价托育课程还可以帮助家长选择适合自己孩子的托育园所,促进托育园所间的竞争和合作。通过科学的评价体系,托育课程能够更好地满足婴幼儿和家长的需求,促进婴幼儿的健康成长。

二、托育课程的结构

托育课程结构是指托育课程各部分之间的组织和配合,即托育课程组成部分如何有机地联系在一起。具体包括生活课程、运动课程、学习课程和游戏课程。

(一)生活课程

托育园所组织与实施的生活课程主要包括睡眠习惯的培养、饮食习惯的培养、盥洗习惯的培养以及基本礼仪礼貌的培养。通过一系列生活活动的开展,对婴幼儿实施良好的保育,培养婴幼儿良好的生活习惯。

(二)运动课程

根据《托育机构保育指导大纲(试行)》中要求,婴幼儿动作领域要达到两个目标,即掌握基本的大运动技能和达到良好的精细运动发育水平。因此,托育园所在实施运动课程时要包含以下两方面内容:一方面,保障婴幼儿身体健康成长发育;另一方面,促进其身体控制能力和手部精细操作能力有序、协调发展。

(三)学习课程

学习课程的重点在于促进婴幼儿获得全面的成长和发展,其中包括促进婴幼儿感知觉、注意、记忆、想象和思维等各方面的良好发展。

(四)游戏课程

在促进婴幼儿动作、认知、语言、社会性等各方面发展时,游戏是最好的教育途径。在游戏过程中,婴幼儿可以运用一定的知识和语言,借助各种物品,通过身体和心智的活动,反映并探索周围世界。

任务二　熟悉并掌握家园共育中生活课程的实施

案例导入

用 餐 前 奏 曲

刚入托的悠悠是个特别招人喜欢的小女孩,就是不爱吃饭,每次用餐都是磨磨蹭蹭,不是有尿就是有鼻涕,别的小朋友都吃完了她的饭才刚吃上几口,老师和家长都很着急。

小迪老师利用周末进行了家访,了解到悠悠在家里吃饭时,姥姥和奶奶都是一个人用玩具哄着悠悠,另一个人追来追去喂饭吃,长此以往,悠悠养成了不良的用餐习惯。

小迪老师与悠悠妈妈达成了共识,一定要帮助悠悠改掉坏习惯。老师在班级里采取谈话与阅读绘本相结合的方式引导悠悠好好吃饭,并通过一定的奖励机制鼓励悠悠;在家里则改为妈妈陪同悠悠吃饭,鼓励孩子自己吃饭。

一个月后,悠悠基本上改掉了不良的用餐习惯,身体也比以前好多了。

(本案例来源于辽宁省沈阳市浑南区教育局花语幼儿园,张雪迪)

思考:悠悠为何会养成不爱吃饭和磨蹭用餐的习惯?

解理辨析

用餐前奏曲

任务要求

1. 了解婴幼儿良好睡眠习惯的培养模式。
2. 熟悉婴幼儿良好饮食习惯的培养方法。
3. 掌握婴幼儿良好盥洗习惯的培养技巧。
4. 熟知婴幼儿基本礼貌礼仪的培养方式。

在婴幼儿成长的过程中,因家长教育不当引发各种问题,比如婴幼儿没有养成良好的睡眠习惯、暴饮暴食或者挑食、不讲卫生、不讲礼貌等,因此有必要给婴幼儿培养良好的睡眠、饮食、盥洗、基本礼貌礼仪的习惯。

一、婴幼儿良好睡眠习惯的培养

充足的睡眠有助于婴幼儿的生长发育,婴幼儿在睡眠的过程中也会分泌生长激素,此外,婴幼儿期是脑发育的关键期,若不重视起来,则对他们来说损失巨大。而良好的睡眠习惯也是良好睡眠质量的前提保证,所以我们有必要为婴幼儿培养良好的睡眠习惯。

具体的培养模式如下。

微课

婴幼儿良好
睡眠习惯
的培养

(一) 制定合理的作息时间表

为婴幼儿制定合理的作息时间表是每位父母的责任和义务,合理的作息与婴幼儿的生长发育有着千丝万缕的联系,具体的做法包括:

① 每天坚持婴幼儿按时进食、睡眠、活动,逐渐养成良好的生活习惯。

② 合理安排婴幼儿的睡眠,确保婴幼儿的睡眠安全,仔细观察婴幼儿的睡眠状态。

③ 根据婴幼儿不同月龄生理特点进行安排。

以下是一个 0～3 岁婴幼儿的作息时间表范例(见表 3-1)。请注意,每个婴幼儿的发展水平和个体差异不同,因此这个时间表可能需要根据孩子的具体情况进行调整。

表 3-1　0～3 岁婴幼儿作息时间表

月龄	时间	内容
0～3 个月	6:00—7:00	宝宝醒来,进行早晨的喂养和换尿布
	7:00—12:00	此期间宝宝可能会有多次的小睡,每次持续约 1～2 小时。喂养和换尿布的时间根据需要进行
	12:00—14:00	此期间宝宝可能进行较长的午睡
	14:00—18:00	宝宝醒来后,进行一些亲子互动和游戏,再次小睡,同时根据需要进行喂养和换尿布
	18:00—20:00	宝宝进行晚餐和洗澡,之后准备进入睡眠状态
	20:00—次日 6:00	宝宝进入夜间睡眠,其间可能会醒来几次进行喂养和换尿布
4～6 个月	6:30—7:30	宝宝醒来,进行早晨的喂养和换尿布
	7:30—12:00	此期间宝宝可能会有两次小睡,每次持续约 1～2 小时。同时根据需要进行喂养和换尿布
	12:00—14:00	宝宝进行午餐和午睡
	14:00—18:00	宝宝醒来后,进行一些亲子互动和游戏,再次小睡,同时根据需要进行喂养和换尿布
	18:00—20:00	宝宝进行晚餐和洗澡,之后准备进入睡眠状态
	20:00—次日 6:30	宝宝进入夜间睡眠,其间可能会醒来几次进行喂养和换尿布
7～9 个月	7:00—8:00	宝宝醒来,进行早晨的喂养和换尿布
	8:00—12:00	此期间宝宝可能有一次小睡,持续 1—2 小时。同时根据需要进行喂养和换尿布

月龄	时间	内容
7～9个月	12:00—14:00	宝宝进行午餐和午睡
	14:00—18:00	宝宝醒来后，进行更多的亲子互动和游戏，再次小睡，同时根据需要进行喂养和换尿布
	18:00—20:00	宝宝进行晚餐和洗澡，之后准备进入睡眠状态
	20:00—次日7:00	宝宝进入夜间睡眠，此时夜间的喂养次数可能会逐渐减少
10～36个月		随着宝宝的成长，他们的作息时间会逐渐接近成人的作息规律。早晨起床时间会逐渐提前，午睡时间会逐渐缩短，晚上入睡时间也会逐渐稳定。同时，宝宝的饮食也会逐渐规律，逐渐适应一日三餐的饮食习惯

④ 根据季节特点，冬季夜长，可安排婴幼儿晚上早些睡。夏日日长，晚上婴幼儿可以晚些上床。

⑤ 要做好动静活动相结合，脑力与体力相结合，室内与室外相结合。

（二）为婴幼儿创造舒适的睡眠环境

婴幼儿卧室室温最好保持在22～25℃之间；湿度保持在50%～60%；房间通风良好；被褥的薄厚、轻重程度适宜；衣服的薄厚、宽松程度适宜；枕头的高矮、软硬度适宜等。

① 卧室的环境条件：居室安静、光线柔和、温度适宜，通风保持空气清新。

② 为婴幼儿选择一个适宜的床，最好是木板床，保证婴幼儿脊柱的正常发育。

③ 准备好婴幼儿的睡前个人卫生，给婴幼儿洗澡、按摩，有助于婴幼儿更好地入睡。

④ 睡前吃饱喝好，排尿一次，换好尿布，拍好嗝。

⑤ 保持良好的睡眠姿势，不蒙头、不含奶嘴、不咬被角、不吃手指。

⑥ 睡觉前不做剧烈运动，避免太兴奋；睡前可利用固定乐曲或讲故事催眠入睡。

⑦ 对睡眠不安的婴幼儿要寻找原因，发现问题，及时处理。

⑧ 夏、春、秋三季卧室要注意通风，冬季要定时开窗换气；室内光线要暗些；环境要安静，也可播放一些轻柔的催眠曲。

（三）鼓励婴幼儿自己入睡

不良的睡眠习惯会影响婴幼儿顺利入睡，比如奶睡、抱睡、摇晃等。这些不良的入睡习惯一旦养成，宝宝就会特别依赖这些方式。所以建议在新生儿时期就要开始为宝宝建立良好的睡眠习惯，当宝宝有睡意时或有睡意前，就把他放入婴儿床，让他自己入睡。

如果宝宝在吃奶的时候就睡着了，可以停止喂奶，把他放入婴儿床，这样可以减少宝宝养成吃着奶睡着的习惯，然后提前下一次喂奶的时间即可。但要注意的是，小月龄特别是0～3个月的婴儿，由于身体发育得不成熟，睡眠会比较没有规律。所以建议不用严格要求他们一定要自己入睡，抱睡、奶睡都不是问题，等他们睡着了再放下即可。但是抱睡、奶睡不等于全程抱着睡、吸着奶睡，这样的睡眠习惯是非常不好的。

随着宝宝身体的发育成熟，作息时间逐渐规律，再慢慢培养他们自主入睡。而在此之前，建立良好的睡前程序、培养良好的睡眠习惯才是最重要的。

二、婴幼儿良好饮食习惯的培养

饮食习惯不仅关系到宝宝的身体健康，而且关系到宝宝的日常行为习惯，家长应该给予足够的重视。对宝宝来讲,良好的饮食习惯培养的方法包含以下三种。

(一) 进食要定时定量

首先,按时吃饭习惯的培养要从哺乳期开始,从宝宝出生时的"饿了就喂"有意识地向按"顿"吃过渡。

其次,根据宝宝的食量给予适量的饭菜,食量适度,不能一味要求宝宝多吃,更不能依着宝宝想吃多少就吃多少,否则会养成任性、浪费的不良习惯。

最后,在规定时间内即使宝宝没吃完,也要把饭菜端走,下顿如果再不吃,再照样办,适当的饥饿能改善宝宝的食欲。当然,要及时关注婴幼儿厌食的原因,如果是疾病引起的,要及时就医。

(二) 控制零食、不挑食

首先,零食不应吃得太多,也不应在饭前吃。有些宝宝比较调皮、闹腾,家长会用零食来安抚他们,但是,若吃太多的零食,尤其是饭前,很容易让幼儿有饱腹感,到了真正该吃饭的时候自然就不愿意吃了。所以,家里零食不要随处可见,随时可吃,这一点需要全家人的配合。

其次,对于1~3岁的幼儿来说,挑食其实是一种正常的现象,是阶段性的。在宝宝成长的某个阶段,喜欢的食物类型可能每天都在变化,对于食物的抵制和偏爱都是常见的现象。

(三) 专心吃饭、细嚼慢咽

首先,吃饭时注意力要集中,专心进餐。不边玩边吃、边看电视边吃、边说笑边吃。婴儿几个月大的时候,可把他放在固定的地方喂奶,再大一些就可让宝宝坐在餐椅上,让宝宝在餐桌边与大人共同进餐,并让宝宝在吃完自己的饭菜后才能离开。久而久之,宝宝就会形成吃饭时间一到就去坐餐椅的意识和习惯,而不至于养成"追到哪儿,喂到哪儿"的不良习惯。

其次,细嚼慢咽,养成习惯。有的宝宝饿极了或是着急出去玩,吃起饭来狼吞虎咽,囫囵吞枣,食物吃进嘴里没嚼几下就咽下去了。吃得急容易消化不良,胃胀胃酸,长期这样还会引起胃肠道疾病。所以,家长要教宝宝学会细嚼慢咽,对于宝宝狼吞虎咽的行为一定要制止并纠正,让宝宝养成健康的用餐习惯。

三、婴幼儿良好盥洗习惯的培养

盥洗活动也许在大部分人眼里是一项十分简单的活动,然而在日常生活过程中,许多婴幼儿因为家长的宠溺,没有养成良好的盥洗习惯,同时也不能够科学地进行盥洗。盥洗是婴幼儿一日生活中必不可少的环节,它直接关系到婴幼儿的身体健康。婴幼儿养成良好的清洁卫生习惯,将会受益终身。家长要抓住盥洗环节渗透多方面的教育。

(一) 学会洗手和擦手

① 根据宝宝平时洗手经验,先和宝宝讨论洗手的方法。

② 利用儿歌《洗手歌》学习洗手的步骤。

③ 洗完后,如果不能彻底擦干双手,细菌等微生物很容易在潮湿的表皮繁殖,而增加患病的概率。因此,在洗完手后,最好要用干净的毛巾或纸巾擦干双手,包括指缝等处。

④ 洗手后要做好保湿工作。经常洗手虽然有助于预防疾病,但也容易造成手部皮肤干燥、粗糙。所以,要在教会宝宝洗手的同时,注意保护好他的手部皮肤。

（二）创造盥洗教育环境

① 设施安全：为婴幼儿提供安全、舒适的盥洗设施是首要任务。洗手台应适合婴幼儿的身高，水龙头应易于操作，避免婴幼儿因为操作不当导致溅水或受伤。此外，地面应保持干燥，防止滑倒。

② 装饰温馨：环境的装饰也是创造良好盥洗体验的关键。可以使用色彩鲜艳、图案可爱的墙纸、洗手液瓶等物品，让婴幼儿在盥洗过程中感受到乐趣。同时，可以摆放一些婴幼儿喜欢的玩具或图片，让他们更愿意参与到盥洗活动中来。

（三）树立榜样的力量

首先，我们要认识到婴幼儿阶段的模仿能力是非常强的。他们常常通过观察身边的大人来学习各种行为。因此，家长和托育教师应该成为良好的榜样，展示正确的盥洗行为。比如，在洗手时，我们应该用肥皂和水彻底清洁双手，并展示正确的洗手步骤。在刷牙时，我们可以展示正确的刷牙姿势和刷牙时间，让婴幼儿明白保持口腔清洁的重要性。

其次，为了增强婴幼儿的参与感和兴趣，我们可以采用游戏化的方式来进行盥洗教育。比如，在洗手时，我们可以使用造型有趣的洗手液和毛巾，让婴幼儿觉得洗手是一件有趣的事情。在刷牙时，我们可以使用带有卡通图案的牙刷和牙膏，让婴幼儿更愿意参与。

最后，家长和托育教师应该给予婴幼儿足够的鼓励和肯定。当他们主动洗手、刷牙时，我们应该及时表扬他们，让他们感受到自己的进步和成就感。这样，他们就会更加愿意保持良好的盥洗习惯。

四、婴幼儿基本礼貌礼仪的培养

婴幼儿时期是孩子良好个性、品德形成的关键时期，是人生的第一步，也是最关键的一步。因此，礼貌教育要从小抓起，将文明礼貌的行为渗透在日常生活的各个环节当中，这对婴幼儿养成良好的个性品质是非常必要的。

（一）讲礼貌

在婴幼儿的成长过程中，礼貌教育是非常重要的一环。对于0～3岁的婴幼儿来说，他们正处于身心发展的关键时期，对周围环境和他人的反应十分敏感。因此，在这个阶段强调回应性支持、个性化照护和培育，对于婴幼儿礼貌意识的形成和社交技能的发展具有深远的影响。

首先，回应性支持是婴幼儿礼貌教育的基础。回应性支持强调成人在与婴幼儿互动时，要给予及时、恰当的回应，以满足他们的需求，增强他们的安全感。在婴幼儿表现出礼貌行为时，如说"谢谢""请"等，成人应给予积极的反馈和表扬，以鼓励他们继续保持良好的礼貌习惯。同时，当婴幼儿出现不礼貌行为时，如打人、抢玩具等，成人应以温和而坚定的态度进行引导，让他们明白这样的行为是不被接受的。

其次，个性化照护有助于培养婴幼儿的礼貌品质。每个婴幼儿都有自己独特的性格和兴趣，因此在照护过程中需要充分考虑他们的个体差异。例如，对于性格内向的婴幼儿，可以通过提供更多的社交机会，鼓励他们与他人互动，以培养他们的礼貌和社交能力；而对于性格外向的婴幼儿，则可以通过设定一些规则和限制，引导他们学会尊重他人和遵守秩序。

最后，培育是婴幼儿礼貌教育的关键环节。在婴幼儿的成长过程中，成人需要耐心教导他们如何正确地与他人交往，如何表达自己的需求和情感。例如，可以教婴幼儿在见到长辈时主动问好，在得到帮助时说"谢谢"，在打扰别人时先说"对不起"。通过这些具体的行为示范和教导，婴幼儿可以逐渐养成良好的礼貌习惯,为他们未来的社交发展打下坚实的基础。

(二)物归原主

首先,理解婴幼儿的认知发展阶段特点。0~3岁婴幼儿处于感知运动阶段和前运算阶段初期,他们的认知发展以感知和动作为主。因此,我们不能期望他们像大人一样理解并遵守规则。相反,我们应该通过游戏和日常互动来引导他们学习。

其次,借助游戏培养习惯。对于0~3岁的婴幼儿来说,游戏是他们最主要的学习方式。家长可以利用各种玩具和游戏来教婴幼儿学会物归原主。例如,在玩具收纳盒上贴上相应的图片或标签,让婴幼儿在玩耍后将玩具放回原处。此外,家长还可以设计一些简单的角色扮演游戏,如"小玩具找家",让婴幼儿扮演玩具,帮助他们理解物归原主的概念。

最后,建立明确的规则和奖惩机制。虽然婴幼儿的认知能力有限,但他们仍然能够感知到家长的期望和要求。因此,家长应该为婴幼儿建立明确的规则,如"玩完的玩具要放回原处"。同时,为了激励婴幼儿遵守规则,家长可以设立一些简单的奖惩机制。例如,当婴幼儿成功将玩具放回原处时,给予他们一些鼓励和奖励;而当他们不愿意收拾时,可以适当进行引导或短暂的限制。

(三)学会尊重别人

首先,培养婴幼儿的同理心,学会换位思考。同理心是指能够站在他人的角度,理解他人的感受和需求。培养婴幼儿的同理心,有助于他们学会尊重他人。父母可以通过故事、游戏等方式,引导婴幼儿理解他人的感受,学会换位思考。例如,在讲故事时,可以让婴幼儿扮演故事中的角色,体验角色的情感和需求,从而学会尊重他人的感受。

其次,鼓励婴幼儿参与社交活动,锻炼交往能力。社交活动是婴幼儿学会尊重他人的重要途径。父母可以鼓励婴幼儿参与各种社交活动,如亲子活动、托育园活动等,让他们在与其他孩子的互动中学会尊重他人。在这些活动中,婴幼儿会面临各种社交情境,如分享玩具、排队等待等,通过锻炼交往能力,他们能更好地学会尊重他人。

最后,及时表扬与引导,增强婴幼儿自信心。当婴幼儿表现出尊重他人的行为时,父母要及时给予表扬和鼓励,增强他们的自信心。这样,婴幼儿会更加积极地表现出尊重他人的行为。同时,当婴幼儿出现不尊重他人的行为时,父母也要耐心引导,帮助他们认识到自己的错误,并鼓励他们改正。

任务三 熟悉并掌握家园共育中运动课程的实施

解理辨析

有趣的亲子运动会

案例导入

有趣的亲子运动会

舟舟是托班年龄最小的孩子,每天入园哭闹得都非常厉害,老师和家长也束手无策。一年一度的亲子运动会开始了,在爸爸妈妈的陪同下,冉冉报名参加了"魔法飞毯"活动。在老师和爸爸妈妈的鼓励下,冉冉大胆地爬上"飞毯",勇敢地穿过"神秘城堡",最终拿到了"魔法气球"。冉冉的表现赢得了全场家长和小朋们的掌声,脸上也露出了自信的笑容。运动会之后,老师惊奇地发现,冉冉有了很大变化,哭闹少了,还能自己走进幼儿园。

（本案例来源于安徽省马鞍山市珍珠园玖璋台幼儿园,何淼淼）

思考: 为什么冉冉在亲子运动会后有了这样的改变?

任务要求

1. 熟悉婴幼儿身体生长发育及动作发展的规律。
2. 掌握运动课程的实施,能够在家园共育中组织安排运动课程。

在托育课程中,运动是非常重要的一部分。在婴幼儿阶段,托育教师应该正确地指导并帮助婴幼儿运动,以促进他们身体和能力的发展。

一、婴幼儿粗大动作的培养

婴幼儿的运动技能主要分为粗大动作和精细动作,粗大动作是为了控制身体的大肌肉。

(一) 婴幼儿粗大动作发展的规律和特点

婴幼儿动作的发展遵循一定的规律,通过各种动作的发育水平可以检查大脑的成熟程度。

1. 头部动作的发展

头部动作是最早发展,完成也较早的动作。婴幼儿头部动作的发展顺序大体是:出生后,仰卧时头会左右转动,俯卧时会抬头片刻。1 个月,头仍不能竖直,俯卧时能抬起下巴。2 个月,抱着时头能竖直,但还是摇摆不稳。3 个月,头能竖直而且保持平稳。4 个月,头能平稳竖直,俯卧时能抬头,抱着时头能保持平稳。7 个月,仰卧时能抬头。

2. 躯体动作的发展

躯体动作的发展,主要表现为翻身和坐的动作发展。2 个月,能挺胸。3 个月,能从侧卧翻到仰卧。4 个月,能扶着坐。5 个月,能从仰卧翻到侧卧。6 个月,会坐在有扶栏的椅子上;坐着时身体前倾,会用手支撑身体。7 个月,能从仰卧翻到俯卧,能不靠成人或其他东西的扶持独自坐一会儿。10 个月,能毫不费力地从躺变为坐起。12 个月,站着时能自己坐下。

3. 行走动作的发展

行走动作的发展,要经历爬行、站立和行走三个阶段。7 个月,主要依靠膝盖和大腿的移动爬行。8 个月,匍匐爬行,腹部贴地,用腹部手臂带动身体和两腿前进。10 个月,用手和膝盖爬行,身体不着地,手臂和腿交替移动,能扶着东西自己站起。12 个月,能扶着行走。14 个月,能独自站立。15 个月,能独自行走。18 个月,跑步不稳,容易摔倒。2 岁,行走自如,能大步稳跑,会踢皮球,能自己上楼下楼。2.5 岁,能双脚跳,会用单脚站立片刻,能用脚尖走几步。3 岁,能单脚站立,会踮着脚走,跑步稳当,会骑三轮脚踏车。

(二) 婴幼儿粗大动作培养的家园共育

在 1 岁之前,婴儿粗大动作的培养主要包括翻身、坐立、爬等。

① 翻身的培养:将婴儿仰卧放置于硬板床上,把婴儿的左腿放在右腿上,用家长左手握其左手,婴

儿产生翻身动作,右手指轻轻刺激婴儿的背部,使其主动向右翻身,翻至侧卧位,进一步至俯卧位;还可配合用玩具放在婴儿身体一侧,逗其翻身,并稍稍给予帮助。

② 坐立的培养:婴儿在仰卧位时,家长握住他的手,将其拉坐起来,注意要让婴儿自己用力,家长仅用很小的力,并在以后逐渐减力,婴儿的头要能够伸直,不向前倾。

③ 爬的培养:可将玩具或食物放在不同位置上,让婴儿爬着去够。此间,从头自由转动逐渐到头能保持平衡。用毛巾提起腹部,练习手膝的支撑力,为过渡到手足爬行作准备。

12个月后,幼儿在大动作上急速发展,身体各部位逐渐具有力量,这时托育教师和家长应当联合起来,根据幼儿的实际发展情况安排活动。

① 抛球游戏:在家中寻找适宜的空地,家长为幼儿示范如何抛球,引导幼儿进行模仿,以训练其上肢控制能力。

② 踩格子:为幼儿展示自己准备的敏捷梯,从颜色、形状、触感等方面来描述,将敏捷梯平放在地面上,让幼儿指一指、摸一摸梯子的横杆。接下来,家长示范在不踩到横杆的前提下,抬脚迈进空格处。对于行走初期的婴幼儿,可以在其身后,双手扶在他的腋下或者单手抓在衣领后面进行辅助。

③ 跳障碍:家长可挑选适宜的场地,准备不同高度的障碍物,引导幼儿双脚起跳,跳过障碍。随着肢体能力的提升,逐步过渡到单脚跳或跳跃更高的障碍。

在两岁半左右,可以根据幼儿自身情况和兴趣,为其选择一些特长爱好,如舞蹈、跆拳道、球类运动、三轮脚踏车等。

二、婴幼儿精细动作的培养

婴幼儿精细动作的发展不仅对其身体发育和运动能力的提高有着至关重要的作用,还对其认知、情感和社交能力及自信心等的提高有着重要作用。

(一)婴幼儿精细动作发展的规律和特点

抓握动作的发展,是手动作发展的重要标志。抓握动作的发展,以眼睛注视物体和手抓握物体动作的协调,以及五个手指活动的分化为特点。6个月,捏物体时还是一把抓,不会使用拇指,能够把东西从一只手换到另一只手;手眼协调,看到物体后能用手抓住它。8个月,抓握物体时大拇指能和其他四个指头分开,使用拇指抓握住物体。10个月,能协调地配合手眼动作,把一样东西放到另一样东西上。18个月,能将2~3件东西搭叠起来;能推拉玩具;会同时使用四个手指和拇指,抓握动作得到充分发展。2岁,能用手一页一页地翻书。2.5岁,手与手指的动作相当协调,手指活动自如,会用手指拿筷子、拿笔。3岁,能用手拿笔画圆圈,会自己往杯子里倒水,能自己解开和扣上纽扣。

(二)婴幼儿精细动作培养的家园共育

1岁前的婴儿喜欢触摸、抓握、摇晃、敲击物体,因此,托育教师可以指导婴儿家长在亲子互动中进行如下游戏,①摇一摇:婴儿家长准备好细柄的物品,例如沙棒、拨浪鼓、摇铃等,让婴儿去摸一摸、抓一抓、摇一摇;②敲一敲:家长准备适当形状、不同颜色、不同材质的玩具,让婴儿去敲击;③捏一捏:准备不同大小、不同形状、不同颜色的软糖或其他安全食物,放入合适的容器内,家长引导婴儿练习去用手捏取,重点去训练其手眼协调能力。

12个月后,幼儿在精细动作上迅速发展,身体各部位逐渐具有力量,这时可以根据幼儿的实际发展情况在家中与家长开展如下活动,①配盖子:家长先为幼儿示范如何盖盖子,再让其进行模仿,为其提供大小、形状不同的瓶子,让幼儿为它们配盖;②搭高塔:搭积木是训练婴幼儿手眼协调能力与空间知觉的一个重要游戏;③串珠子:托育教师可以提供颜色、大小、形状不一的珠子,让幼儿根据自己的意愿用绳子将它们串联起来,随后带回家中,与其家长重复操作;④翻书游戏:托育教师讲解并示范怎样翻页,并鼓励幼儿自己动手翻页。在书的选择上,可以选取厚实的卡片书、立体书等。

2岁以后,幼儿身体的协调性逐步增强,手的动作更加灵活。同时,该阶段的幼儿应为下一阶段步入幼儿园做好准备,因此对其动作的训练,可以从以下活动中选作参考,①拼拼图:最初的拼图可以是托育教师自行制作的,随着幼儿年龄的增长和能力的提升,可以逐步购买有难度的拼图;②系纽扣:系纽扣方法的掌握可以先从为他人系开始,例如,为娃娃穿衣服或是帮助家长系纽扣;③用剪刀:准备好安全的儿童剪刀和一些纸,家长示范如何打开和闭合剪刀,等幼儿掌握后,再教他把纸剪成一半。后期,可以根据幼儿的掌握情况,引导其自己动手剪出不同的形状。

任务四　熟悉并掌握家园共育中学习课程的实施

案例导入

“没用的”早教课

“吴老师,下个月的早教课我们不想报了。”刚下课,就有两个家长提出下期不再续课的想法,吴老师跟家长沟通后,决定召开一次早教班的家长会。

这不是一次普通的家长会,吴老师请家长们进行了一次教具试玩活动。她向家长们介绍了1~2岁幼儿的身心发展规律,早教中心正是基于婴幼儿发展规律,为婴幼儿们配备各种各样的玩教具,充分利用这些玩教具来促进婴幼儿的发展。家长们试玩了各种玩教具后,吴老师再一一讲解这些玩教具的教育价值,家长们大开眼界。

(本案例来源于辽宁省沈阳市浑南区教育局花语幼儿园,潘阳)

解理辨析

“没用的”
早教课

思考:早教班对婴幼儿是否具有一定的意义?

任务要求

1. 熟悉婴幼儿认知、语言、情感与社会性发展的特点。

2. 掌握各月龄婴幼儿学习课程的基本内容,能够在家园共育中组织安排学习课程,并且能够指导婴幼儿的家长。

婴幼儿时期是儿童大脑发育和学习能力发展的关键阶段。在这个时期,为婴幼儿提供适当的学习刺激和丰富的环境,对于培养他们的认知、语言、社交和情感能力至关重要。

一、婴幼儿认知能力的培养

婴幼儿的认知发展是指婴幼儿关于认知能力的逐渐成熟和进步。在这个时期,婴幼儿开始通过感知、思维和语言等方面去理解和探索周围的世界。

(一)婴幼儿认知发展的特点

婴幼儿期是人类认知发展的关键阶段,特点在于其独特的认知方式和特殊的认知需求。

1. 婴幼儿的认知处在形成过程

婴幼儿最初对世界的认识来自感知觉,即视、听、嗅、味、触觉等。2~3 周后,出现了注意的发生。1.5 岁到 2 岁左右,想象、思维开始出现,这时婴幼儿具备了简单的概括和推理能力。至此,认知过程基本形成。

2. 婴幼儿的认知与其动作紧密相连

人类的各种基本活动可以分为认知活动和操作活动。在婴儿时期,这两类活动没有完全分化,不能明显分开,认知活动必须依靠外在的操作活动。

3. 婴幼儿的认知以无意性认知发展为主

3 岁前婴幼儿的认知发展以无意性为主。婴幼儿的注意以无意注意为主,通常被外界事物所吸引而被动注意;婴幼儿的记忆也体现在无意记忆,通常能够记得鲜明、具体和形象的事物;婴幼儿的想象和思维主要是自由联想式的。

(二)婴幼儿认知能力培养的家园共育

认知发展对婴幼儿的成长和发展至关重要,托育教师应该关注婴幼儿的认知发展,为其提供适当的学习环境和教育资源,全面促进婴幼儿的认知发展。

1. 0~6 个月婴儿认知能力的培养

视觉训练:当婴儿平躺时,可在其头顶上方二三十厘米的高度悬挂彩色球、铃、环,或其他发声玩具。两个多月的婴儿眼球可以追随活动的物体转动,因此,可以用两个玩具来训练其视觉转移,先注视一个玩具,然后再拿出另一个玩具,让其视线从一个物体转移到另一个物体。也可以拿一个玩具在婴儿的眼睛上方慢慢转动,让其视线追随物体移动。

听觉训练:托育教师可以在婴儿两侧讲话,吸引其注意,或者播放一些轻柔的音乐,让其寻找声源。将各种发声的玩具放在婴儿的视线内,缓慢、清晰地多次重复物体名称,待其注意后,再缓慢移开,让其追寻声源。

触觉训练:掰开婴儿的拳头,用拇指轻柔地为其做抚触,以掌心为中央向四周轻推,并且要经常性地把拇指从其拳头中抽出来。两三个月时,要把毛线球、塑料玩具、木制品等不同材质的玩具放到婴儿手中,训练触觉。

2. 7~12 个月婴儿认知能力的培养

视觉训练:托育教师教婴儿认识、观察周围生活用品、自然景象,以此激发其好奇心,发展其想象力。除了观察事物,扩大婴儿的视野以外,可以培养婴儿对图片、文字的注意、兴趣,激发婴儿对图画书的兴趣。

听觉训练:将同一物体放入不同材质和容器中,让婴儿听听声响有何不同,以此发展其听觉的灵活性。托育教师可以积极为婴儿创造良好的语言环境,促进其更多地听到语言,熟悉语言并逐渐理解语言。

3. 13~18个月幼儿认知能力的培养

知觉的训练：托育教师可指导家长利用"视崖"实验来训练幼儿的深度知觉。家长在日常生活中可随时教幼儿认识里外、上下、前后等方位。

记忆能力的训练：为幼儿出示一个物体，然后将该物体藏起来再让幼儿找到该物体，来训练他的客体永恒性。所谓客体永恒性是指幼儿知道一个东西不见了，并不是它就在这个世界上消失了，而是被藏在了其他地方。托育教师可以通过经典的捉迷藏游戏来进行训练。

思维的训练：该阶段的幼儿喜欢不断重复自己的动作或行为，家长可引导幼儿不仅仅做单纯的重复动作，可根据问题情景改变每次的动作，观察这些改变所带来的不同结果，从而发现新的解决问题的途径。例如，幼儿喜欢敲击物体，家长可以引导他们用不同的力度去敲击，观察由此带来的不同结果。

4. 19~24个月幼儿认知能力的培养

记忆力的训练：家长在日常生活中训练幼儿记忆力时，并不需要像托育教师上课那样专门地教，只需在日常生活中在看图画书、看电视、玩玩具时告诉他各种事物的名称，经多次重复后，幼儿可以将事物与名称相匹配。

想象力和创造力的训练：婴幼儿最初的创造性起源于无条件反射，随着其感知经验的初步积累和动作的初步熟练，动作开始彼此结合起来，并逐步自主自动。接下来，幼儿开始运用这些简单的技能来操作环境中的物品，例如，有的幼儿会移动床单来获得远处的物体。因此，为培养幼儿的想象力和创造力，托育教师应为幼儿提供大量的可以直接感知的玩具和材料；尽可能为幼儿创造能够进行活动和操作的环境；有针对性、有目的地对幼儿进行指导；给予幼儿充分探索、动手操作的时间和机会。

5. 2~3岁幼儿认知能力的培养

知觉训练：①形状知觉。对于2~3岁的幼儿来说，托育教师可以说出一些简单形状的名称，让其从各种图案中指认出来；②大小知觉。这时幼儿已具备辨别大小的能力，托育教师可指导家长让其利用家中的拖鞋或其他物品进行比较，来引导其掌握"中等"的概念；③时间知觉。托育教师在培养幼儿借助生活事件感知时间的同时，还应该把时间、生活事件及时间的自然特性联系起来，为后期做好铺垫。

注意力的训练：在亲子互动中，先让幼儿观察家长所规定的物品2分钟左右，然后撤掉其中的1~2件，让他猜出是什么东西被撤掉了。让幼儿一边讲故事，一边玩玩具。除此之外，"找不同""传口信""合作画"等也是经典的训练注意力的游戏。

记忆力的训练：共同回忆，是训练该年龄阶段幼儿记忆力较好的方式。家长可以通过与幼儿一同复述生活中的事件、询问细节等方式，巩固其记忆能力。托育教师也可指导家长制作幼儿熟悉的事物的卡片，进行专门的训练。

二、婴幼儿语言能力的培养

婴幼儿的语言发展是一个引人注目的过程。从出生起，婴幼儿就开始感知语言、模仿语言和运用语言，通过与他人互动，逐渐掌握语言能力。

（一）婴幼儿语言发展的特点

婴幼儿语言发展是一个逐步完善的过程，婴幼儿在不同阶段、在不同方面表现出不同特点。

1. 语音发展的特点

婴幼儿语音发展具有以下特点：先学会中等程度差别的音，然后向差别较大和较小的音发展；学习语音的过程呈现扩展趋势和收缩趋势；语音发展过程中元音和辅音同时出现；容易发错辅音。

2. 词汇发展的特点

随着年龄的增长,婴幼儿的词汇数量、词类范围逐渐扩大;对词义的理解也逐渐确切并加深。

3. 语法发展的特点

婴幼儿在句法结构的获得上呈现如下规律:从混沌一体到逐步分化、从结构松散到逐步严谨,句子结构从压缩、呆板到扩展和灵活。

(二)婴幼儿语言能力培养的家园共育

婴幼儿语言的发展能够帮助他们认识世界、交流情感,同时能够促进其思维、社会交往及心理发展等各方面的全面发展。

1. 0～3 个月婴儿语言能力培养

简单音节阶段的婴儿听觉较敏锐,对语音比较敏感,当其与成人"交谈"时,会做出相应的动作反应。托育教师可指导家长开展一些亲子游戏活动,训练婴儿的听力和发音能力。例如,让婴儿面对家长,家长斜 45°抱着婴儿,和婴儿边念儿歌,边玩"碰鼻子"的游戏:每句儿歌三个碰字,前两个字,家长随节奏带着婴儿点头,第三个碰字时,家长和婴儿鼻子碰起来。

2. 4～8 个月婴儿语言能力的培养

连续音节阶段的婴儿经常发出一些连续音节,能辨别一些语气、语调和音色的变化,懂得简单的词、手势和命令等,但其理解依赖于情境,出现"小儿语",常用语音来吸引别人的注意。因此,家长应坚持用语言刺激婴儿,同时配合动作和实物,建立联系。例如,可以指向某件物体让婴儿进行理解性语言学习。

3. 9～12 个月婴儿语言能力的培养

学话萌芽阶段的婴儿开始真正理解成人的语言;语言交际功能开始扩展;大部分婴儿开始会说出有意义的词。因此,托育教师可以丰富婴儿的生活环境和生活内容,提供良好的语言环境;在行动中伴随语言刺激,将语言训练与精细动作的发展结合起来,相互促进。

4. 13～18 个月幼儿语言能力的培养

单词句阶段的幼儿会给常见的物体命名;常用省略音、替代音和重叠音等特殊的发音策略。这时,托育教师可以出示家人合影,引导幼儿认人:爸爸、妈妈、爷爷、奶奶等,以此来练习重叠音。另外,还可以与幼儿玩"打电话"的游戏,多跟幼儿交流,提供语言模仿的榜样,鼓励幼儿多开口。

5. 19～24 个月幼儿语言能力的培养

双词句(也称电报句)阶段的幼儿能理解的词汇越来越多,并且逐步摆脱对情境的依赖,处于"词汇爆炸"阶段,喜欢提问并追问。这时,托育教师不仅要为幼儿提供良好的言语示范和榜样,主动交谈,耐心倾听与反馈,同时要开展亲子早期阅读,带领幼儿多读图画书,倾听优美的文学作品,观看儿童动画片等。

6. 2～3 岁幼儿语言能力的培养

2～3 岁是幼儿语言的爆发期,这一时期的幼儿基本能理解成人的句子;语音逐渐规范和稳定;能运用多种简单句句型,说出完整句子;言语功能呈现出越来越丰富、准确的趋势。这时,托育教师若是引导的方法得当,幼儿的语言表达能力会有质的飞跃。可以让幼儿多看、多听、多说、多练,鼓励幼儿与同伴沟通交流。托育教师也可视情况为幼儿家长介绍下面的三种方法:①复读训练;②指读训练;③认读训练。家长可以结合幼儿和家庭的具体情况,充分利用亲子阅读的机会来运用以上方法,达到事半功倍的效果。

三、婴幼儿情绪与社会性的培养

婴幼儿发展的早期阶段开始对周围环境产生情绪反应,并逐渐学会与他人进行社会互动。

（一）婴幼儿情绪与社会性发展的特点

情绪及社会性对婴幼儿适应生存有着特别的意义，以下是婴幼儿时期情绪与社会性发展的特点。

1. 婴幼儿情绪发展的特点

婴幼儿的行为受到情绪的支配和影响，与此同时，情绪还能影响其性格的发展与形成。婴幼儿情绪发展具有以下特点：①情绪逐渐分化与丰富；②情绪逐渐社会化；③情绪的自我调节能力不断发展。

2. 婴幼儿社会性发展的特点

婴幼儿社会性发展主要包括：依恋、同伴关系、性别角色、亲社会行为及攻击性行为。通过社会性发展，婴幼儿逐渐掌握社会规范，并且开始适应社会角色。其特点主要有：①情境性；②模仿性；③从他性。

（二）婴幼儿情绪与社会性的家园共育

婴幼儿情绪及社会性的发展会影响其身体发育、认知操作、同伴交往及心理健康发展，对婴幼儿的成长具有重要意义，因此，托育教师应当重视。

1. 0～1岁婴儿情绪与社会性的培养

6个月时，婴儿在情绪发展上，出现了多元化的趋势，偏爱笑；在社会性的发展上，同伴意识已经出现，能够认人，同时在亲子关系中有了较为明确的依恋对象。这一阶段，家长在家庭或亲子园中可以开展积极的亲子活动游戏，如"举高高""抱一抱""躲猫猫""挠痒痒"等，让婴儿在"咯咯笑"时体验到快乐的情绪，也在这样的过程中与父母建立良好的依恋关系。

1岁时的婴幼儿情绪受依恋人的影响，但可以掌握一定自我调节情绪的方法。在社会性的发展上，婴幼儿掌握了简单的礼仪行为，亲子依恋更加明显，对陌生和熟悉的人、事物、环境有明显的区分。若是在这个阶段，家长带领婴幼儿入托，那么新入托的婴幼儿通常会有着焦虑的情绪，从熟悉的家庭环境，一下子来到陌生的托育环境中，对他们来说是一个重大的环境转变，在心理上难免会产生恐慌和不安全感。这时，家长和托育教师都应做好准备。托育园所应有意识地创造与家庭相似的温馨环境，并尊重婴幼儿的个体差异；父母可以准备一个婴幼儿喜欢或熟悉的玩具带入托育园所中。

2. 1～2岁幼儿情绪与社会性的培养

1～2岁幼儿的托育教师及家长应注意，这一阶段幼儿的幽默、同情、安慰、悲伤等情绪迅速发展；在社会交往上，以物为中心的社会互动技能发展起来，与同伴的冲突行为增加，交往中能够对他人的行为做出动态反应。两岁左右时，大多数幼儿在陌生环境中不再"怕生"。在这一阶段，幼儿的依恋达到高峰。因此，家长养育方式的连续性、家庭环境等各种因素都是决定其安全依恋与后期发展的关键因素。

3. 2～3岁幼儿情绪与社会性的培养

与前期不同，2岁后，幼儿生活适应能力、对陌生的人和环境的适应能力均进一步发展，解决问题的能力逐步提升，自我意识进一步增强。由于这一阶段的幼儿自我意识较强，随意性很大，且容易拿别人的东西，甚至一些幼儿会将托育园所的玩具等物品带回家，因此，托育教师和家长可以协调合作，利用"别人的东西我不拿"这一主题，开展家园共育。让幼儿明白，没有经过别人的允许，不能拿别人的东西；看到喜欢的东西，能够使用文明语言向别人去借。

任务五 熟悉并掌握家园共育中游戏课程的实施

案例导入

家园携手共游戏

解理辨析

家园携手共
游戏

"小小探险家"游戏环节设置了一系列障碍,如攀爬网、平衡木、滑梯等,家长和孩子需要携手完成这些障碍,最终找到藏在森林深处的宝藏。在游戏过程中,老师们特别强调了安全注意事项,并要求家长引导孩子学会在游戏中保护自己。在游戏过程中,一个名叫小明的 2 岁半孩子展现出了出色的自我保护能力。当遇到攀爬网时,小明紧紧抓住网绳,小心翼翼地攀爬;在走过平衡木时,他紧紧握住家长的手,保持身体平衡;在滑梯环节,他按照老师的指导,坐在滑梯上,双手扶住两侧,缓慢下滑。在遇到障碍物时,小明能够主动观察周围环境,评估风险,并采取相应的保护措施。

(根据托育机构观察的自编案例)

思考:小明在游戏中的表现反映出他哪些方面的能力或特质?

任务要求

1. 了解感知游戏的分类,能根据婴幼儿不同年龄阶段开展感知游戏。
2. 熟悉活动游戏的分类,能根据婴幼儿不同年龄阶段开展活动游戏。
3. 了解良好语言环境营造的重要性,遵循婴幼儿语言的发展特点实施语言教育。

游戏是婴幼儿基本活动,是一日生活中必不可少的一部分,游戏对婴幼儿的成长与发展至关重要,游戏课程可以包含感知游戏、活动游戏和语言游戏。

一、婴幼儿感知游戏

感知游戏是指婴幼儿通过感觉器官来感知物体而开展的游戏。其目的在于促进婴幼儿感知能力的发展。感知游戏具体可以分为五类:听觉游戏、嗅觉游戏、视觉游戏、触觉游戏和味觉游戏。

(一)感知游戏分类

1. 听觉游戏

婴儿最早的感觉游戏是听觉游戏和触觉游戏。听觉游戏从母亲亲切的呼唤开始。当婴儿能发出声音时,母亲要注意通过模仿重复婴儿的声音,与婴儿形成呼应,让婴儿"以发声为乐""以发声后有母亲的回应为乐"。

2. 嗅觉游戏

嗅觉游戏可以刺激嗅觉的发展,通过闻一闻,可使婴幼儿从各种不同物体所发出的特殊气味中来识别物体,并且说出来,促进其语言的表达。

3. 视觉游戏

视觉游戏可以从鲜艳的基本色玩具开始逐步过渡到组合色。给婴儿看的物体要由静到动,由近及远,由简单到复杂,循序渐进。

4. 触觉游戏

触觉游戏是全身性的,但以敏感区为主,如脸部、手心、脚心等处。每天一次的洗澡是最好的全身接触游戏,条件适宜下的日光浴也是大面积触觉游戏的好时机,家长要尽可能轻柔地触摸婴幼儿的每一寸肌肤。

5. 味觉游戏

新生儿的嗅觉和味觉都已经有了相当的发展,在出生最初几天,婴儿就存在味觉的性别差异,比如,女婴比男婴更喜欢甜味;一周后,婴儿能区别母乳香味,对刺激性气味表示厌恶;味觉发育成熟较早,偏爱甜味。

(二) 根据不同年龄阶段开展感知游戏

1. 0~1 岁婴儿感知游戏

0~1 岁婴儿处于感觉运动期,他们通过感官功能和动作协调来认识自己的身体并累积对外在环境的认知经验。因此,对于 0~1 岁的婴儿,开展感知游戏的指导要点主要包括以下三个方面:

(1) 提供多种感官刺激

通过各种方式给予婴儿视觉、听觉、味觉、触觉等多方面的刺激,帮助他们建立和发展感知能力。

视觉刺激:使用颜色鲜艳、对比明显的玩具和物品吸引婴儿的注意力,促进他们的视觉发展。

听觉刺激:播放柔和、节奏明快的音乐,帮助婴儿建立听觉感知和节奏感。

味觉刺激:提供不同口味的食物让婴儿尝试,让他们体验不同的味道。

触觉刺激:通过触摸、按摩等方式给予婴儿触觉刺激,促进他们的触觉发展。

(2) 引导婴儿进行动作练习

在这个阶段,婴儿的动作协调能力正在发展,因此可以通过各种游戏和活动引导他们进行动作练习。例如,可以让婴儿训练爬行、抓握物品、模仿简单的动作等。

(3) 鼓励亲子互动

亲子互动是婴儿感知发展的重要组成部分。家长可以与婴儿一起进行感知游戏,例如一起听音乐、看绘本、玩玩具等。这不仅可以增强亲子关系,还有助于婴儿的感知发展。

2. 1~2 岁幼儿感知游戏

1~2 岁幼儿开展感知游戏的具体要点包括以下五个方面。

(1) 触觉刺激

这个阶段的幼儿对触觉非常敏感,因此,为他们提供丰富多样的触感体验是非常重要的。比如,使用不同材质的玩具,让他们摸摸、抓抓、捏捏,感受软硬、冷热、粗糙与光滑等不同的触感。此外,还可以让他们在安全的前提下,尝试爬行、翻滚等动作,以刺激触觉发展。

(2) 听觉刺激

音乐、声音和语言都是刺激幼儿听觉发展的好方法。可以播放一些轻柔的音乐或儿歌,让他们感受不同的音调和节奏。同时,多与幼儿进行面对面的交流,用温柔的声音给他们讲故事、唱歌,或者模仿各种动物的叫声,都有助于他们听觉能力的发展。

（3）视觉刺激

对于1～2岁的幼儿来说，色彩和形状都是非常吸引他们的。可以使用色彩鲜艳、形状各异的玩具和图书来刺激他们的视觉发展。此外，还可以让他们观看一些简单的动画或图片，教他们认识一些基本的颜色和形状。

（4）味觉和嗅觉刺激

让幼儿尝试不同口味和气味的食物，也是非常重要的。不过，在尝试新的食物时，一定要确保它们是安全和健康的。通过尝试不同的食物，幼儿可以学会分辨不同的味道和气味，这也有助于他们感知能力的发展。

（5）运动刺激

在这个阶段，幼儿的运动能力正在快速发展。可以通过一些简单的游戏，如爬行、翻滚、拉拽玩具等，来刺激他们的运动能力。这些活动不仅可以提高他们的身体协调性，还可以促进他们的感知能力发展。

3. 2～3岁幼儿感知游戏

为2～3岁的幼儿设计感知游戏，关键在于激发他们的好奇心和探索欲望。以下是一些具体的指导要点。

（1）选择多元刺激的玩具

选择那些颜色、声音、质地和形状各异的玩具，以刺激幼儿的多种感官。比如，可以选择色彩鲜艳的积木、发出音乐的玩具车或是有不同纹理的布书。

（2）鼓励自由玩耍

在感知游戏中，不要过多地限制幼儿的玩耍方式。相反，应该鼓励他们自由地探索、尝试和创新。即使他们的玩法看起来并不符合成人的预期，也要给予肯定和鼓励。

（3）培养分类与归纳能力

通过简单的分类游戏，如按照颜色或形状将物品归类，可以帮助幼儿建立初步的分类和归纳能力。这对于他们的认知发展和未来的学习都非常有帮助。

（4）注意游戏的安全性

在为幼儿设计感知游戏时，安全性是最重要的考虑因素之一。确保游戏材料无毒、无易吞咽的小零件，游戏环境安全无隐患，避免幼儿在游戏中受伤。

知识拓展

0～3岁婴幼儿
感知游戏案例

二、婴幼儿活动游戏

活动游戏是指婴幼儿以活动为目的的游戏，主要包括手指游戏、结构游戏、音乐游戏和户外游戏等。

（一）活动游戏分类

1. 手指游戏

用手指进行表演的游戏，多为配合儿歌、歌曲的节奏或语言进行，具有无人数限制、无需玩具和材料、简便易行的特点。能促进婴幼儿手的小肌肉群的发育；训练手指动作的准确性、灵活性；锻炼手脑并用及手与各感官之间的协调能力。有时也可运用手指玩偶，开展多样性的表演游戏，培养口语表达能力。

2. 结构游戏

婴幼儿利用各种建筑和结构材料（积木、积塑、金属结构材料、沙、雪等）进行各种建筑和构造活动，以反映现实生活的游戏。结构游戏的特点是：基本活动是建筑与构造，如用积木搭汽车，用积塑拼插大吊车等。

3. 音乐游戏

音乐游戏指伴随着音乐开展的、以发展学前儿童的音乐能力为主要目的的有规则的游戏活动,同时音乐游戏也是一种特殊的韵律活动。音乐游戏对婴幼儿的身心发展发挥着积极的作用。在生理层面,音乐游戏有助于婴幼儿完善运动节奏、提高视觉运动技能等;在心理层面,音乐游戏能够促进婴幼儿移情、合作、规则遵守等能力的发展。

4. 户外游戏

户外游戏所涵盖的内容较为宽广,根据不同的标准,可以划分为多种类型。按游戏活动的内容,主要包括有以体育锻炼为目的的户外体育游戏,其他领域的游戏和婴幼儿无目的的、纯粹的自由游戏活动。按游戏的组织形式,可分为婴幼儿自由游戏和集体游戏。

(二) 不同年龄阶段的婴幼儿活动游戏指导

1. 0～1 岁婴儿活动游戏指导

0～1 岁是婴儿身心发展的关键时期,适宜的游戏不仅能增进亲子关系,还能促进婴儿的各项能力发展。下面,我们将详细介绍针对 0～1 岁婴儿的手指游戏、户外游戏、结构游戏和音乐游戏的活动。

(1) 手指游戏:触摸与感知的世界

对于 0～1 岁的婴儿来说,手指游戏是探索世界的重要方式。家长可以通过简单的触摸游戏,如轻轻触摸宝宝的手心、手背和手指,引导宝宝感知不同的触感和质地。此外,还可以尝试一些手指抓握游戏,如用柔软的布料包裹住宝宝的小手,帮助宝宝练习抓握动作。

(2) 结构游戏:创意与想象力的培养

结构游戏对于 0～1 岁的宝宝来说,主要是通过简单的堆叠和搭建来培养创意和想象力。家长可以为宝宝提供不同大小和形状的积木、软胶玩具等,引导宝宝进行简单的堆叠和搭建。在这个过程中,宝宝不仅可以锻炼手眼协调能力,还能培养空间感知和创造力。

(3) 音乐游戏:节奏与旋律的熏陶

音乐游戏对于 0～1 岁的宝宝来说,主要是通过听觉刺激和简单的动作来感受音乐的魅力。家长可以为宝宝播放一些轻柔、欢快的音乐,引导宝宝跟随音乐节奏进行简单的摇摆、拍手等动作。此外,家长还可以尝试用宝宝喜欢的玩具或物品制作简单的打击乐器,让宝宝在敲击中感受音乐的节奏和韵律。

(4) 户外游戏:自然中的探索与发现

户外游戏对于 0～1 岁的婴儿来说同样具有重要意义。在家长的陪伴下,宝宝可以感受阳光、空气和自然的美丽。简单的户外游戏,如抱着宝宝散步、观察花草树木、听鸟鸣虫叫等,都能激发宝宝的好奇心。此外,家长还可以尝试一些亲子互动游戏,如用轻柔的音乐和宝宝一起跳舞、唱歌,增进亲子间的情感交流。

2. 1～2 岁幼儿活动游戏指导

对于 1～2 岁的幼儿来说,活动游戏应该是多样化、有趣且富有挑战性的。家长和保育人员可以根据幼儿的实际情况和兴趣点来选择和设计游戏内容,确保游戏既能促进幼儿的全面发展,又能让他们在游戏中享受到快乐和成就感。

(1) 手指游戏

对于 1～2 岁幼儿的手指游戏指导,我们可以设计一系列既有趣又能促进他们手部精细动作发展的活动。这些游戏不仅有助于提升宝宝的手眼协调能力,还能激发他们的想象力和创造力。在幼儿 1～2 岁时,他们开始对手指和手部动作产生浓厚的兴趣。此时,我们可以设计一些简单的游戏来引导他们探索手部的能力。例如:撕纸游戏。给宝宝一些安全的纸张(如面巾纸或卫生纸),让他们尝试撕纸。撕纸游戏不仅能锻炼宝宝的手部肌肉,还能激发他们的探索欲和创造力。

（2）音乐游戏

对于1～2岁的幼儿,音乐游戏是非常有趣且有益的活动,可以帮助他们发展音乐感知能力、节奏感,以及身体协调性。例如:可以尝试"音乐舞会"。播放一些节奏明快、旋律简单的儿歌或音乐,家长或照护者可以牵着宝宝的手,随着音乐节奏轻轻摇摆或旋转。这不仅能让宝宝感受到音乐的韵律,还能增强亲子间的情感交流。另外,"音乐寻宝"也是一个充满乐趣的游戏。家长可以在家里藏一些小玩具或糖果,然后播放一首宝宝熟悉的歌曲。在歌曲的不同部分,家长可以给出一些线索或指令,如"当音乐变快时,去找找沙发下面",让宝宝根据音乐的提示去寻找宝藏。这个游戏不仅激发了幼儿的探索欲,还能让他们在游戏中学习如何听从指令和理解音乐的节奏变化。

（3）结构游戏

1～2岁幼儿的结构游戏主要包括一些简单、易于操作的活动,这些游戏旨在促进他们的手眼协调能力、精细动作技能以及初步的认知发展。例如,一些简单的拼图游戏也适合这个年龄段的幼儿。虽然他们可能还不能独立完成复杂的拼图,但可以通过观察和触摸拼图块来培养他们对形状和颜色的感知能力。父母可以在一旁协助,帮助他们将拼图块放置在正确的位置上。

（4）户外游戏

对于1～2岁的幼儿,户外游戏是他们探索世界、锻炼身体和发展社交技能的重要方式。例如可以让宝宝在草地上自由爬行或蹒跚学步,这有助于他们发展平衡能力和协调性。家长可以在一旁鼓励并保护他们,同时确保周围环境安全无障碍物。另外,还可以进行一些亲子互动游戏,如"躲猫猫"或"找宝藏"。在"躲猫猫"游戏中,家长可以藏在附近的树丛或花坛后,然后呼唤宝宝的名字让他们来寻找。而在"找宝藏"游戏中,则可以事先在户外隐藏一些小玩具或糖果作为"宝藏",然后引导宝宝去寻找。这些游戏不仅能增进亲子关系,还能锻炼宝宝的观察力和记忆力。

3. 2～3岁幼儿活动游戏指导

对于2～3岁的幼儿来说,游戏是他们最主要的学习方式。通过游戏,他们不仅能锻炼身体,还能发展智力、情感和社交能力。下面,我们将详细介绍如何指导2～3岁幼儿进行手指游戏、音乐游戏、结构游戏和户外游戏,以促进他们的全面发展。

（1）手指游戏

手指游戏是2～3岁幼儿非常喜欢的一种游戏形式。通过手指游戏,可以锻炼幼儿的手部精细动作,提高手眼协调能力。例如,可以玩"小手拍拍"游戏,让幼儿跟着节奏拍手,锻炼他们的节奏感和手部协调能力。还可以引导幼儿玩"手指谣",让他们用手指做出各种形状,如小鸟、小猫等,激发幼儿的想象力和创造力。

（2）音乐游戏

音乐游戏对于2～3岁幼儿的成长也具有重要意义。通过音乐游戏,可以培养幼儿的音乐素养,提高他们的听觉和节奏感。例如,可以玩"音乐椅子"游戏,让幼儿在音乐声中绕着椅子走,音乐停止时抢坐椅子,锻炼他们的听觉反应和团队协作能力。还可以引导幼儿唱歌跳舞,让他们在快乐的音乐中感受节奏和旋律,培养他们的音乐感受力和表现力。

（3）结构游戏

结构游戏对于2～3岁幼儿的认知发展和空间想象力具有很大帮助。通过搭建积木,幼儿可以了解物体之间的结构关系,锻炼空间思维能力和手眼协调能力。在指导幼儿进行结构游戏时,我们可以提供各种形状和颜色的积木,让幼儿自由发挥想象力,搭建出各种各样的建筑和模型。同时,我们还可以引导幼儿一起合作,共同搭建一个更大的结构,培养他们的团队合作和沟通能力。

（4）户外游戏

户外游戏可以让2～3岁幼儿接触到更广阔的自然和社会环境,促进他们的身体发展和社交能力。例如,可以玩"追逐游戏",让幼儿在户外场地上自由奔跑、追逐,锻炼他们的身体协调性和耐力。还可以引导幼儿观察自然环境,如花草树木、昆虫鸟类等,培养他们的观察力和好奇心。

三、婴幼儿语言游戏

婴幼儿期是人一生中掌握语言最迅速的时期,是口头语言发展的关键期。宝宝的语言发展有着自身的规律和特点,一方面会随着神经系统、发音器官及与人交往的过程而逐渐成熟;另一方面,又存在着较为明显的个体差异。因此,要抓住婴幼儿语言发展的关键期,根据婴幼儿的发展特点,及时进行语言教育指导。

(一) 良好语言环境的营造

营造语言环境需要成人有意识地为婴幼儿提供具有丰富的语言表达的环境,因为丰富多彩的环境会不断地刺激婴幼儿的各种感官,激发他们的好奇心,使他们获得丰富的感性知识,从而产生用语言来表达的强烈愿望。比如墙饰设计、自然生物、角色游戏图书、动物饲养地、小菜地等场地。对于婴幼儿提出的问题,要耐心细致地讲解,并适当地延伸知识面,进行跨越式的教育。

(二) 遵循婴幼儿语言的发展特点实施语言教育

1. 0～1岁婴儿言语发展准备阶段的指导

在婴幼儿的成长过程中,言语发展是一个非常重要的方面。0～1岁是婴幼儿言语发展的准备阶段,也是他们开始接触和理解语言的关键时期。因此,家长在这个阶段需要给予宝宝充分的指导和支持,以促进他们的言语发展。

首先,家长需要了解0～1岁婴儿的言语发展特点。在这个阶段,婴儿主要通过听觉和视觉来感知语言,他们开始模仿成人的发音和表情,尝试理解简单的词汇和指令。因此,家长可以通过与宝宝进行亲密的互动,如唱歌、讲故事、模仿表情等方式,来刺激宝宝的听觉和视觉感知能力,促进他们的言语发展。

其次,家长需要注意自己的语言表达方式。在与婴儿交流时,家长应该使用简单明了、富有节奏感的语言,避免使用过于复杂的词汇和句子结构。同时,家长还应该注意自己的语速和语调,保持温和、亲切的态度,让宝宝感受到自己的关爱和支持。

最后,家长需要给予宝宝足够的耐心和鼓励。在婴儿的言语发展过程中,他们可能会遇到一些困难和挫折,如发音不清、表达不准确等问题。此时,家长需要给予宝宝足够的耐心和鼓励,帮助他们建立自信心和积极性,促进他们的言语发展。

2. 1～2岁幼儿正式学说话阶段的语言游戏指导

婴幼儿的语言发展是他们认知能力和社交技能的重要组成部分。在1～2岁这个阶段,幼儿开始从简单的单词和短语转向更复杂的句子结构,他们的语言表达能力迅速增长。为了促进幼儿的语言发展,家长和教育工作者可以通过一系列有趣的语言游戏来激发他们的学习兴趣和积极性。

首先,家长可以与幼儿进行简单的对话游戏。这种游戏不仅有助于建立亲子关系,还能让幼儿在模仿和回应中逐渐掌握语言。例如,家长可以问幼儿:"你喜欢吃什么?"然后等待他们回答,即使只是简单的单词或短语也是进步。家长在对话中应保持耐心和鼓励,给幼儿足够的时间来思考和表达。

其次,利用故事和歌曲来教授语言也是一个有效的方法。幼儿通常对故事和歌曲有着浓厚的兴趣,这些活动可以帮助他们更好地理解和学习语言。家长可以选择一些简单易懂、节奏明快的故事或歌曲,与幼儿一起阅读或歌唱,让他们在愉快的氛围中掌握新的词汇和表达方式。

最后,家长还可以设计一些互动式的语言游戏,如角色扮演、模仿动物声音等。这些游戏不仅有助于幼儿的语言发展,还能培养他们的想象力和创造力。例如,家长可以扮演一个动物,让幼儿模仿该动物的声音和动作,然后让他们用语言描述这个动物的特征。这样的游戏不仅能让幼儿在游戏中学习语言,还能让他们在游戏中体验乐趣和成就感。

3. 2～3岁幼儿基本掌握口语阶段的语言游戏指导

在婴幼儿的成长过程中,语言发展是一个至关重要的环节。特别是在2～3岁这个阶段,幼儿开始逐渐掌握口语表达能力,这是他们与外界交流、认知世界的基础。作为家长或教育者,我们可以通过一系列有趣的语言游戏来指导幼儿更好地发展口语能力。

(1)背景介绍

在婴幼儿的语言发展过程中,2～3岁是一个关键时期。此时,幼儿已经能够发出一些简单的音节和词汇,开始尝试使用语言来表达自己的需求和情感。然而,他们的口语能力仍然处于初级阶段,需要家长和教育者的引导和帮助。

(2)语言游戏的重要性

在这个阶段,通过语言游戏可以激发幼儿对语言的兴趣,提高他们的口语表达能力。游戏具有趣味性和互动性,能够吸引幼儿的注意力,使他们在轻松愉快的氛围中学习和成长。

(3)推荐的语言游戏

① 模仿秀游戏:家长可以模仿各种动物、交通工具的声音,让幼儿尝试模仿。这个游戏可以帮助幼儿丰富词汇,提高发音准确性。

② 角色扮演游戏:设定一个简单的场景,让幼儿扮演不同的角色进行对话。例如,在商店购物、在公园玩耍等。这个游戏可以帮助幼儿理解不同的角色和场景,提高他们的语言应用能力。

③ 猜词游戏:准备一些幼儿熟悉的物品或图片,让幼儿通过描述、提问等方式猜测物品的名称。这个游戏可以锻炼幼儿的观察力和描述能力。

④ 唱歌游戏:选择一些简单、朗朗上口的儿歌,让幼儿一起唱唱跳跳。这个游戏可以帮助幼儿提高语音语调和节奏感。

(4)游戏实施建议

① 在进行语言游戏时,家长和教育者要保持耐心和热情,鼓励幼儿积极参与。

② 根据幼儿的兴趣和水平,调整游戏难度和内容,使游戏更具挑战性。

③ 在游戏过程中,要注意观察幼儿的表现,及时给予肯定和鼓励,增强他们的自信心和学习动力。

总之,在进行语言游戏指导时,我们需要根据婴幼儿的实际情况进行灵活调整,确保游戏能够真正符合他们的需求和兴趣。同时,我们还要关注婴幼儿在语言发展过程中的其他方面,如听力理解、阅读能力和书写能力等,为他们的全面发展提供全方位的支持和帮助。

知识拓展

0～3岁婴幼儿
语言游戏案例

模块小结

婴幼儿课程包括生活课程、运动课程、学习课程和游戏课程,因此,在课程实施中进行家园共育是十分重要的。本模块的内容包括家园共育中生活课程的实施,如良好睡眠习惯、饮食习惯、盥洗习惯及礼仪礼貌的培养;运动课程的实施,包括婴幼儿粗大动作及精细动作的发展规律和培养方式;学习课程的实施,涵盖认知、语言、情绪与社会性三大方面的发展规律及培养方式;游戏课程的实施,包括感知游戏、活动游戏与语言游戏的组织与指导。

思考与练习

一、选择题

（一）单项选择题

1. 下列哪种情况可以说是婴儿动作发育落后的表现？（　　　）

　　A. 扶站时，婴儿双下肢呈交叉强直状　　　　B. 婴儿 6 个月不会抓物

　　C. 婴儿 2 个月不会抬头　　　　　　　　　　D. 婴儿 12 个月不会走

　　E. 刚出生的婴儿不会翻身

2. 以下婴幼儿情绪发展特点描述错误的是（　　　）。

　　A. 情绪变化来得快　　　　　　　　　　　　B. 情绪变化去得快

　　C. 情绪极易受周围人们的影响　　　　　　　D. 情绪具有冲动性

　　E. 情绪变化不易察觉

3. 让婴儿扶着桌面站立，在桌上放置婴儿喜欢的玩具或食物，鼓励他举起一只手拿玩具或食物，在此基础上再举起双手拿玩具或食物，主要是训练婴幼儿（　　　）。

　　A. 行走　　　　　　B. 手部动作　　　　　C. 站立　　　　　　D. 跳跃

　　E. 跑

4. 婴幼儿添加辅食时，下列哪一种优先添加？（　　　）

　　A. 蒸鸡蛋　　　　　B. 肉泥　　　　　　　C. 含铁强化米粉糊　　D. 面食

　　E. 豆类

5. 婴幼儿手眼协调出现的主要标志是（　　　）。

　　A. 手能持续抓握

　　B. 看到物体后，又把视觉指向自己的手

　　C. 能用手抓住看到的物体

　　D. 看不见玩具而只听到玩具的声音，就能伸手抓住玩具

　　E. 手能抓住物体

（二）多项选择题

1. 针对婴幼儿睡眠，以下做法正确的是（　　　）。

　　A. 睡觉前做剧烈运动，以便入睡　　　　　　B. 睡前播放故事

　　C. 将房间温度调至 27℃　　　　　　　　　　D. 睡前开窗通风

　　E. 提供木板床

2. 下列哪几项属于婴幼儿大动作发展？（　　　）

　　A. 抓握　　　　　　B. 折纸　　　　　　　C. 行走　　　　　　D. 匍匐前进

　　E. 涂鸦

3. 婴幼儿身体生长发育的规律是（　　　）。

　　A. 连续性与阶段性的统一　　　　　　　　　B. 程序性原则

　　C. 不平衡性　　　　　　　　　　　　　　　D. 一致性

　　E. 个体差异性

4. 幼儿便后清洁的培养，照护者应具有的素质包括（　　　）。

　　A. 耐心　　　　　　　　　　　　　　　　　B. 多鼓励

　　C. 及时表扬　　　　　　　　　　　　　　　D. 错后立即批评指正

E. 培养幼儿独立意识

5. 婴儿触觉训练常用的方式包括(　　　　)。

A. 双人翻滚　　　　　　　B. 搭积木　　　　　　　C. 搓珠子　　　　　　　D. 皮肤按摩

E. 摸黄豆

二、判断题

1. 母乳喂养应从四个月添加辅食。　　　　　　　　　　　　　　　　　　　　　　(　　)

2. 为婴幼儿提供的床越软越好。　　　　　　　　　　　　　　　　　　　　　　　(　　)

3. 婴幼儿可以含奶嘴睡觉。　　　　　　　　　　　　　　　　　　　　　　　　　(　　)

4. 1.5 至 2 岁的婴幼儿出现"电报句"。　　　　　　　　　　　　　　　　　　　(　　)

5. 婴幼儿在与同伴交往时,要让他分享自己的食物和玩具,学会分享与宽容。　　(　　)

三、简答题

1. 促进 2～3 岁婴幼儿语言发展的方法有哪些?

2. 简述婴幼儿情绪与社会性发展的特点。

3. 简述婴幼儿感知游戏的分类,并各举一例。

四、实训任务

1. 婴幼儿时期,许多小朋友非常喜欢吃零食,因此出现长蛀牙的情况,养成了许多不良的饮食习惯,也有的婴幼儿睡眠习惯不好,很晚入睡,导致睡眠不足、闹觉的情况。

(1) 模拟实际情境,进行卧室环境布置、睡眠习惯和饮食习惯的培养实践操作,概述需要考虑哪几个方面。

(2) 模拟婴幼儿饮食金字塔。

模块四
婴幼儿家园共育中的教师培养

模块导读

根据布朗芬布伦纳的生态系统理论,家庭、托育园所属于影响婴幼儿发展的微观系统,是婴幼儿个体活动和交往的主要场域。婴幼儿从生活最熟悉的家庭环境逐渐进入陌生的托育园所,需要不断提升社会适应能力。相应地,家庭与托育园所间应建立良好的衔接共育的关系,在照护环境、培育活动、健康护理和成长监测等方面共同聚力促进婴幼儿的健康发展。托育教师作为家园共育中的关键性角色,其培养质量关乎着家庭与托育园所的共育质量,因此,为助力婴幼儿健康成长,我们需要关注托育教师有关家园共育的职业培养。

本模块主要阐述婴幼儿家园共育中的教师培养,通过了解国内外托育教师的入职标准、托育教师的职业要求与培训等使学习者熟悉婴幼儿家园共育中教师培养的相关知识,并能够将所学的知识应用到未来的教育工作中去。

学习目标

1. 了解国内外托育教师的入职标准。
2. 掌握托育教师的职业要求和培训。
3. 树立正确的托育教师入职标准理念。

思政导航

托育教师作为影响婴幼儿发展的重要人物,应该致力于用专业知识和技能支持婴幼儿的学习和发展。北京师范大学学前教育研究所所长洪秀敏认为,托育人员不仅要了解3岁以下婴幼儿的发展特点和规律,还要能创设适宜的环境,开展科学规范的生活照料、安全看护、营养喂养,提供早期学习机会,促进婴幼儿身心全面健康成长。为保证托育机构婴幼儿的安全与健康发展,我们应规范托育从业人员专业任职要求,不断完善任职资格证书制度和职业技能认定标准,制定职业行为准则,规范准入门槛基本要求;还应强化托育从业人员专业技能培训,建立和完善从业培训规范和评估制度,切实加强托育相关法律法规和职业道德、安全教育和职业技能培训。[①] 基于此,本模块将带领学习者全面了解婴幼儿家园共育中的教师培养,树立正确的托育教师入职标准理念。

---

① 洪秀敏.高质量托育服务亟须高素质人才队伍建设[N].人民政协报,2022-04-13(10).

内容结构

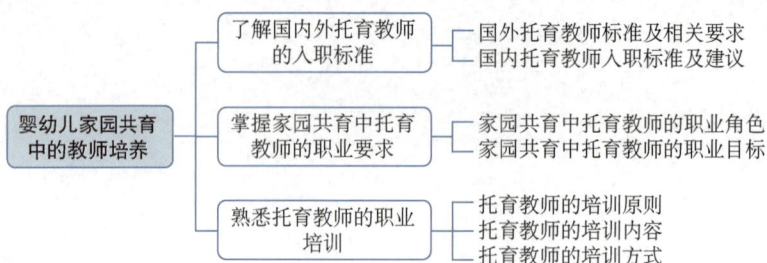

婴幼儿家园共育中的教师培养
- 了解国内外托育教师的入职标准
  - 国外托育教师标准及相关要求
  - 国内托育教师入职标准及建议
- 掌握家园共育中托育教师的职业要求
  - 家园共育中托育教师的职业角色
  - 家园共育中托育教师的职业目标
- 熟悉托育教师的职业培训
  - 托育教师的培训原则
  - 托育教师的培训内容
  - 托育教师的培训方式

任务一　了解国内外托育教师的入职标准

案例导入

第二个妈妈

解理辨析

第二个妈妈

新学期,小悦老师新接了一个小托班,班里一共12个宝宝,都是刚满2周岁。每天从入园到离园,老师们都忙着照顾宝宝,安抚他们的情绪、带他们做游戏、给他们讲故事……真是一刻也不停歇。一个月过去了,班里终于稳定了下来,孩子们每天都能快乐地入园,开心地游戏,老师们都感觉很欣慰。

月例会时,园长让小悦老师给大家分享带班经验,小悦老师总结了四条经验分享给大家:一是要有强烈的责任心,托班孩子年龄小,需要教师全心全意投入工作当中,认真照顾好每一个孩子;二是要充分了解托班幼儿的年龄特点和身心发展规律,运用专业知识来解读和分析婴幼儿的行为,尽早与孩子建立亲密的师幼关系;三是要接纳孩子,认可孩子的需求,做理解孩子的教师,能够接纳孩子的负面情绪和行为,并进行正面引导;四是要敢于放手,鼓励孩子自己的事情自己做。虽然托班孩子年龄小,但教师要有意识地培养孩子的自理能力,切勿"包办代替"。小悦老师最后说,因为有了我们的付出,孩子们很快就喜欢上了幼儿园,现在宝贝们都喊我"悦妈妈",我也特别愿意做他们的"第二个妈妈"!

(本案例来源于辽宁省葫芦岛市智慧之林幼儿园,郭昱姝)

思考:作为一名合格的托育教师,在婴幼儿的照护服务中,我们应该注意哪些方面?

任务要求

1. 了解美国和澳大利亚的托育教师入职标准。
2. 掌握我国托育教师的入职标准。
3. 树立正确的托育教师入职标准理念。

通过了解国内外托育教师的入职标准及要求,学习者可以更直观地了解合格的托育教师的必然要求,学习与比较国内外入职标准,思考其对我国托育教师的入职标准的借鉴意义。

一、国外托育教师标准及相关要求

国外的早期教育经过几十年的发展,在教师入职标准和培养人才方面有很多值得学习的地方。了解国外的托育教师入职标准,对规范我国托育教师入职标准有很大的借鉴意义。当今,世界上很多国家实行0～6岁托幼一体化学前儿童服务体系,因此,在国外托育教师标准及相关要求上,以下统称为"幼儿教师"。

(一) 美国幼儿教师入职专业标准

1. 美国幼儿教师专业标准制定的背景

美国幼儿教师专业标准的制定可追溯到1926年成立的美国保育教育学会。1929年该组织出版了《幼儿教育的最低要求》,开启了美国幼儿教师专业标准的先河。20世纪60年代初,美国保育教育学会更名为全美幼儿教育协会(简称NAEYC),该协会颁布并连续三次修订了《幼儿教育职业准备专业标准》。1990年全美专业教学标准委员会(简称NBPTS)在NAEYC的参与和帮助下制定3～8岁优秀幼儿教师专业标准;1994年提前开端计划着手建立自己的幼儿教师资格标准,即提前开端行为标准[1];各州根据1992年州际新教师评价与支持联合会(简称INTASC)制定的"新入职教师专业标准"纷纷制定出适合本州情况的初入职幼儿教师专业标准。其中由NAEYC制定的《幼儿教育职业准备标准》是幼儿教育专业师范生职前入职教育的专业指导标准;由州际新教师评价与支持联合会(INTASC)制定的《新入职教师专业标准》是幼儿教师初入职时的基本专业标准。它们共同构成了美国幼儿教师入职前后的专业标准,体现了由师范生到新教师的角色转变和过渡的基本专业要求。

2. 美国幼儿教师入职专业标准的内容

(1) 全美幼儿教育协会(NAEYC)幼儿教育职业准备标准

NAEYC是一个民间组织,它早期制定的儿童教育专业的规划、规则等文件,对全美幼儿教育的开展具有普遍的规范作用。[2] NAEYC一直致力于发展和支持高等教育中强有力的儿童早期学位方案,并且于20世纪80年代就制定了学位方案标准。90年代初,全美幼儿教育协会联合美国师范教育者协会制定了美国0～8岁幼儿教师的任职资格标准。以此为基础,NAEYC为培养幼儿教育从业人员的正规高等教育分别设计了三种职前标准[3]。

这三种职前专业标准适应了不同教育层次的幼儿教育职业候选人的教育培养要求且从专业知识、专业技能和专业倾向三个维度提出了六项核心标准及其关键内容。[4]

NAECY制定的标准代表了美国国内对儿童早期专业人员的共同观点,它适用于营利性、非营利性、公立、私立、家庭幼托、开端计划、幼儿园、小学以及小学入学前和入学后的所有方案。

(2) 州际新教师评价与支持联合会(INTASC)新入职教师专业标准

在美国,教龄在3年内的教师被认为是新教师,INTASC是州学校领导理事会(简称CCSSO)的下属机构,也是引领美国新教师资格认证的专门组织。[5] 1992年,INTASC发表了《新教师许可评估与发

---

① 成丽媛,李佳,李海霞,等.美国幼儿教师资格及其认证方式简介[J].学前教育研究,2007(12):45-49.
② 朱宗顺.美国幼儿教师教育的普通知识标准[J].学前教育研究,2006(09):54-56.
③ 王晓岚,丁邦平.美国学前教育师资培养的方式、特点及其启示[J].学前教育研究,2010(10):49-54.
④ 姜勇,严婧,徐利智.国际学前教师教育政策研究[M].上海:华东师范大学出版社,2012:165-169,184-186.
⑤ 姚文峰.美国INTASC新教师资格标准及其认证制度[J].新课程研究(教育管理),2007(05):58-61.

展的模型标准：一份州际交流的资料》，文中明确提出了适用于各州新入职教师专业标准。[1]

虽然 INTASC 制定的新入职教师专业标准没有直接应用于幼儿教师，但美国许多州已依据本州实际幼儿教育情况制定了当地的幼儿教师入职专业标准。例如印第安纳州专业标准委员会（简称 IPSB）2010 年颁布了《幼儿教师专业标准》，其规定的主要专业标准有 10 条项目。

（二）澳大利亚全国教师专业标准

1. 澳大利亚全国教师专业标准的制定背景

1996 年，由澳大利亚国家教学质量项目部制定，澳大利亚教师委员会颁布了学校初任教师专业能力框架。这是澳大利亚国家层次上首次对教师质量标准的关注。1998 年，澳大利亚教育部长委员会出台了《全国入职教师教育标准与指南》建议书，为新入职教师提供了专业发展的方向和指南。1999 年 4 月，在澳大利亚阿德莱德举行的第十届教育、就业、培训和青年部部长议会上，联邦教育部部长、各州和地区的教育部部长共同签署了《阿德莱德宣言：关于 21 世纪国家学校教育目标》。2000 年，澳大利亚教育研究协会和澳大利亚教育学院联合举办了"教师专业标准：问题、挑战与机遇"论坛，形成了《澳大利亚教学专业实践标准》。2003 年 7 月，澳大利亚召开了教育、就业培训和青年事务部部长委员会会议，由教育质量与领导小组颁布了《国家教师专业标准框架》。之后，澳大利亚基础教育改革新战略《墨尔本宣言》发布，并且由澳大利亚政府颁布的《澳大利亚 2020 规划纲要》正式出台，澳大利亚国内的教育改革环境发生重大变化，对教师的专业成长也提出了新的要求。澳大利亚政府在《澳大利亚 2020 规划纲要》中承诺：让每个儿童都能接受最优质的教育，并将提高教师教育质量作为基础教育改革的优先领域。为此，从 2009 年开始，澳大利亚政府开始了制定新的教师标准的工作。新的《教师专业标准》由澳大利亚教育、学前儿童发展和青年事务部部长理事会（简称 MCEECDYA）在 2009 年发起编制最终由澳大利亚教学与校务指导协会（简称 AITSL）完成和颁布。

除了全国性的教师专业标准，作为典型的联邦制国家，澳大利亚各州还根据自身的情况制定了适合本地教师的专业标准，标准涵盖了幼儿教师、中小学教师等各类教师的专业发展要求。维多利亚州的教育及学前儿童发展部制定了专门针对幼儿教师的标准，对幼儿教师的专业发展要求做出了明确的规定。

2. 澳大利亚全国教师专业标准的内容

《澳大利亚全国教师专业标准》明确指出了教师的重要性，"在澳大利亚的学校中，教师是最终的资源。教师应该获得学校教育的大部分经费投资。教师对学生学习具有最直接的影响作用，远远超过任何形式的教育大纲和政策"。澳大利亚教师专业标准的基本理念包括：促成高质量的教学，为教师质量提供全国性基准，提升教师的职业期望和专业成就，促进统一的教师认证与注册体系的建立等。标准在理念的基础上，进一步对教师专业发展提出更为具体的要求。

《澳大利亚全国教师专业标准》将教师的专业发展分为四个发展阶段，分别为新任教师、能手教师、娴熟教师和主导教师。四个专业等级围绕着专业知识、专业实践和专业发展三项专业素质展开，共形成了七大标准。标准分别对四个专业等级及三项专业素质作了详细的解释与介绍。

在全国性的教师教育专业标准的指导下，各州结合当地的具体情况，也形成了自身特有的框架结构。这些框架既符合联邦政府的理念，同时也符合当地的具体发展情况。以维多利亚州的幼儿教师标准为例，维多利亚州将《全国教师专业标准》的内容更加地具体化、细致化，更有助于维多利亚州幼儿教师的专业发展。

---

① 陈志敏.美国伊利诺伊州初任教师专业标准及启示[J].中小学校长，2011(02):65-68.

二、国内托育教师入职标准及建议

规范托育教师的入职标准是托育发展的必然要求。本部分梳理 2019 年后国内主要的托育教师入职标准相关政策文件,从"保育师""保育人员""从业人员"等了解托育教师职业标准和职业要求,提出国内托育教师职业标准发展的建议。

(一)国内托育教师入职标准

国家人力资源保障部、国家卫健委等颁布多项规定,为托育师资队伍建设提供指引。全国各地也出台了涉及托育教师规定的文件,浙江省、深圳市、成都市、南京市文件的颁布较为领先,这里选取这四地分析托育教师职业相关内容。

1. 有关职业标准的规定

有关托育教师职业标准的规定主要包括职业技能标准、职业行为准则、职业资质等部分。《保育师国家职业技能标准(征求意见稿)》从职业概况、基本要求、工作要求等方面梳理职业技能标准;《托育从业人员职业行为准则(试行)》提出职业行为准则;《南京市 3 岁以下婴幼儿托育机构基本规范》《托育机构设置标准(试行)》中提出职业资质规定。

《保育师国家职业技能标准(征求意见稿)》文件规定保育师职业共设五个等级,分别为:五级(初级工)、四级(中级工)、三级(高级工)、二级(技师)、一级(高级技师)。提出保育师基本职业能力特征有身心健康,热爱婴幼儿,亲切和蔼,善于沟通,具备一定的组织协调能力,具备专业提升的能力。标准要求申报者受教育程度为高中毕业,对各级保育师的申报条件、技能要求和相关知识要求依次递进。

《托育从业人员职业行为准则(试行)》从坚定政治方向、自觉爱国守法、传播优秀文化、注重情感呵护、提供科学照护、保障安全健康、践行家托共育、提升专业素养、加强团队协作、坚守诚信自律十个方面提出托育从业人员的职业准则。其中,在家托共育中强调从业人员注重与婴幼儿家庭的紧密协作,传播科学的育儿理念,提供家庭照护指导服务。

《南京市 3 岁以下婴幼儿托育机构基本规范》指出,托育教师应具有儿童保育教育相关专业背景,受过婴幼儿保育相关培训和心理健康知识培训并取得合格证。同时,具有幼儿教师资格证或育婴员初级以上等级证书,有从事保育教育工作 1 年以上的经历。《托育机构设置标准(试行)》指出保育人员应当具有婴幼儿照护经验或相关专业背景,受过婴幼儿保育相关培训和心理健康知识培训。

2. 有关职业要求的规定

有关托育教师职业要求的规定包括职业目标、职业原则、职业内容等内容。《托育机构保育指导大纲(试行)》提出了保育目标、保育要点和指导建议;《托育机构保育人员培训大纲(试行)》对涉及的理论培训知识与实践培训知识进行了规定;《托育机构设置标准(试行)》在人员规模中提出主要责任和资质;《浙江省托育机构 3 岁以下婴幼儿照护指南(试行)》提出基本原则和照护内容;《深圳市托育机构一日活动指引(试行)》提出基本原则和基本内容;《成都市托育机构婴幼儿照护服务指南(试行)》中提出了主要工作内容的规定。

《托育机构保育指导大纲(试行)》提出,保育人员是保育工作的主要实施者,应当具有良好的职业道德和业务能力,身心健康;负责婴幼儿日常生活照料和活动组织;主动了解和满足婴幼儿不同的发展需求,平等对待每一个婴幼儿,呵护婴幼儿健康成长。

《托育机构保育人员培训大纲(试行)》指出,通过培训,可以使参训人员熟悉托育服务法规与政策,树立法治意识与规范保育思想;学习保育工作的基本技能与方法,强化安全保育意识;掌握婴幼儿早期发展与回应性照护的知识与策略,提升科学保育素养。

《托育机构设置标准(试行)》指出保育人员主要负责婴幼儿日常生活照料,安排游戏活动,促进婴幼儿身心健康,养成良好行为习惯。

《浙江省托育机构3岁以下婴幼儿照护指南(试行)》要求保育人员负责婴幼儿日常生活照料,安排游戏活动,促进婴幼儿身心健康,养成良好行为习惯,指导家长科学育儿。并提供回应性照护、能力发展、营养膳食、健康管理、安全保障等照护服务。

《深圳市托育机构一日活动指引(试行)》指出保育人员是一日活动的主要实施者,负责婴幼儿日常生活照料和活动组织,应具有良好的职业道德和业务能力,身心健康,主动了解和满足婴幼儿不同的发展需求,平等对待每一个婴幼儿,呵护婴幼儿健康成长。

《成都市托育机构婴幼儿照护服务指南(试行)》要求保育人员结合婴幼儿成长规律及特点,做好婴幼儿健康照护、营养照护、回应性照护、安全照护,并促进婴幼儿早期学习与发展。

当前,我国在托育教师入职标准方面已经有了部分探索,规定了育婴师、保育师的职业标准,以及托育人员职业行为准则、保育指导大纲、培训大纲等。目前托育市场上充斥着各种各样的资格证书,如保育师证、育婴师证、幼儿园教师资格证等,但尚无针对托育教师的资格证。

(二) 国内托育教师入职建议

目前我国还没有建立统一、科学、规范的托育教师准入与培训制度。托育教师准入与培训是托育发展的重要环节,也是促进婴幼儿健康成长的需要,更能满足家长对高质量托育服务日益增长的需求。

当前我国托育教师从业准入门槛低,在大部分托育园所,托育教师持有幼儿园教师资格证、育婴师证、保育员证等便可上岗,这些资格证明难以作为托育教师的准入标准。托育教师的质量参差不齐,导致其提供的托育服务质量也参差不齐。我们从入职方面提出加快制定托育教师专业标准、制定相关的准入资格证书、加强托育教师职前培养、完善托育教师职业培训体系的建议。

首先,加快制定托育教师专业标准。为托育教师的专业进行新的定义,明确指出托育教师是专业从事0~3岁婴幼儿保教的人员,对托育教师与保育师、育婴员、幼儿园教师等职业之间的角色区别进行说明,突出托育教师角色的特殊性,是对婴幼儿进行生活照料、护理和教育指导工作的专门人员。确立托育教师的职业定位、职业发展目标及职业发展途径。其次,制定相关的准入资格证书,建立健全的托育教师资格认定程序。严格把好托育教师准入关,地方政府承担起托育教师质量"守门人"角色,通过严格的监督管理规范对托育教师的培训内容与考核标准,规范用人单位对托育教师的录用政策,保证托育教师的质量。再次,加强托育教师的职前培养。高校应该根据社会需求和标准指引设置相关的课程。目前高校的托育课程可以分为两大类方向:一类是托育服务类,另一类是早期教育类,两类都是中职—高职—本科的学历发展路径。托育服务类课程可以侧重婴幼儿的健康照护,培养面向托育园所的就业人才,早期教育类课程可以侧重婴幼儿的保育与教育,适应当前托育教师的就业要求。最后,完善托育教师职业培训体系。针对托育教师照护培育、指导协调、专业发展的职能进行培训,形成托育师资职业素养的良性提升[①]。在照护培育培训中,使托育教师对婴幼儿进行生活照料、护理和情感满足,并创设环境、组织活动,评估婴幼儿早期发展;在指导协调培训中,使托育教师进行家园共育、社区资源协调,以集中、系统、解决家长实际问题为导向,促进教师和家长的共同成长;在专业发展培训中,进行托育教师德行品行、身心状态等的培训,丰富内在和外在职业形象,根据托育教师个人专长、自身职业发展规划和不同成长阶段的实际需要,合理规划培训体系。

---

① 秦旭芳,朱琳.我国托育师资职业素养评价指标构建及保障[J].现代教育管理,2023(03):68-79.

任务二
掌握家园共育中托育教师的职业要求

案例导入

"大宝"的苦恼

果果原本是一个特别开朗的小朋友,每天都高高兴兴地来早托班。可是这段时间果果变得不爱说话,早上入托也常常闷闷不乐,有时还会偷偷地哭。一开始,老师以为她只是心情不好闹点小脾气,可是几天过去了,孩子的情绪却越来越糟糕,每天都必须跟在保育老师的后面,不肯和小朋友一起玩儿。

老师邀请果果妈妈来到园里,向妈妈反映了果果近期的情况。原来,果果妈妈刚怀了二胎,刚开始果果表现得很高兴,但是最近一段时间果果经常会说"讨厌弟弟",而且排斥谈论弟弟妹妹的话题。果果妈妈也很烦恼,不知道该如何引导孩子接纳弟弟妹妹。听了果果妈妈的心声吐露,老师明白了其中的原因,并和家长做了合理的分工:在家里妈妈要尽量多陪伴果果,让孩子感受到爸爸妈妈对自己的爱;在幼儿园里老师也有意识地和果果亲密互动,增加孩子的安全感。一段时间后,果果的脸上又露出了笑容,逐渐变得活泼开朗起来。

对大宝来说,即将出生的二宝是个潜在的威胁,会分走爸爸妈妈的爱,因此大宝会变得没有安全感。家长和教师要及时关注孩子的情绪变化,家园合作帮助孩子用积极的态度迎接弟弟妹妹的到来。

(本案例来源于辽宁省沈阳市浑南区教育局花语幼儿园,赵滋霖)

思考:如果果果是你所在班级里的幼儿,你会怎么做呢?

解理辨析

"大宝"的苦恼

任务要求

1. 了解家园共育中托育教师的职业角色。
2. 掌握家园共育中托育教师的职业目标。
3. 形成良好的托育教师职业素养。

《托育从业人员职业行为准则(试行)》第七条指出,托育从业人员应践行家托共育,注重与婴幼儿家庭密切合作,保持经常性良好沟通,传播科学育儿理念,提供家庭照护指导服务,不得滥用生长发育测评等造成家长焦虑。因此,掌握家园共育中托育教师的职业要求是十分必要的。

一、家园共育中托育教师的职业角色

托育教师的职业角色是托育教师在托育园所和家园共育的活动中所扮演的角色。一般来讲,托育教师是家长育儿的扶持合作者和家庭教育的协理指导者。

（一）家长育儿的扶持合作者

我国著名教育家陈鹤琴先生曾提出："幼稚教育是一件很复杂的事情,不是家庭一方面可以单独胜任的;也不是幼稚园一方面可以单独胜任的;必定要两方面共同合作方能得到充分的功效。"婴幼儿的教养是托育园所和家庭共同的责任。托育教师和婴幼儿家长紧密合作,就能为婴幼儿的发展营造最佳的环境。托育教师应该经常与婴幼儿的家长联系,了解婴幼儿家庭的教育环境,和家长一起商讨符合婴幼儿特点的教育策略,提高教育影响的一致性和有效性。托育教师作为家长育儿的扶持合作者,应主动与家长配合教育婴幼儿。

（二）家庭教育的协理指导者

家长是婴幼儿的法定监护人,是婴幼儿的第一任教师,承担着对婴幼儿进行早期教育的重要职责。但是在现实生活中,很多父母在养育上面临着"有意识、无知识"的实践障碍。科学的教育知识、观念、方法、能力等教育素养并非与生俱来,需要家长通过学习获得。托育机构作为专门的教养机构,不仅需要为婴幼儿的发展提供优质的教育环境,还需要服务家长,阶段性地进行家长教育,进一步提高家长的教育素养。托育教师需要与家长进行积极的互动,从各个家庭的实际情况出发,运用自己的专业素养对家长进行有针对性的指导,为婴幼儿及家庭提供个别化的育儿知识和建议。同时,托育教师在指导家庭教育的过程中,需要基于教养实践、聚焦问题情境,更好地帮助家长科学育儿。

二、家园共育中托育教师的职业目标

托育教师的职业目标是指托育教师在托育园所和家园共育的活动中所要达到的具体目标。托育教师在家园共育中所要达到的主要目标有:做"德为人表"之师、做"术有专攻"之师、做"互动交融"之师、做"反思学习"之师。

（一）做"德为人表"之师

托育教师在家园共育活动中,必须遵循道德原则,以调整家园共育实践过程中的各种关系,保证家园共育实践活动的正常进行。托育教师职业道德原则作为对教师在家园共育中行为的基本要求和评价标准,在托育教师职业道德体系中居于主导地位,是托育教师应当遵循的最根本的道德规范要求。为此,认真学习、践行、研究家园共育活动中托育教师应遵循的职业道德原则,是做一名合格的托育教师的基本要求。

1. 婴幼儿利益最大化——婴幼儿为本

以婴幼儿为中心的原则要让家长感到托育教师在关注自己孩子的成长和进步。婴幼儿在托育机构中有时手或头碰破一点皮,家长接孩子时十分惊讶、十分心痛是肯定的,而有的托育教师表现得若无其事,认为家长大惊小怪。那么,这件小事立即会使家长觉得托育老师对自己孩子不够关心,对工作不够负责,进而影响家长与老师的关系,给家园沟通设置了障碍。因此,托育教师应以婴幼儿为中心,在活动过程中时刻关注婴幼儿的发展动态,从婴幼儿的需求出发设计家庭教育指导活动,发现问题及时与家长进行沟通。

2. "家庭为主,托育补充"——家长主体

家长主体原则是指托育教师应尊重家长,确立为家长服务的观念,调动家长参与的积极性,发挥家长在托育中的主体地位。托育教师应鼓励家长根据家庭的特点,结合婴幼儿的实际情况,选择家庭教育的内容和方法,提高指导的针对性。在托育园所工作计划的安排上,托育教师应听取家长的意见,欢迎家长为

园内工作出谋划策,和家长共同探讨教养婴幼儿的方法,交流和分享各自的看法,而不是单方面"通知"家长应该做什么和怎么做。在指导家长过程中,托育教师与家长是一种平等的合作伙伴关系。应该在了解家长的基础上指导家长,理解家长的心情和言行,尊重家长作为婴幼儿教养者的主体地位和人格尊严。

3. 家园共育中的一视同仁——无歧视原则

无歧视原则是托育教师对待家长的最基本的原则。不同的家庭之间存在着较大差异,婴幼儿家长的学历、职业、经济状况、自身的素质与修养、家庭文化氛围、相处模式等都不尽相同。托育教师不能厚此薄彼地对待家长,差异对待不仅不利于托育园所工作的顺利开展,同时也在给婴幼儿传递一种不正确的价值观念。对不同的社会背景和个人条件的家长,托育教师都要给予应有的尊重,以自己的诚心、真心、热心、耐心和细心服务家长。

(二) 做"术有专攻"之师

托育教师所要具备的家园共育专业知识与能力的重要性不言而喻,这直接关系到婴幼儿的健康成长的全面发展。

1. 家园共育中托育教师的专业知识

(1) 专业理论知识

专业的照护服务需要教师掌握更多有关护理、急救的医学知识,在优质保育的基础上实施教育。因此,托育教师应该掌握多种专业理论知识。

首先,全面深入地了解有关婴幼儿的各方面知识,是托育教师开展有效教育教学活动的基础和前提。托育教师应了解关于婴幼儿生存、发展和保护的有关法律法规及政策规定;掌握不同年龄婴幼儿身心发展特点和规律,以及促进婴幼儿全面发展的策略与方法;了解婴幼儿在发展水平、速度与优势领域等方面的个体差异,掌握对应的策略与方法;了解婴幼儿发展中容易出现的问题与适宜的对策;了解有特殊需要的婴幼儿身心发展特点及教育策略与方法。

其次,拥有医养教知识则是指导托育教师的保教实践,提高托育教师保教能力的基石。托育教师必备的医养教知识包括以下方面:熟悉托育园所教育的目标、任务、内容、要求和基本原则;掌握托育园所环境创设、一日生活安排、游戏与教育活动、保育和班级管理的知识与方法;熟知托育园所的安全应急预案,掌握意外事故和危险情况下婴幼儿安全防护与救助的基本方法;掌握观察、谈话、记录等了解婴幼儿的基本方法;了解0～3岁婴幼儿保教和托幼衔接的有关知识与基本方法。

最后,对于托育教师来说,通识性知识既是孕育教师文化素养和教育素养的"土壤",也是教师必备的教学内容知识。托育教师应掌握的通识性知识包括以下方面:自然科学和人文社会科学知识、各国教育基本情况、托育园所各领域教育的特点与基本知识、艺术欣赏与表现知识、现代信息技术知识等。

(2) 家庭教育指导知识

家庭教育是基于家庭的教育,很多家庭教育问题既是教育问题,也是家庭问题,甚至与社会问题有一定的关联度。为了完成家庭教育指导的任务与内容,托育教师需要掌握相应的家庭学、伦理学、社会学以及心理咨询和家庭治疗的基本原理。在法治社会,一些基本的法律知识也成为托育教师在家庭教育指导工作中认识问题与分析问题的基础性知识。

2. 家园共育中托育教师的专业能力

(1) 观察与了解服务对象

观察与了解是托育教师为婴幼儿家庭开展指导服务的基础,然而家庭教育的观察与了解具有一定的难度。因为家长群体是多元的、松散的,家庭生活具有封闭性、私密性,单方面的面谈和单一的语言沟通未必能把握工作对象的群体特征或者个体特征。所以托育教师需要通过言语、文本、数据和音像资料等多种介质,具备个别约谈、家访、问卷调查以及相应的统计分析等多种能力,才有可能使观察更加客观,使了解的情况更加接近事实。

（2）家园共育活动的设计与实施

为了提高家庭教育指导的指导效率，托育教师需要采取集体活动形式，同时这种形式也为松散的家长群体搭建了共同活动的平台，促进他们之间的交流分享与互帮互助。为了提高集体活动效果，托育教师需要具备明确的家庭教育指导活动目标意识，设计一套内容与形式有机结合的活动方案，有效地组织家长和婴幼儿参与活动，并能对活动过程进行灵活的监控与调整，最后还需要对活动进行评价、反思与总结，为后续活动的改进积累经验。

（3）个性化的指导服务与咨询

家庭教育中的问题既有共性又有个性，个性化的问题只能依托个性化的指导服务方案。托育教师家庭教育指导的实效性主要取决于对婴幼儿及其家庭个体差异的认识水平与分析能力，以及所提供的个性化指导方案。托育教师除了需要根据婴幼儿的发展水平、现有问题、个性特点和家庭环境，还要根据家长的理解水平、合作态度与教育能力，为家长提供适宜其家庭环境的教育指导方案，调动家长教养婴幼儿的主动性和创造性。

（4）多方沟通与合作

托育园所、家庭和社区是影响婴幼儿健康成长的三大环境，无论是了解这三大环境对婴幼儿成长的实际影响，还是为促进婴幼儿的健康而需要整合多方的教育力量，都需要托育教师具备相应的沟通与合作能力。当然，托育园所、家庭和社区是三种不同属性的社会组织，具有不同的社会机制和文化特点。这就需要托育教师具有与之相应的工作交流能力和合作共育能力，托育教师可以通过建立社会联系探索资源，帮助家庭、托育园所以及社区资源形成家、托、社区三方合力。托育教师开展家庭、社区指导的过程中能够丰富托育师资家庭、社区育儿经验及相关资源。同时，教师对课程资源、家长反馈资源的协调管理也能够进一步助力指导活动的有效开展。①

（5）专业学习与反思

专业能力发展的重要支撑是托育教师的主体意识，以及在主体意识主导下的学习、思考与自我发展能力。主体性学习能够实现托育师资的终身学习，助力师资专业技术人才属性建设。没有反思的经验是狭隘的经验，至多只能形成肤浅的知识。学习与反思能力可以帮助托育教师将理论与实践、知识与经验有机地联结起来，从而不断地优化自己的专业结构，提升自己的专业能力，促进自身不断地成长与发展。

（三）做"互动交融"之师

托育教师与婴幼儿、同事、家庭和社区之间的互动是托育工作中至关重要的环节，这种互动对于婴幼儿的发展、园所的运行家园共育以及社区关系的建立都具有重要意义。

1. 托育教师与婴幼儿之间的互动

托育教师在与婴幼儿的互动过程中伴随着师幼互动和教育行为，在培育活动中，托育教师也需要随时注意和观察婴幼儿的情绪、行为等，及时给予婴幼儿回应。托育教师与婴幼儿之间良好的沟通，可使婴幼儿感受到托育教师的关爱和尊重，在心理上产生被重视和接纳的感受，从而获得一种安全、愉快的体验。这种情绪体验，有助于婴幼儿保持活泼、开朗的情绪，增强对托育教师的喜爱和信任，从而乐于接受托育教师的引导和帮助。同时，家庭教育指导应尊重婴幼儿的身心发展规律，尊重其合理需要与个性，创设适合婴幼儿成长的必要条件和生活情景，促进婴幼儿的自然发展、全面发展、充分发展。

2. 托育教师之间的互动

在托育园所中，家园共育的工作往往需要多方协调才能做好。在一个集体中，托育教师之间要同心协力、相互协作、互相支持，应与其他同事或是托育服务相关从业人员进行资源交流和分享，加强托育教师群体内在意识的塑造。对于自己的工作，托育教师一定要兢兢业业，不能推卸责任。需要帮助

① 秦旭芳，朱琳. 我国托育师资职业素养评价指标构建及保障[J]. 现代教育管理，2023(03)：68-79.

时,要与同事商量,不可强求;对方请求帮助时,也应尽己所能真诚相助。

3. 托育教师与家庭间的互动

托育教师与家庭互动的目的,是家园合作共同促进孩子的发展,所以教师要把谈话建立在客观、全面的基础上。要讲求艺术与策略,比如在与家长反馈婴幼儿的不足时,可以先说婴幼儿最近表现的几处优点,再和家长说缺点,这样家长也比较容易接受,感受到托育教师在关注自己孩子的成长和进步。托育教师也要本着尊重的原则与家长交流,要耐心倾听家长的谈话,了解家长的需求,对家长在教育上的困惑进行解疑,使家长产生信任感,从而乐意与托育教师进行充分的交流,以达到预期的目的。

4. 托育教师与社区间的互动

托育教师要正确认识其与社区之间互惠互利、双向服务的关系,考虑托育园所所处的社区环境,加强同社区之间的交流沟通,主动协调,在托育园所与社区间建立相互理解、信任支持与合作的关系,为托育园所的生存和运转创造良好的条件,使教育融入所在社区,与社区相互促进。

(四)做"反思学习"之师

在家园共育的工作中反思学习是托育教师获得家园共育专业能力提升的动力和源泉,托育教师只有在家园共育工作中不断学习、拓宽视野,才能促进自身的专业化发展。

1. 在家园共育中做"反思型"教师

反思是教师专业成长的基础,国内外关于新手教师与专家型教师、一般教师与优秀教师的研究成果表明,优秀教师的一项重要特质就是对教育教学具有高度的自我反思、自我调节、自我完善、自我提升的能力。优秀的托育教师在婴幼儿家园共育中能敏锐地发现存在的问题,并在观察与分析、广泛收集关于自己在家庭教育指导活动中的信息的基础上,以判断的眼光来分析问题,积极寻找新思想与新策略来解决所面临的问题,并在未来的实践中加以检验,使自己不断提高。

2. 在家园共育中做"学习型"教师

托育教师的职业道德、教养结合、沟通与合作都与教师的自我学习息息相关。[1] 托育教师在家园共育中应加强专业知识学习,提升专业能力水平,认真学习、了解相关法律法规和职业标准,不断更新自身的家园共育业务知识结构,严格制定学习制度,有针对性地采取自学、集中学习等方式进行学习,主动接受家园共育相关培训。在学习过程中,结合家园共育工作实际,通过讨论、总结的方式,不断解决家园共育工作中遇到的难题。

任务三 熟悉托育教师的职业培训

案例导入

托育教师的培训心得

幼儿园新增设了四个全日制托班,几个带班教师全都没有托育工作经验,为了让老师们更加顺利

解理辨析

托育教师的
培训心得

---

① 叶平枝,丘苑,周苑好.托育机构教师核心素养评价指标体系的构建[J].教育发展研究,2022,42(02):36-46.

地开展工作,幼儿园利用暑假对几位教师进行了全面系统的培训,老师们收获颇丰。

密儿:"托育教师需要掌握的专业知识跟我之前学习的知识是有差别的。我们不仅要了解婴幼儿心理、生理、营养、保健等相关知识,还需要具备科学喂养、照料护理等多种专业技能。"

关关:"0~3岁是人生发展的关键期。要做一名合格的托育教师必须要熟知、熟记每个月龄婴幼儿的身心发展特点,根据规律开展活动,努力成为专业型的托育教师。"

美美:"0~3岁是婴幼儿大脑潜能开发的最佳时期,托育教师应根据孩子成长敏感期提供丰富多样、积极健康的'刺激',为宝宝大脑潜能发育提供更多的机会。"

小琪:"早期教育应该是由家庭和幼儿园共同完成的,我们既要遵循婴幼儿成长规律来设计活动助推孩子成长,也应该把自己的专业知识向家长们输出,让每位家长都成为孩子们的游戏伙伴,共同培养健康、快乐的孩子。"

(本案例来源于辽宁省沈阳市浑南区教育局花语幼儿园,高飞)

思考: 托育教师的培训重要吗？如何进行托育教师的培训呢？

任务要求

1. 了解托育教师职业培训的重要性及原则。
2. 熟悉托育教师职业培训的内容及方式。

2021年国家卫健委颁布的《托育机构负责人培训大纲(试行)》及《托育机构保育人员培训大纲(试行)》明确了对托育组织者、工作者的培训规定和规范[①]。下面从托育教师的培训原则、培训内容、培训方式三方面了解托育教师的职业培训。

一、托育教师的培训原则

《托育机构保育人员培训大纲(试行)》中提出托育教师的培训原则主要包括岗位胜任原则、需求导向原则、多元方式原则、理实结合原则。

(一)岗位胜任原则

托育教师培训原则中的岗位胜任原则指的是通过培训使托育教师具有符合岗位要求的基本素养。即通过机构系统培训的引导、教师自主学习反思相结合的方式,促进托育教师明晰岗位工作任务,具备胜任岗位职责的基本知识与能力。

(二)需求导向原则

托育教师培训原则中的需求导向原则指的是制定培训内容要考虑到托育教师的实践需求。了解托育教师工作中的重点和难点,综合考虑机构岗位需求和发展需要,优化培训内容。通过多种途径了解当前托育教师的现实困惑和提升需求,结合托育园所现有的培训资源与条件,聚焦要解决的具体问题,确定相关的培训主题。

(三)多元方式原则

托育教师培训原则中的多元方式原则指的是借助多样的托育培训方式使得培训效率最大化。可

---

① 中国政府网.国家卫生健康委办公厅关于印发托育机构负责人培训大纲(试行)和托育机构保育人员培训大纲(试行)的通知[EB/OL].(2021-08-23)[2024-02-13].http://www.nhc.gov.cn/rkjcyjtfzs/s7786/202108/92e9dba86aff41ac82bdc1fcf09eb13c.shtml.

以通过专题讲座、网络研修、研讨交流、案例分析、返岗实践等,强化情境性的培训。应注意培训方式对于婴幼儿家园共育的便捷性与适宜性,提高培训的实效性。

(四)理实结合原则

托育教师培训原则中的理实结合原则指的是托育理论和托育实践相结合展开培训。托育教师的工作应具有实践性,因此理想的培训应关注教师的托育工作认知、技能、情感的培养及其现实转化情况,在培训中提升托育教师的工作能力,使得培训工作取得实质性进展。

二、托育教师的培训内容

托育教师的培训内容主要包括有关婴幼儿的专业理论培训、有关托育教师自身成长的培训、有关托育课程的培训,以及有关家园共育的培训。

(一)有关婴幼儿的专业理论培训

在有关婴幼儿专业理论培训方面,托育教师应该掌握 0～3 岁婴幼儿生理发展规律、心理发展规律、学习的特点和生活知识。

1. 掌握 0～3 岁婴幼儿生理发展规律

婴幼儿生理发展有以下特点:第一,身体生长各时期速度不同,婴幼儿时期生长发育是先快后慢的,年龄月龄越小,身高、体重增长的速度越快;第二,身体生长与各器官发育不均衡,各器官系统的发育不是同时进行的,比如神经系统在两岁前发育最快,其后发育速度减缓;第三,个体身体生长存在差异,虽然生长具有统一的规律,但受遗传、环境、营养等因素的影响会有个体差异。

2. 掌握 0～3 岁婴幼儿心理发展规律

婴幼儿心理发展包括感知觉、注意、记忆、想象、情绪、社会性等方面。第一,婴幼儿感觉的发展,最先是触觉,随后是视觉、听觉和嗅觉,6 个月左右婴幼儿知觉出现萌芽,3 岁前是婴幼儿各种知觉能力快速发展的时期。第二,3 个月左右婴儿无意注意出现,开始集中注意于新鲜事物,1～3 岁幼儿无意注意迅速发展,3 岁前婴幼儿的有意注意刚刚开始发展,处于较低水平。第三,1 岁前婴儿的记忆较差,1 岁后记忆内容增多,大多是无意记忆,2 岁时出现微弱的重现能力,即可以回忆起几天前的事件,3 岁能重现 3 个月前的人与事物。第四,1 岁前婴儿没有想象活动,1～2 岁,想象活动开始萌芽,进行表象的联想活动,3 岁左右,可以进行简单的角色游戏,但想象仍是零散的片段。第五,0～3 岁婴幼儿情绪发展具有冲动性、易变性、外露性,受外界环境变化的影响较大。第六,0～3 岁婴幼儿的亲子关系和同伴关系得到发展,在 1 岁之前,婴儿与父母建立亲密关系,1～3 岁,开始寻找同伴玩耍,但只限于一对一的交往活动。

3. 掌握 0～3 岁婴幼儿学习的特点

婴幼儿时期是学习语言的关键时期,0～1 岁,婴儿初步理解语言,1 岁后逐渐开始学习说话。0～6 个月是婴儿说话的准备阶段;7～12 个月,婴儿开始发出连续的音节,开始模仿成人的语言;1～1.5 岁,进入单词句阶段,出现"果果""喵喵"等发音,在 1.5 岁时,幼儿词汇量在 50 个左右;1.5～2 岁,进入简单句阶段,存在语序混乱的情况,如"妈妈抱抱";2～3 岁,幼儿逐渐能完整地讲述一句话,学会说复合句。

4. 掌握 0～3 岁婴幼儿的生活知识

婴幼儿生活知识包括营养与喂养、进餐、饮水、睡眠、生活卫生习惯等。如在饮食环节,指导婴幼儿进餐习惯,培养婴幼儿独立使用餐具吃饭的能力;在饮水环节,明确婴幼儿每日饮水量为 500 毫升至

1 000毫升之间;在睡眠环节,教师要根据婴幼儿的生理特点,知道合理安排睡眠次数并保证睡眠时间,白天有1~2次小睡次数;指导逐步培养婴幼儿定时如厕及用语言表达大小便需求的习惯。

(二) 有关托育教师自身成长的培训

有关托育教师自身成长的培训包括学习国家颁布的法律法规以及形成良好的职业道德。

1. 学习国家颁布的法律法规

托育教师需要了解、掌握相关的法律法规,从而更好地尊重婴幼儿的权利,也能更好地保护自己的权益。与托育教师相关的法律法规包括:有关婴幼儿的《中华人民共和国母婴保健法》《中华人民共和国未成年人保护法》《三岁前小儿教养大纲》《中国儿童发展纲要通知(2021—2030年)》《0~6岁儿童健康管理服务规范》《中华人民共和国食品卫生法》等;有关托儿机构发展的《托儿所幼儿园卫生保健管理办法》《托儿所幼儿园卫生保健工作规范》《全国家庭教育指导大纲》《国务院办公厅关于促进3岁以下婴幼儿照护服务发展的指导意见》《托育机构设置标准(试行)》《托育机构管理规范(试行)》《托育机构保育指导大纲(试行)》《托育机构婴幼儿伤害预防指南(试行)》等。

2. 形成良好的职业道德

托育教师职业道德的主要内容包括服务统一、服务传递、服务回馈。第一,服务统一指的是托育教师遵纪守法、爱岗敬业,与核心价值相统一。托育教师应该自觉遵守国家相关的法律法规,以及所在托育园所的规章制度。同时,还要热爱托育服务事业,在工作中积极进取,寻找自身价值,做好榜样示范作用。第二,服务传递指的是托育教师关爱婴幼儿,及时进行家庭指导,延伸托育服务基本范围。托育教师应该热爱婴幼儿,对婴幼儿充满爱心,公平对待每一位婴幼儿,掌握婴幼儿在不同年龄阶段的生理、心理和行为特点,根据婴幼儿的生长发育规律给予科学的教育。同时,耐心指导家长进行婴幼儿照护服务,认真观察婴幼儿在动作、语言、社会性发展等的情况,发现异常情况及时指导家长并细致地解决问题。第三,服务回馈指的是托育教师赋能自身成长、注重满意度,不断提升服务的专业度。托育教师应该不断丰富自己的托育基础知识,积极参加有关的托育培训,与同事进行交流,建立学习共同体。同时,了解婴幼儿当前发展状况,制订相应的发展计划,注重托育服务的家长反馈与后续维护工作,深度服务提升家长的满意度。

(三) 有关托育课程的培训

有关托育课程的培训包括托育园所中一日生活的安排,以及婴幼儿动作、语言、情感与社会性等活动的组织与实施等。

1. 一日生活的安排

一日生活包括入托、如厕、盥洗、进餐、午睡、离园等。托育教师要做好各个环节的安排与计划。第一,在婴幼儿入托时,托育教师严格执行"一摸、二看、三问、四查"的晨检流程。第二,年龄越小的婴幼儿用于如厕、盥洗的时间越长,托育教师要随时注意婴幼儿的情况,在婴幼儿如厕、盥洗时给予看护;在平时指导婴幼儿进行排队、洗手,对婴幼儿实施安全教育。第三,托育教师要注意培养婴幼儿养成良好的用餐习惯,不挑食、不浪费,引导婴幼儿正确使用餐具、安静用餐,通过餐后收拾培养孩子的独立性。第四,午睡是托育园所一日生活里重要的环节,在午睡期间,托育教师应15分钟巡逻一次,关注睡眠中的婴幼儿有没有异常情况,并且及时调整婴幼儿不正确的睡姿。第五,离园环节,托育教师应将婴幼儿安全交到家长的手中,把婴幼儿一天的情况、需要家长配合的事项等告知家长。

2. 动作、语言、情感与社会性等活动的组织与实施

动作、语言、情感与社会性等活动是婴幼儿一日活动中重要的环节,要求托育教师把握婴幼儿的月龄特点,精心选择与设计活动进行教育。第一,在动作方面,可以让婴幼儿进行一些简单的动作练习,比如抬头、翻身、坐、爬等,也可以进行器械类活动,如玩球、沙包等;鼓励婴幼儿形成吃饭、睡觉等方面

的良好习惯。第二，在语言方面，与婴幼儿多交流，将婴幼儿接触的事物用语言表达出来，如"这是球球"；提供可辨认的简单物品丰富婴幼儿的词汇，如"小汽车"等玩具。第三，在情感方面，通过爱的教育活动，让婴幼儿获得安全感、满足感与幸福感；激发婴幼儿自我意识，让其形成良好的自我认知。第四，在社会性方面，给婴幼儿提供更多的交往环境和交往机会；感受父母的爱，表达对父母的爱；能和同伴友好相处，进行分享和合作；遵守游戏的规则，了解基本社会常规。

（四）有关家园共育的培训

有关家园共育的培训包括家园共育形式的培训和家园共育内容的培训，使教师游刃有余地进行家园共育。

1. 有关家园共育的形式

托育教师要提高自己与家长沟通的能力，善于听取家长的意见和建议，倾听家长的诉求。教师要加强家庭教育的学习、分析与应用，形成家庭教育指导的思维方式与思维习惯。通过成长档案册、家长课堂、一对一家长会、亲子活动进行对家长的家庭教育指导。

2. 有关家园共育的内容

托育教师应该有家园沟通的意识和能力，与家长合作，必要时对家长进行养育指导。教师应了解不同月龄的婴幼儿有不同发展特点，为家长提供与年龄段相一致的解决问题的策略。如：婴幼儿入托时，家园共育主要是以适应为主，即家园携手使婴幼儿适应入托生活；明确家长和教师的角色，知道各自在家园共育中承担的责任和义务，此外还要知道常见的关于婴幼儿进餐、如厕、睡眠等日常照护的沟通与合作，等等。

知识拓展

托育培训机构的培训内容

三、托育教师的培训方式

托育教师的培训方式可以分为讲座式培训、互动式培训、案例式培训、体验式培训和实践式培训。为了确保培训的效果，要选择合适的培训方式或者结合多种培训方式。

（一）讲座式培训

讲座式培训是培训者按照准备的托育培训计划，系统地向托育教师传授教育教学理论知识等的培训方式。这种培训方式是单向的信息传输，托育教师只需接收并理解培训者所传输的信息。

讲座式培训能够在规定时间内完成培训，可以展开大面积人数培训，让托育教师准确、系统地掌握理论知识。培训者用最快捷的方式把前沿的教学理论知识、教学改革动态准确地、系统地展现在托育教师面前，可以有效避免托育教师在照护婴幼儿过程中许多不必要的失误。

讲座式培训可以分为专题讲座、专家讲座等。专题讲座，通常由培训者就某一托育专题作讲座，可以让托育教师对该专题有深入的了解；专家讲座，通常由专门研究0～3岁婴幼儿的专家作讲座，辅以短暂的交流，专家讲座能够使托育教师在短时间内了解托育发展动态，解答照护中的困惑。

微课

托育教师的培训方式

（二）互动式培训

互动式培训是培训者充分发挥教师的能动性，通过有目的、有组织的平等交流，完成培训内容和任务的培训方式。这种培训方式是一种多向互动，托育教师与培训者、同行相互交流、相互启发、相互补充，有助于更好地理解信息。

互动式培训能够在特定的培训情境下，最大化地利用培训的空间，将"发言权"交给托育教师，调动托育教师参加培训的积极性，发挥教师的主体作用，提升培训效果。

互动式培训包括问题答疑、主题研讨、经验交流、成果互评等。问题答疑,是培训者针对托育教师在培训中的困惑进行即时解答,巩固培训效果;主题研讨,是培训者根据确定的培训主题,通过研究、讨论等途径,学习该主题托育内容;经验交流,是培训者依据个人或他人的经验,促进托育教师分享交流心得;成果互评,是培训者依据托育教师先前取得的成果,促进托育教师互相评价。

(三)案例式培训

案例式培训是指培训者根据托育培训计划,通过对案例的阅读、思考、分析、讨论等途径,学习分析托育中碰到的问题和解决方法,提高分析问题和解决问题的能力的一种培训方式。

案例式培训提供给教师典型的教学实践案例,让教师真正学会在情境中分析,直接地获得托育教师对案例的不同看法,给托育教师提供自主思考、批判思维的机会,有效地提升托育教师对托育知识的理解,以及托育实践能力。

案例式培训包括名师示范、课例观摩、案例展示、案例点评等。名师示范,是请托育专家进行示范,将其作为典型案例展示,请托育教师分享心得;课例观摩,是培训者播放优秀托育课程案例,托育教师观看后进行交流探讨;案例展示,是培训者展示提前准备好的优秀案例,托育教师观看后反思交流;案例点评,是培训者展示提前准备的正面或反面案例,请教师观看后讨论改进。

(四)体验式培训

体验式培训是培训者指导托育教师参与,获得个人体验,之后托育教师相互交流,分享个人体验,提升托育认识。

体验式培训可以创造经典的学习体验,使托育教师成为培训的主体,通过参与体验,对体验进行反思,吸收所学托育知识,加强培训效果。

体验式培训包括情景体验、实践考察、名托访学、跟岗研修等。情景体验,指培训者引入或创设一个生动具体的托育场景,引发托育教师的情感体验,理解知识;实践考察,指托育教师在实践中进行托育活动,完成后反思托育活动;名托访学,指在培训者的带领下,托育教师参观典型的托育园所,学习了解托育园所先进的教育理念、教育环境等;跟岗研修,指在培训者的指导下,参与实际托育辅助工作的活动。

(五)实践式培训

实践式培训,是在培训者的指导下,利用先前所学的理论知识进行实践、操作,将理论转化为实践的一种培训方式。

实践式培训将培训用"做"的方式来进行,使托育教师不仅掌握理论知识,同时在实践中掌握操作技能,加深对托育理论知识的理解。

实践式培训包括现场实践、动手操作、模拟实践等。现场实践,例如让托育教师现场操作婴幼儿感统技能,并在培训现场诊断和指导教师;动手操作,例如让托育教师分组演练给婴幼儿检测体温、拍嗝、冲调奶粉等环节;模拟实践,指通过婴幼儿照护虚拟仿真实训系统进行实景式实践。

模块小结

本模块学习了婴幼儿家园共育中的教师培养,从国内外入职标准、托育教师职业要求、托育教师职业培训三个方面展开陈述。办好人民满意的托育,加强师资队伍建设是最为重要的基础和保障。托育教师需要不断地了解自己在家园共育中的职业角色、职业标准和职业要求,通过培训不断提升自身的

专业素质和水平,争取更好地为婴幼儿和家长服务。

思考与练习

一、选择题

（一）单项选择题

1. 为加强托育教师的培养,高校要根据需求开设(　　)。
   A. 学前教育专业　　　　　　　　　　B. 婴幼儿照护相关专业
   C. 医学护理专业　　　　　　　　　　D. 经济管理专业
   E. 环境创设专业

2. 婴幼儿的照护应该以(　　)为主。
   A. 家庭　　　　　　B. 社会　　　　　　C. 托育园所　　　　　　D. 托育教师
   E. 教育部门

3. 在托育园所中,做好家园共育的工作需要(　　)。
   A. 家长配合　　　　　B. 教师合作　　　　　C. 多方协调　　　　　D. 社区支持
   E. 机构培训

4. 高级育婴师开展培训指引没有必要遵循的原则是(　　)。（2023年高级育婴师资格考试）
   A. 循序渐进原则　　　　　　　　　　B. 理论联系实际原则
   C. 指引教师为重原则　　　　　　　　D. 互动原则
   E. 真实原则

5. 以单向的信息传输为主的培训方式是(　　)。
   A. 案例式培训　　　　B. 讲座式培训　　　　C. 体验式培训　　　　D. 实践式培训
   E. 互动式培训

（二）多项选择题

1. 我国当前职业标准中有关托育教师的称呼包括(　　)。
   A. 保育师　　　　　B. 育婴员/师　　　　　C. 营养员　　　　　D. 托育教师
   E. 托育从业人员

2. 我国当前托育教师入职标准中资格证书包括(　　)。
   A. 保育师证　　　　　　　　　　　　B. 育婴师证
   C. 蒙台梭利资格证　　　　　　　　　D. 家庭教育指导师证
   E. 幼儿园教师资格证

3. 托育教师在家园共育中的职业角色包括(　　)。
   A. 家长育儿的亲密陪伴者　　　　　　B. 家长育儿的扶持合作者
   C. 托育园所的简单传话者　　　　　　D. 家长教育的直接插手者
   E. 家庭教育的协理指导者

4. (　　)是影响婴幼儿健康成长的三大环境。
   A. 托育园所　　　　　B. 高校　　　　　C. 家庭　　　　　D. 教育部门
   E. 社区

5. 托育教师培训内容应该包括(　　)。
   A. 有关婴幼儿的专业理论培训　　　　B. 有关托育教师自身成长的培训
   C. 有关托育课程的培训　　　　　　　D. 有关家园共育的培训

E. 有关职称考核的培训

二、判断题

1. 从公平的角度出发,为了避免家长的误解,托育老师应该按照统一标准对待婴幼儿,例如交往方式、喂养方式等。 （　　）

2. 婴幼儿教育是托育园所一方面可以单独胜任的。 （　　）

3. 我国建立了统一、科学、规范的托育教师准入与培训制度。 （　　）

4. 培训内容只要有系统理论知识作指引,培训人员就能上岗。（2023 年高级育婴师资格考试） （　　）

5. 一份基本的培训流程包括制订计划、评估需求、设定方案、个别培养、评估效果等。 （　　）

三、简答题

1. 简述美国 NAEYC 的六项核心标准及其关键内容。

2. 家园共育中托育教师的职业角色有哪些?

3. 简述托育教师的培训原则。

四、实训任务

预约参观一所托育园所,了解其托育教师的入职标准是怎样的,托育园所会如何进行托育教师的培训。

模块五
婴幼儿家园共育的家庭指导

模块导读

婴幼儿的健康成长离不开家庭和托育园所的共同守护。在婴幼儿成长发展的过程中,作为主要教养者的婴幼儿家长,免不了会遇到各种困惑和疑虑。这时,托育教师就需要承担起家庭指导的重要任务,为婴幼儿家长指点迷津。

本模块主要阐述婴幼儿家园共育中的家庭指导,通过了解婴幼儿家庭指导的需求与困境、婴幼儿家庭指导的内容、婴幼儿家庭指导中的沟通以及掌握家庭教育指导的小妙招等方面内容,学习者可以熟知婴幼儿家园共育中家庭指导的相关知识与技巧。此外,学习者可以结合婴幼儿家园共育中家庭指导的相关案例,深入地了解婴幼儿家园共育中家庭指导的现实样态,并能够将所学的知识技能应用到未来工作之中。

学习目标

1. 理解婴幼儿家园共育的家庭指导需求、困境。
2. 熟悉婴幼儿家园共育的家庭指导结构与内容。
3. 熟悉婴幼儿家园共育中家庭指导沟通的途径与注意事项,树立正确的家庭指导沟通观。
4. 掌握婴幼儿家庭指导的策略及小妙招,树立正确的育儿理念。

思政导航

家庭是婴幼儿学习和发展的中心,托育园所应建立积极的合作关系,共同促进婴幼儿的幸福成长。中国家庭科学育儿指导中心副主任、上海市人口早期发展协会副会长、婴幼儿照护服务专委会会长刘金华认为,家园共育工作是托育机构日常工作的重要组成部分,托育教师与婴幼儿家长通过沟通交流、支持合作,共同实施婴幼儿的教育与保育,为婴幼儿的健康快乐成长营造良好的教育环境。婴幼儿家园共育中的家庭指导沟通是双向的,既包括教师主动和家长沟通交流、实施合作共育,也包括家长发起沟通、寻求帮助。在实践中,沟通一般关注新生入托阶段的重点沟通和日常沟通,以及因个别问题、特殊事项的定向沟通。通过沟通交流,传递积极信息,交换育儿意见,及时发现问题和解决问题。[1] 基于此,为达到促进婴幼儿健康成长的目标,本模块将从婴幼儿家园共育家庭指导的需求困境、架构内容和沟通途径与注意事项等方面,引导学习者掌握婴幼儿家庭指导的策略及小妙招,从而树立正确的家庭指导沟通观。

---

[1] 刘金华.托育机构家园共育工作的研究与思考[J].早期教育,2021(01):9-11.

内容结构

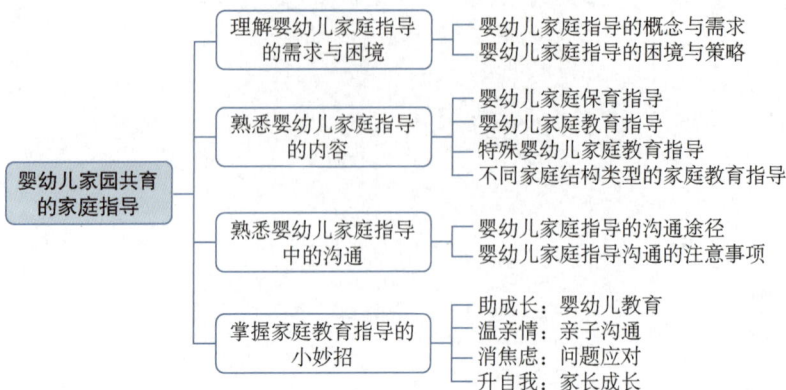

理解婴幼儿家庭指导的需求与困境 —— 婴幼儿家庭指导的概念与需求
婴幼儿家庭指导的困境与策略

熟悉婴幼儿家庭指导的内容 —— 婴幼儿家庭保育指导
婴幼儿家庭教育指导
特殊婴幼儿家庭教育指导
不同家庭结构类型的家庭教育指导

婴幼儿家园共育的家庭指导

熟悉婴幼儿家庭指导中的沟通 —— 婴幼儿家庭指导的沟通途径
婴幼儿家庭指导沟通的注意事项

掌握家庭教育指导的小妙招 —— 助成长：婴幼儿教育
温亲情：亲子沟通
消焦虑：问题应对
升自我：家长成长

任务一 理解婴幼儿家庭指导的需求与困境

案例导入

全都是我的

两岁的小武刚入托班,对班级里的玩具占有欲极强,就连每位小朋友一份的玩具,他也要全部独占不允许别人碰。每次分玩具他都要霸占所有玩具,嘴里嚷着说:"全都是我的,别人不许碰!"一旦有小朋友拿了玩具,他也一定要动手抢回来,否则就躺在地上打滚。一段时间后,其他小朋友家长的意见很大。

辛老师多次向小武的奶奶反映孩子占有欲强、不愿分享的问题,可每次奶奶都轻描淡写地说:"他还小,长大就好了。"奶奶的过度宠溺让小武有恃无恐,有几次还挥着小拳头做出要打人的动作,而奶奶也似乎因为老师经常"告状"而有意地躲着辛老师。面对这样的问题,辛老师很是头疼,到底该怎么办呢?

(本案例来源于辽宁省沈阳市浑南区教育局花语幼儿园,王舒)

思考:如果你是辛老师,你会怎么办呢?

任务要求

1. 理解婴幼儿家庭指导的概念和需求。
2. 了解婴幼儿家庭指导的现存困境。
3. 掌握婴幼儿家庭指导的策略。

托育教师承担着向婴幼儿家长提供育儿指导的责任与义务。因此,了解婴幼儿家庭指导的概念、需求与困境,有助于推动托育教师针对婴幼儿的家庭教养展开科学指导。

一、婴幼儿家庭指导的概念与需求

了解婴幼儿家庭指导的概念与需求是托育教师做好家园共育的基础。托育教师只有理解了婴幼儿家庭教育指导的概念,掌握了不同家庭对婴幼儿家庭指导的需求,才能更好地以婴幼儿为中心,帮助家长解决养育过程中的疑难问题,更好地促进婴幼儿的健康成长。

(一)婴幼儿家庭指导的概念

《中华人民共和国教育法》第五十条指出:"未成年人的父母或者其他监护人应当配合学校及其他教育机构,对其未成年子女或者其他被监护人进行教育。学校、教师可以对学生家长提供家庭教育指导。"《全国家庭教育指导大纲(修订)》中指出,家庭教育指导是指相关机构和人员为提高家长教育子女能力而提供的专业性支持服务和引导。家庭教育指导的主要目的是为了推动家庭教育理念和科学育儿知识的普及,全方位提高家长群体的整体素质以及科学育儿的能力,从而实现儿童的健康成长。托育教师作为专业人员,不仅要承担照护婴幼儿的责任,还应适时地为婴幼儿家长提供科学的家庭教育指导。

婴幼儿家庭教育指导是指家庭外社会机构组织的以学前儿童家长为主要对象的,以家庭教育为主要内容的指导活动。[1] 婴幼儿托育场所为家长提供家庭教育指导的主要目的是转变家长对婴幼儿养育和教育的不适宜观念,帮助家长形成正确的育儿观念,从而促进婴幼儿的健康成长,为入园生活做好准备。

(二)婴幼儿家庭指导的需求

《全国家庭教育指导大纲(修订)》中指出:"0～3 岁是儿童身心发展最快的时期。儿童的身高和体重迅速增长,神经系统结构发展迅速;感知觉飞速发展;遵循由头至脚、由大动作至小动作的发展原则,逐步掌握人类行为的基本动作;语言能力迅速发展;表现出一定的交往倾向,乐于探索周围世界;对家长有强烈依赖感;道德发展处于前道德期。"婴幼儿的照护服务涉及医、养、教等多方面,了解家庭对婴幼儿养育的指导需求是帮助家长科学教养的重要环节。

1. 普通家庭的婴幼儿养育指导需求

婴幼儿父母养育压力可划分为低压力型、中压力型、高压力型三种潜在类别,不同压力类型父母在养育指导上,既有共性需求,也有差异化需求。在养育指导内容上,三种压力类型父母对婴幼儿智力开发、习惯培养、亲子关系指导有着较为一致的需求,高压力型父母对婴幼儿疾病防治指导的需求也较强烈;在养育指导形式上,三种压力类型父母对亲子活动、面对面咨询、专家讲座有着较为一致的需求,高压力型父母中还有一部分对入户指导有着强烈需求。[2]

2. 特殊家庭的婴幼儿养育指导需求

特殊家庭一般包括单亲家庭、离异家庭、留守儿童家庭、隔代教养家庭、残障家庭等,他们都需要支持、理解和安慰。除了应对常见的养育问题之外,特殊家庭也会经历巨大的情感和经济等方面的压力。托育教师应对这些特殊家庭给予更多的关注,有条件的可以进行周期式的入户指导,根据特殊家庭的

① 李洪曾. 家庭教育指导的目的、任务、性质与渠道[J]. 山东教育(幼教刊),2004(Z3):4-5.
② 何婧.0～3 岁婴幼儿父母的养育压力类型及其养育指导需求——基于潜在剖面分析的结果[J].陕西学前师范学院学报,2023,39(06):1-11.

不同需要为家长提供不同的养育指导。

二、婴幼儿家庭指导的困境与策略

家庭和托育场所是影响婴幼儿发展最主要的两大环境,家长和托育教师分别是这两大环境的教养者。从这个意义上说,托育教师与家长是一种平等合作的伙伴关系。良好的家庭指导需要双方互相沟通、密切配合,从而促进婴幼儿的健康发展。但是,目前婴幼儿家庭指导面临着诸多困境,比如托育教师与家长的角色定位不清、家庭指导内容缺乏规范性、家庭指导需求同托育教师指导认知与技能有落差等。托育教师可采取家庭指导方式多样化、立足婴幼儿家庭特点、积极寻求多方支持等策略应对婴幼儿家庭指导中的困境。

(一)婴幼儿家庭指导的困境

1. 托育教师与家长双方的地位不平等

托育教师与家长之间的交流方式通常是单向的、灌输式的,教师与家长之间的地位其实是不平等的。托育教师往往处于主导、主动的地位,向家长提出要求;家长则是从属、被动地听取托育教师发布信息。虽然托育园所有时会咨询家长的意见,但由于家长处于被动状态,其向托育园所献计献策的积极性也不高。有些家长虽然对托育园所有意见或疑问,却因为心存顾虑,不能畅所欲言。

平等是良好家园关系的重要特征。只有在双方地位平等的基础上,托育教师和家长才能展开更充分的交流和合作。但目前以托育园所教养为中心,托育教师扮演主导者,要求家长配合,很少考虑家长的需要和想法,往往使家长处于被动地位,无形中拉开了托育教师与家长之间的距离。

2. 家庭指导内容缺乏规范性

我国因3岁前婴幼儿淹没在学前儿童群体中,他们的早期教育受到重视,但社会化的日常照料却被忽视。[①] 家庭教育中存在的显著问题之一是重教育轻养育,存在教育内容较为片面的问题,而在家庭教育指导中同样存在这一类问题,即指导的内容具有较强偏向性。托育教师在进行家庭教育指导时,偏向于教育,对于养育、保健等方面的指导较少涉及。这一问题出现的主要原因是:家庭指导内容缺乏系统性,托育教师对于婴幼儿家庭教育指导内容的全面掌握缺乏可行性。

3. 家庭指导需求同托育教师指导认知与技能有落差

在我国,家庭教育的指导者主要是教师。但目前,0~3岁婴幼儿家庭教育指导中存在的显著问题之一就是托育教师的家庭教育指导能力不足,这也导致了婴幼儿家长对于家庭指导的需求同托育教师指导认知与技能的不匹配。究其原因,主要是我国的早教机构多数是私立民办的,教师年龄偏低,育儿经验不足,难以很好地指导家长来解决家庭教育中遇到的问题,且目前我国大部分地区的托育园所尚不具备对于托育教师系统化的家庭教育指导培训,导致托育教师对婴幼儿家庭的指导难以形成体系并保持连贯性。

(二)婴幼儿家庭指导的策略

1. 家庭指导方式多样化

托育园所开展家庭指导,不只是单方面地向家长宣传教育知识,反映、汇报孩子在园的表现,也需要收集家长的信息,了解婴幼儿在家的情况,相互交流信息,反馈教育效果,共同研究教育方法,只有这样,才能取得共识,实现同步教育,促进婴幼儿发展。如今,教育界提出了整合教师资源、家长资源、婴幼儿资源、社会资源等多种资源下的多种家庭教育指导模式,比如以学校(托育园所)为中心的家校联

---

① 杨菊华.论政府在托育服务体系供给侧改革中的职能定位[J].国家行政学院学报,2018(03):89-96+155.

合模式、以社区为基点的空间联动模式、以社会组织为依托的社会整合模式等[①]，打破了专家在台上讲、家长在台下听这种居高临下的、单一的、封闭的指导格局。应建立多样性、开放式的联系渠道，采用多种形式的指导方式，力所能及地帮助家长解决问题。

2. 立足婴幼儿家庭特点

托育教师要按照托育园所家庭指导工作总体目标，根据不同类型家庭，适时调整指导内容，形成分类指导的工作体系。每位家长的文化程度、职业状况、身份地位、经济条件不同，家长本身的教育观念、教育能力、教育方法不同，指导需求因人而异，因此，托育园所在家庭指导时不能搞"一刀切"。家庭指导要注重个别差异性，因材施教。不同家庭成员在教育上也存在着观念、方法的差异，因此在家庭指导的内容和方式方法上，应充分考虑家庭与家长的不同特点，根据他们的需要施加不同的影响。家庭指导要从家庭教育的具体问题出发，进行分类指导。

3. 积极寻求多方支持

当托育教师在家庭指导的过程中遇到难题时，可以积极向同事、园长、家人等寻求帮助。在婴幼儿家庭指导的过程中，托育教师可以积累科学、有效的指导策略，积极主动地从各种渠道获取相应的支持、建议及帮助，从而更好地避免指导过程的主观性，进而形成更加科学的指导体系及流程，更好地发现婴幼儿家庭教育中的问题并及时给予干预。

任务二　熟悉婴幼儿家庭指导的内容

案例呈现

宝宝的纸尿裤

小艾 2 岁了，妈妈把她送到了幼儿园的小托班。正值夏季，孩子本应穿得清凉透气，可小艾的裤子却是鼓鼓囊囊，小王老师检查后才发现，小艾居然穿着厚厚的纸尿裤！离园时，小王老师对家长进行劝说："小艾已经 2 岁了，应该开始培养良好的如厕习惯，况且现在天气炎热，穿戴纸尿裤会让她感觉不舒服，甚至会影响孩子的健康。"可小艾妈妈认为孩子还小，纸尿裤还需要再穿一段时间，并且接下来的几天小艾依旧穿着纸尿裤入园。

天气越来越热，一天午睡前，小王老师发现小艾的屁股上长了几个粉红色的小疹子，小艾不停地用手去抓，经保健医检查后确定是得了湿疹。离园时，小王老师和保健医再一次找到家长，向家长说明了情况，强调养成如厕习惯的重要性。面对孩子的哭闹，家长终于意识到自己的问题，帮助小艾养成自主如厕的好习惯，小艾再也不是穿着纸尿裤的宝宝了。

（本案例来源于辽宁省沈阳市浑南区教育局花语幼儿园，王伟平）

思考：小艾的家长为何改变主意，不再让宝宝穿纸尿裤了？

解理辨析

宝宝的纸尿裤

① 范伟，祁占勇，李清煜. 家庭教育指导服务模式：国际经验与启示[N]. 中国社会科学报，2022-5-6(a).

任务要求

1. 熟悉婴幼儿家庭保育、教育的主要内容,能够给予家长恰当的指导。
2. 了解特殊婴幼儿的家庭指导。
3. 了解婴幼儿不同家庭结构类型,能根据不同家庭结构类型进行家庭教育指导。

婴幼儿家庭指导的内容包含婴幼儿家庭保育指导、婴幼儿家庭教育指导、特殊婴幼儿家庭教育指导、不同家庭结构类型的家庭教育指导四部分。

一、婴幼儿家庭保育指导

婴幼儿时期是生长发育的关键时期,这一时期大脑和身体快速发育。为婴幼儿提供良好的养育照护和健康管理,有助于婴幼儿在生理、心理和社会能力等方面得到全面发展。

(一)婴幼儿睡眠指导

1. 婴幼儿睡眠的基本概况

刚出生的婴儿,每天要睡 20 个小时左右;4 个月时,每天要睡 14~17 个小时;4~11 个月的婴儿,每天的睡眠时间要保持在 12~16 个小时;到了 2 岁,幼儿的睡眠时间逐渐减少到每天 11~12 个小时。睡眠不足,会影响婴幼儿的生长发育,因此,家长应保证婴幼儿按照自身需要而非他人制定的作息时间睡觉。

2. 婴幼儿睡眠的家庭指导

(1)营造良好的睡眠环境

首先,婴幼儿睡觉的居室应当干净整洁,透光通风良好,窗帘遮光良好,室内温度和湿度适宜。其次,婴幼儿的床需远离窗口,直射的阳光和过大的气流易引起婴幼儿的不适。婴幼儿应睡硬板床,利于骨骼的发展。最后,婴幼儿会坐之前,颈曲没有形成,不需要枕头,可以在其头下垫一块吸汗的棉毛巾。婴幼儿一岁后,为其选择的枕头回弹性要好,长度在 30~40 cm,高度在 3~5 cm。

(2)做好适宜的睡前准备

家长可以在婴幼儿睡觉前带领其适当进行一些活动,如听音乐、听故事、看图画书等,并鼓励其逐渐学会自己独立入睡。睡前婴幼儿不能做剧烈运动,不为婴幼儿提供新鲜玩具,不批评辱骂婴幼儿等。睡前婴幼儿要洗漱,换好睡衣,可鼓励年龄较大的幼儿叠好衣服和鞋袜。

(3)掌握恰当的睡眠姿势

老一辈通常会让婴儿仰卧,以使头部平坦,但是,这其实是头部畸形的表现。家长应当让婴幼儿的头部正常活动,及时左右调整,睡出正常的头型。有的婴幼儿喜欢趴睡,家长需要留心观察,以防窒息。

(二)婴幼儿家庭喂养指导

早期营养与婴幼儿的生命质量息息相关,不仅要奠定体格和智力发育的基础,还要积累与健康至关重要的营养素。

1. 母乳喂养

母乳喂养对婴幼儿和母亲来说都具有十分重要的意义和价值。母乳喂养需注意:①年轻妈妈需要家人的理解和支持;②最好坚持纯母乳喂养 4~6 个月;③在合适的时机让宝宝适应奶瓶和奶粉;④母乳喂养后要及时给宝宝排气;⑤保存母乳时应用干净卫生的瓶子冷存,瓶子上要清晰地标明母乳收集的时间和婴幼儿的姓名。冷藏的母乳不能超过48小时；⑥奶瓶喂养时，残留的母乳应丢弃，不能继续食用。

由于条件有限，母乳不足或母亲需要工作，无法完全用母乳喂养时，就需要补充母乳以外的代用品，即合格的婴幼儿配方奶粉。在母乳不足时，每次喂奶时可先喂5～10分钟母乳，再用配方奶粉来补充。在无哺乳时间时，每天用母乳喂养三次，其余用配方奶粉补充。母乳的保存方式同上。

2. 人工喂养

人工喂养是指由于各种原因无法进行母乳喂养，而采用其他乳制品和代乳品喂养婴幼儿的一种方法。相比于母乳喂养，人工喂养过程更复杂。①选择合格的奶瓶及奶嘴；②奶瓶、奶嘴的清洗和消毒要彻底，奶嘴的通气孔要剔干净；③奶粉的冲调要严格遵照说明书上的水奶比例、冲调程序等；④奶的温度一般在40℃左右，不能让成人吮吸几口后再喂婴幼儿；⑤发现过敏反应立即停用，及时就医。

3. 辅食添加

婴幼儿在4～6个月期间营养几乎完全来源于乳类，4～6个月后，乳类喂养已经不能满足婴幼儿的需求，因而需要补充一些非乳类的食物，包括果汁、蔬菜汁等液体食物，米粉、果泥等糊状食物以及软饭、烂面、切成小块的水果、蔬菜等固体食物。这一类食物俗称"辅食"。辅食的添加应该由少到多、由稀到稠、由细到粗。

4. 吃饭阶段

2岁以上的婴幼儿就可以与成人吃相同的食物，对食物的限制减少。在这一阶段家长应培养婴幼儿良好的饮食习惯。

（三）婴幼儿保健指导

1. 提供家庭保健的知识和指导

教育机构可以开展专题讲座，向家长系统讲解婴幼儿保健知识，例如常见的、婴幼儿家长需掌握的婴幼儿鼻出血、热性惊厥、腹泻、肺炎、黄疸、湿疹、荨麻疹、异物处理、维生素D缺乏性佝偻病、缺铁性贫血、手足口病等。除基本的保健知识以外，还应以示范的形式教会家长如何识别症状，并做出正确判断，及时冷静地处理。

2. 与家长积极沟通合作

托育教师可以通过班级群、家长会、家长讲座等形式与家长进行交流和沟通，了解家长在婴幼儿家庭方面的需求和问题，共同探讨解决方案，达到协同育人的效果。

3. 提供实用的教育资源和工具

托育教师可以向家长推荐一些优质的保健图书、保健软件、婴幼儿生长发育对照表和教具，帮助家长了解有关婴幼儿保育的最新资讯和标准，为家庭教育提供实用的工具和资源。

二、婴幼儿家庭教育指导

0～3岁是婴幼儿成长的关键阶段，家庭教育在这个阶段起着至关重要的作用。良好的家庭教育能够促进婴幼儿的全面发展，为他们未来的学习和生活奠定良好的基础。

（一）婴幼儿动作活动指导

1. 精细动作

（1）精细动作游戏

在婴幼儿时期，家长要充分利用游戏，开展促进婴幼儿精细动作发展的活动。比如，锻炼婴幼儿抓握能力时,不能单纯要求宝宝抓握要求的物品,这样无法激发宝宝的兴趣,无法提升其参与活动的积极性。家长可以适当增加游戏的情景,比如将盒子制作为小兔子,在盒子上挖一个洞作为它的嘴巴,让宝宝拿着物体去"喂兔子"。这样既可以激发宝宝参与活动的兴趣,又可以将枯燥的小动作训练融入到游戏中。

（2）手指操

手指操可以循序渐进地锻炼婴幼儿的小肌肉群,提高婴幼儿手部的灵活性、准确性。手指操配合朗朗上口的歌谣,能够吸引婴幼儿的兴趣。手指操的开展不受时间、场地和环境的限制,家长可以根据婴幼儿的年龄、能力和兴趣,选择适当的手指操。

（3）生活中的精细动作训练

家长在选择动作指导的内容时,要尽量选择那些与宝宝生活密切相关的动作能力,比如握勺、翻书等;选择方法时,也要注意联系生活,比如可以逐渐让宝宝自己拿着杯子喝水,阅读绘本时,让宝宝自己将书翻到下一页。

2.粗大动作

（1）大动作游戏

在婴幼儿时期,家长应充分利用游戏活动促进婴幼儿大动作的发展。例如,想要发展婴幼儿的跳跃能力,单纯让其模仿是远远不够的,这样的活动缺乏趣味性。家长可以利用故事开展角色扮演游戏,让婴幼儿扮演小白兔演绎故事,进而锻炼其跳跃能力。

（2）婴幼儿体操

婴幼儿体操不仅是婴幼儿动作锻炼的一种常用方法,更是一个较好的亲子互动游戏。6个月以内的婴儿应进行被动操,增加适当的按摩;6个月以上的婴幼儿可以适当开展一些主被动操,家长在被动操的基础上,通过对婴幼儿的操纵和引导,使婴幼儿逐渐配合。除此之外,家长还可以带领婴幼儿进行模仿操、徒手操、轻机械操等。

（3）生活中的粗大动作训练

家长在有意识地训练婴幼儿大动作能力时,要注意选择那些与婴幼儿日常生活密切相关的能力,比如上下楼梯、抛掷动作、跑跳等;在选择训练方法时,也应当与生活联系起来,以便婴幼儿灵活运用。

（二）婴幼儿认知活动指导

1.感知觉

感觉主要有外部感觉和内部感觉,外部感觉有视、听、嗅、味、触觉等,内部感觉主要有运动、平衡和肌体觉;知觉是在感觉的基础之上,通过整合各种感觉信息而产生的综合反映。视觉是最重要的感官通道,对婴幼儿认识和探索周围世界有着重要意义。婴幼儿的家长可通过"注视小物体""躲猫猫""找妈妈""拍打吊球""照镜子""镜子游戏"等小游戏训练婴幼儿的视觉集中与追随、视敏度以及颜色视觉。触觉是胎儿最先获得的感觉,家长可以准备一些带柄易于抓握的玩具,如摇棒、小摇铃等,放入婴幼儿的手中让其抓握,握紧后再慢慢抽出。婴幼儿阶段,他们已具备时间知觉、空间知觉、形状知觉等,可以利用一定手段促进其发展。

2.注意

注意包括无意注意和有意注意。在婴幼儿哭泣时,可以利用无意注意,如拿一个颜色鲜艳的玩具吸引其注意力,安抚其情绪。0～3岁婴幼儿的额叶发育尚不充分,主要以无意注意为主。随着其大脑发育和自我控制能力的发展,婴幼儿的有意注意也开始萌芽并逐步发展。家长可以通过多陪伴婴幼儿看图画书、玩玩具等,让婴幼儿养成集中注意力的好习惯。在陪伴过程中,家长要学会积极地鼓励和表扬,切忌打击婴幼儿的积极性。

3. 记忆

记忆是人脑对过去经验的反应。0～3岁的婴幼儿记忆内容以动作、情绪、形象为主,记忆容量和时长逐渐增加。除了训练记忆力的方法外,家长可利用亲子阅读时间,开展训练。家长给婴幼儿讲连续的童话故事,每天讲到哪里就让他/她记住。再次讲故事时,询问他/她昨天是从哪里说的,今天从哪里开始,长此以往,可逐渐由讲故事变为演故事,提高婴幼儿的记忆力。

4. 思维

思维是人脑对客观现实间接的、概括的反映,反映的是客观事物的本质属性和内在规律。0～3岁的婴幼儿思维具有一定的具体性和形象性,模仿性强,自主思考能力较弱,思考问题时更多关注自己感兴趣的事物。如,婴幼儿感知到不同颜色、形状、大小的积木,运用思维将它们搭建成一定的造型;托育教师可以带婴幼儿玩"追影子"的游戏,托育教师先找到一个可以产生影子的地方,用身体摆出不同的造型,当婴幼儿被影子所吸引、产生好奇后,可鼓励婴幼儿根据影子模仿动作。

（三）婴幼儿语言活动指导

婴幼儿的语言并不是先天就具备的,而是在后天环境中通过练习形成的,这个过程贯穿人的一生,婴幼儿时期是语言形成与发展最敏感的关键时期。

1. 提供丰富的语言环境

丰富的语言环境能使宝宝开始说话的时间早于一般婴幼儿。擅长与婴幼儿交流的父母,其子女的语言能力要明显高于不擅长交流的家长所教养的婴幼儿。父母在喂奶、与婴幼儿玩耍时,经常带有语言的配合,这种简单易行又始终如一的言语刺激,对婴幼儿当下,甚至未来的语言发展都起着非常重要的作用。

2. 树立良好的模仿榜样

婴幼儿学习的新词汇大多数都是在日常生活中与成人相处时获得的。婴幼儿最初掌握的语言也来自对周围语言环境的模仿,家长以及托育教师语言的规范性、内容的丰富性都给婴幼儿提供了模仿的榜样。

3. 初步培养良好的阅读习惯

随着婴幼儿的成长,家长应给婴幼儿提供阅读的空间和时间,培养婴幼儿良好的阅读习惯。同时,阅读可以扩展婴幼儿的词汇量、丰富语言内容、增强记忆力等。

4. 让婴幼儿多看、多听、多说、多练

家长应让婴幼儿多看图书、听故事,在良好的语言环境中多练习,及时改正婴幼儿语言中的错误。同时,家长要为婴幼儿提供和创造这样的机会,让婴幼儿能够在生活中自由实践。

（四）婴幼儿社会性活动指导

社会性发展是婴幼儿逐步发展成为社会人必须经历的过程,而家庭是婴幼儿学习语言、技能以及社会和道德评价准则的最早的环境。

1. 自我认识

婴幼儿自我认识的发展是以自己与他人和外界环境的相互作用为基础的,家长可以从以下三个方面促进婴幼儿自我意识的发展。一是积极关注与无条件接纳,同时认可婴幼儿是一个独立的个体。二是在婴幼儿的一日生活中进行渗透。在与婴幼儿日常相处时,家长可以通过语言互动帮助其认识自己。三是开展各种小游戏,例如"躲猫猫""找不同"等。

2. 性别认识

早期家庭教育中,家长在各方面不同的要求和教养方式对婴幼儿性别定向和性别角色行为的形成起着潜移默化的作用。家长应:①提高婴幼儿的性别角色认知;②避免男性教育者的缺失;③避免性别刻板印象;④正确面对性问题,开展早期性教育。

3. 交往行为

父母是婴幼儿最经常、最主要的接触者,是婴幼儿生活和发展的"重要他人"。父母对婴幼儿社会交往能力的影响有直接和间接两种方式。直接影响表现为父母关心并有意识地采取一定的方式与婴幼儿进行交往,促进其社会交往能力的发展。间接影响表现为婴幼儿早期的亲子依恋以及亲子之间的日常互动。

4. 亲社会行为

亲社会行为指能善意帮助和支持他人,或使他人受益的行为,如助人、同情、分享、鼓励、安慰等。父母可以从以下方面入手:①创设亲社会环境,如父母示范亲社会行为、创造机会让孩子帮助他人、采用适当的表扬与奖励等;②发展婴幼儿的移情能力,例如听故事、续编故事、角色扮演等。

5. 适应行为

适应行为也叫社会适应性,其发展有助于婴幼儿社会性的全面发展。家长可以:①培养婴幼儿良好的生活习惯,包括饮食习惯、睡眠习惯、大小便习惯、清洁卫生习惯等;②培养婴幼儿的自主感,父母可以根据婴幼儿的能力,让其能够自己的事情自己做;③让婴幼儿参与力所能及的劳动和任务;④正确对待婴幼儿的错误行为。

(五) 婴幼儿艺术活动指导

婴幼儿早期接触艺术训练会带来积极的影响,不仅为日后艺术能力的发展奠定良好的基础,更能够促进其身体、语言、认知和社会性等全面发展。

1. 唱儿歌

家长可将婴幼儿抱在怀里,或放在床上,为其演唱一些经典的、优秀的儿童歌曲。尽量选择歌词中有重复词汇和短句的儿歌,和能够与婴幼儿所开展的活动联系起来的儿歌。在哼唱过程中,应关注婴幼儿的兴趣与注意力是否增强,而非儿歌唱得准确与否。

2. 演奏乐器

将一些适合婴幼儿演奏的乐器,如三角铁、打棒、沙蛋、响板等提供给婴幼儿摆弄。鼓励婴幼儿用自己的方式去"演奏"乐器,在这一过程中,家长应不断鼓励并积极地参与到婴幼儿的"演奏"当中。

3. 利用音乐交流

家长可充分利用手指操、挠痒痒游戏、律动操使婴幼儿感受到愉悦和轻松。

4. 利用音乐调节情绪

在婴幼儿准备入睡时,家长可以播放一些舒缓、安静的音乐;婴幼儿起床后可以利用活泼的音乐让婴幼儿振奋精神;在婴幼儿无聊时,可以用他喜欢的音乐来吸引其注意力。

5. 即兴创作

家长可以哼唱歌曲让婴幼儿继续根据自己的兴趣去编唱,可以改变曲调,也可以根据自己的经验改变歌词。

三、特殊婴幼儿家庭教育指导

"特殊"是相对于一般来讲的,它是指高于或低于一般而达到必须接受特殊教育的程度。这里谈到的特殊婴幼儿是指在0~3岁存在一种或几种认知、身体发育、社会或适应领域有所缺陷或发展迟缓的婴幼儿。

(一) 特殊婴幼儿的具体类别

1. 生理发展障碍婴幼儿

生理发展障碍婴幼儿主要包括视觉障碍、听觉障碍、肢体障碍等,是指由于先天遗传或后天等因素所导致的发展障碍。

2.智力障碍婴幼儿

智力障碍又可以称为"智力低下"或"智力残疾",由于神经系统结构、功能障碍,使婴幼儿活动和参与受限,需要环境提供全面、广泛、有限和间歇的支持。

3.其他发展障碍婴幼儿

其他发展障碍中包括语言障碍、孤独症谱系障碍、多重障碍等。

(二)特殊婴幼儿家庭指导内容与策略

1.特殊婴幼儿家庭指导的内容

特殊婴幼儿家庭指导包括生理照护、心理照护和环境创设三个方面。生理照护中包含运动技能、生活自理等方面;心理照护主要表现在特殊婴幼儿心理发展的人格方面;环境创设主要体现在适宜的物理环境和积极的心理环境,良好的环境在特殊婴幼儿的成长中具有重要作用。

2.特殊婴幼儿家庭指导的策略

(1)引导家长正确对待特殊婴幼儿的缺陷

托育教师通过专业知识与特殊婴幼儿家长进行经常性的沟通与交流,在潜移默化当中影响家长对待特殊婴幼儿的认识,树立起家长对婴幼儿的信心与积极的理念。同时,引导家长在婴幼儿的成长教育中既要坚持,又要温柔,给予特殊婴幼儿一定的安全感。

(2)引导家长主动参与婴幼儿的医养教活动

第一,针对不同特殊婴幼儿的状态,家长应先提供多方面关于婴幼儿的信息,专业人员可以据此对婴幼儿的家庭活动提出有针对性的建议,帮助家长为特殊婴幼儿制定康复活动的方案;第二,引导家长与托育教师探讨适合的教学方法,探索适合婴幼儿特殊需求的教学内容和康复方式;第三,家长通过向托育教师学习关于特殊婴幼儿照护方面的知识,在家庭中为其做训练,并营造安全的成长环境。

(3)引导家长积极寻求外界的辅助

托育教师应引导家长定期带领特殊婴幼儿寻求专家诊断,以便构建个性化医养教结合的模式。通过医疗手段及教育手段,双管齐下,帮助特殊婴幼儿最大程度地掌握必要的社会交往及社会生活技能。家长还需要根据特殊婴幼儿的需要,通过辅助技术弥补其缺陷,帮助特殊婴幼儿适应、掌握辅助技术的使用。

四、不同家庭结构类型的家庭教育指导

家庭有不同的分类,家庭的代际数量和亲属关系的特征划分是常见的家庭分类的方法,本书采用该分类方法,将家庭分为核心家庭、联合家庭、主干家庭及特殊家庭。

(一)核心家庭的家庭教育指导

核心家庭是指由一对夫妻及其未婚子女组成的家庭。这种家庭中家庭成员数量少、层次少,结构相对比较简单,成员之间联系密切,内聚力较大,矛盾较少,容易管理,家庭成员间比较容易沟通和相处。

1.统一教养观念,分配双方责任

在核心家庭当中,家庭的关系相对比较简单,养育人往往是较年轻的父母,产生的矛盾相对比较容易处理。但是,一旦父母之间的教养观念不一致,就会导致在教育过程中出现经常性的分歧,那么对婴幼儿的教育效果将会大打折扣。因此,父母双方应在教养方式上提前沟通,统一理念,分配好双方的责任,并在教育过程中遵守原则。

2. 培养自理能力，提高婴幼儿的独立性

许多年轻家长仅重视婴幼儿知识的培养，而轻视了自理能力的发展。剥夺婴幼儿早日获得自理能力的机会，极其不利于婴幼儿未来的发展。因此，家长不能包办代办，婴幼儿可以自己解决的事情就自己解决。在日常生活中，多提供给婴幼儿自理的机会，寓教于乐地教给婴幼儿生活自理技巧。

3. 学习科学的教养方式，弥补经验的不足

婴幼儿的成长离不开家长科学的教养方式，作为新手家长，应当树立科学的教养观念，掌握科学的教养方式。家长可以定期参与亲子培训、亲子沙龙，将理论与实践相结合。同时，家长应充分利用线上资源，将自我经验与大众传媒相融合，弥补自身经验的不足。

（二）联合家庭的家庭教育指导

联合家庭是指由两个或两个以上核心家庭组成的多代多偶家庭。家庭权力一般集中在第一代或第二代某一对配偶手中，他们是家庭的主要核心。但每一对配偶都是一个次级活动核心，家庭结构相对松散，关系复杂，从目前来看，在我国联合家庭并不常见。

1. 充分发挥家庭成员的优势，综合教育

联合家庭的家庭成员众多，家庭成员的自身条件、家庭成员与婴幼儿的沟通和交流方式、家长的教养方式等各不相同。每位成员都会有自己擅长的部分，因此，在家庭教育中，应充分发挥每一位成员的优势，扬长避短，对婴幼儿进行综合教育。

2. 借助文化氛围，创设良好的精神环境

联合家庭的家庭教育资源是丰富多彩的，不仅包含对婴幼儿发展产生影响的物质资源，还包括良好的精神资源，如家庭的文化氛围。家长应充分利用这一特点，为婴幼儿创设良好的精神环境。

3. 吸取长辈的教养经验，并总结与反思

家长对婴幼儿的教养方式并非浑然天成，有相当一部分是来源于上一辈的经验以及自身或周围人的成长经历。婴幼儿的家长应对自己或他人过去的经历进行总结与反思，借鉴其中可取的经验。同时，也要对不当的观念及做法进行改进，并避免这种养育习惯的出现。

（三）主干家庭的家庭教育指导

主干家庭是由一对夫妻、一对已婚子女及其儿女组成的家庭。主干家庭中家庭成员的层次较多，与核心家庭相比较为复杂，人口数量较多。婴幼儿在主干家庭中要与包括同代人在内的三代人相处。从教育者的角度来说，包括父母和祖父母两代人。

1. 兼顾保育与教育，发挥两代教育者各自的长处

在主干家庭当中，祖父母辈通常会参与到婴幼儿的教养当中。目前来说，最为合理的教养模式为"父母为主，祖父母为辅"，它兼具两代人的教育经验和智慧。祖辈有较为丰富的育儿经验，有耐心，时间较为充裕，因此可以很好地照料婴幼儿。但对于0～3岁的婴幼儿来说，父母的抚养、陪伴对其发展起着至关重要的作用。所以两代人应相互配合，相辅相成，兼顾保育和教育。

2. 举办家庭日常活动，形成和睦与幸福的家庭氛围

由于主干家庭人口数量多，成员结构复杂，因此，在教养观念和行为上会有许多不同点和分歧，极容易出现矛盾与冲突，形成不融洽、不和睦的家庭氛围。这不利于婴幼儿身心的健康成长。所以，家庭内部可以协商，定期举办家庭日常活动，形成和谐、幸福的家庭氛围。

（四）特殊家庭的家庭教育指导

特殊家庭是指与传统家庭相比，家庭成员、家庭关系和家庭结构有所变化，家庭的功能和发展受到限制的家庭。比如单亲家庭、重组家庭、隔代家庭等。

1. 参加专业化的培训,注重心理健康

研究表明,特殊家庭子女的心理健康水平整体较差。他们由于缺少父母双方或一方的情感陪伴,没有安全感。部分孩子会在未来存在一定的焦虑、孤僻和冲动倾向。因此,特殊家庭的教养人应当关注其子女的心理健康,参加专业培训,保障婴幼儿的心理健康发展。

2. 端正教养心态,避免溺爱和过度保护

特殊家庭的教养人,在日常生活当中应当具备平常心、自信心和宽容心,以此为婴幼儿创设一个自信、乐观和宽松的家庭环境。由于这种家庭的特殊性,教养人为"补偿"婴幼儿,往往会出现过度保护和溺爱的情况,这样会使得婴幼儿没有主见、自私自利、缺乏独立意识等。因此,特殊家庭的教养人应当摆正心态,以积极的心态去重新构建新的家庭。

3. 家、托、社协同合作,弥补教育资源的缺失

相比于其他家庭,特殊家庭在家庭资源上往往会有所缺失。因此,不仅托育园所要为其提供指导与帮助,社区更要在资源上给予帮助。

任务三　熟悉婴幼儿家庭指导中的沟通

案例导入

能干的"小公主"

美涵是全家人宠溺的宝贝,小名唤作"公主"。每天早上公主入托时都骑在爷爷的肩膀上,成为托育中心一道独特的"风景线"。

由于家长凡事都包办代替,导致两岁的公主什么都不会做,而且动辄就嚎啕大哭,怎么劝都不管用。跟家长谈了几次,爷爷奶奶虽然答应得很好,但行动上却丝毫没有改变,老师们都很头疼。

小杨老师下决心要解决这个问题,于是她和班里的老师精心策划了一次家长开放日。看到别的孩子都能够自己吃饭、洗手、如厕,而自己的孩子却事事都需要老师照顾,公主的爸爸妈妈不淡定了。他们主动向小杨老师请教,小杨老师从专业的角度帮家长分析了包办代替对孩子的危害,劝导家长要多让孩子做事。经过多次沟通,公主的爸爸妈妈、爷爷奶奶都慢慢转变了观念,同老师一起配合,公主也变得越来越能干了。

（本案例来源于辽宁省沈阳市浑南区教育局花语幼儿园,李喆）

思考:小杨老师开展的这次家园开放日活动的成效有哪些?

解理辨析

能干的"小公主"

任务要求

1. 熟悉托育教师与家长沟通的多种途径。
2. 掌握沟通途径的形式与功能。
3. 树立正确的家庭指导沟通观。

熟悉婴幼儿家庭指导的沟通途径,并注重沟通过程中的注意事项,将会增强沟通效果,促进家园共育。

一、婴幼儿家庭指导的沟通途径

当前,婴幼儿家庭指导的沟通途径主要有传授式指导与沟通和互动式指导与沟通两种途径,不同模式的沟通途径包含了多种沟通方式。

(一) 传授式指导与沟通

传授式指导的内容往往带有普遍性和系统性,易于组织。传授式指导的类型有家长学校、资料宣传等。

1. 家长学校

2011 年全国妇联、教育部、中央文明办联合发布的《关于进一步加强家长学校工作的指导意见》中指出,家长学校的主要任务是:面向广大家长宣传党的教育方针、相关法律法规和政策,宣传科学的家庭教育理念知识和方法,引导家长树立正确的儿童观和育人观;组织开展形式多样的家庭教育实践活动,增进亲子之间的沟通和交流,使家长和儿童在活动中共同成长进步;通过多种形式为家长提供指导和服务,帮助解决家庭教育中的难点问题,提升家长教育培养子女的能力和水平;增进家庭与学校的有效沟通,努力构筑学校、家庭、社区"三结合"的未成年人教育网络,为儿童健康成长营造良好环境。因此,托育园所可根据相关政策要求,举办家长学校,为婴幼儿家长传授相关科学的育儿知识和家庭教养知识,促进婴幼儿的长效发展。

2. 资料宣传

资料宣传是一种以文字为媒介的信息传递方式,这种途径一般不受场地限制,信息稳定,不易被误传,而且信息是经过深思熟虑、反复斟酌才发布出来的,较为正式。托育园所进行资料宣传的主要方式包括:婴幼儿成长档案、家园联系栏、家园联系册、班级小报、教研论文等。这些途径都可以让婴幼儿家长更加了解托育园所的教育理念以及婴幼儿在托育园所中的各种表现。

(二) 互动式指导与沟通

互动式指导的优点是操作性强,能调动双方的积极性,帮助家长解决个性化问题。互动式指导的类型有入户指导、家长会、线上指导、亲子活动、育儿沙龙和家长开放日。

1. 入户指导

入户指导的目的是使婴幼儿家长与托育教师能有针对性地了解婴幼儿的发展状况及其家庭成长环境,加强沟通,交流经验,共同促进婴幼儿发展。托育教师通过走入婴幼儿家庭,真诚地面对每个家庭和婴幼儿,访问婴幼儿的父母及其家人,并对婴幼儿所处的家庭环境进行真实的了解与感受。

托育园所和家庭能否有效合作,首先要有彼此接纳的情感基础。因此,入户指导便成为托育教师主动争取婴幼儿和家长接纳的具体行动。托育教师只有走进家庭才能对婴幼儿的个性及其成长环境有较为全面、客观的了解,才能根据婴幼儿的能力发展水平和家长的教育水平设计贴近婴幼儿并符合其发展需要的教养课程和家园共育课程。婴幼儿家长也能从与托育教师的交谈中感受到教师诚恳的态度和真挚的情感。在交流中,托育教师要认真倾听家长的意见和建议,了解家长对婴幼儿家庭指导的需求以及对有关问题的看法,以便对婴幼儿教育达成一致的意见。

2. 家长会

家长会是一种重要的、传统的家庭指导形式,是机构向家长介绍工作、与家长协调的主要途径之一,可以以机构整体或班级为单位的形式召开。机构整体或班级家长会一般半年召开一两次,可以在学期初、学期末,或依据需要和计划召开,由托育园所的负责人主持。按照家长会的类型,一般可以分为:讲座型家长会、介绍型家长会和综合型家长会。

讲座型家长会和家长学校的性质相类似。通过讲座型家长会,机构可以向家长宣传婴幼儿的科学教育,提高婴幼儿家长的教育水平。例如早教机构经常在婴幼儿入托准备阶段,召开家长会,邀请经验丰富的教师向家长介绍"入托适应"的相关内容。

介绍型家长会一般发生在婴幼儿刚刚入园时,托育教师向家长介绍机构的基本情况,包括教师情况、机构的传统、机构对家长的基本要求、课程设置、作息时间、机构教室设施等。此类家长会可以使家长对托育园所有大致的了解,有利于家长对机构建立归属感,也有利于展开家庭教育指导。

综合型家长会首先由托育教师汇报近期的婴幼儿教育工作,然后介绍婴幼儿开展活动的情况,可以请家长观看婴幼儿活动的照片、视频等,遇到节日,还要请家长观看婴幼儿的表演等。此外,综合型家长会会鼓励家长发言,征求家长在机构建设、婴幼儿教育等方面的意见和建议,最后再分别和家长交换个别意见。

3. 线上指导

随着现代工作和生活节奏的加快以及工作场所流动性的频繁,人与人之间面对面的交流常常受到时间和空间的限制。与此同时,0~3岁是婴幼儿身心发展变化较快的时间段,他们的生活、游戏、学习、交往习惯也需要在日常生活中逐渐养成,这就要求托育教师与家长之间要经常交流,家园共育要突破时间与空间的限制,网络沟通可以让托育教师和家长在自己方便的时间和地点阅读、发表或者回复班级留言,起到及时了解、沟通和交流信息的作用。

4. 亲子活动

婴幼儿亲子活动是指托育教师组织的家长和婴幼儿共同参加的活动。亲子活动的内容生动有趣,寓教于乐,在活动中托育教师向家长传递理念与知识,对家长的育儿理念和方式进行指导。除了指导者与家长的互动外,不同家庭之间,也可以互动与学习。

0~3岁婴幼儿亲子活动的核心内容是托育教师、婴幼儿和家长三位一体的关系。托育教师与婴幼儿的互动体现为:托育教师设计、组织、实施亲子活动,使婴幼儿主动快乐地参与活动并获得发展。家长与婴幼儿的互动体现为:家长作为早期教养的主要角色主动引导婴幼儿参与活动,并随时准备为婴幼儿提供帮助、鼓励和指导。托育教师和家长的互动,也就是家庭教育指导,主要体现为:在托育教师示范的过程中,向家长阐释活动的价值与婴幼儿身心发展的特点;在亲子互动中,托育教师对家长进行观察,指导其亲子互动;在结束时,对婴幼儿的发展特点和家长对婴幼儿的指导状态作出分析,并为家长提供在家庭中进行活动迁移的方法。在愉快和轻松的氛围中,家长潜移默化地学习育儿理念,丰富育儿知识,走出育儿误区,提高科学育儿的能力。

5. 育儿沙龙

育儿沙龙为家长提供了交流互动的平台,使家长成为沙龙的主角,能充分调动家长的积极性,有利于家长之间总结经验、相互学习。家长沙龙的主题一般来源于婴幼儿家庭的真实生活,来源于让家长纠结的育儿问题,例如"孩子不愿意睡觉怎么办""孩子不爱吃饭怎么办""孩子大小便不会叫,要不要提前训练"等。在家长畅所欲言后,沙龙主持人会有一个画龙点睛或者提纲挈领的小结,帮助家长梳理整场讨论的精华。

6. 家长开放日

家长开放日活动是托育园所开展的一项面向所有婴幼儿家长的家园共育活动,目的在于让婴幼儿家长更深入地了解婴幼儿在机构中的一日生活流程,同时展示托育教师的专业素质和才能,增加托育园所办园的透明度。此外,家长开放日也是更新家长不适宜的观念的机会。在家长开放日活动中,托育教师们以丰富多彩的活动形式,让家长参与到活动中,以贴近生活的形式让家长体验育儿的愉悦和成功。家长开放日活动寓教于乐,充分体现了以婴幼儿为主体的教育观念,同时把合理、正确的教育观念传递给家长。

二、婴幼儿家庭指导沟通的注意事项

目前,托育教师在婴幼儿家庭指导的沟通中尚存在诸多问题,比如陷入谈话误区、沟通方式不当等,如果托育教师能够采取恰当的沟通技巧,便能较大程度地规避一些家庭指导中的不适宜行为和问题。

(一)婴幼儿家庭指导沟通中应注意的问题

1. 避开谈话误区

托育教师与婴幼儿家长的沟通一般有两种情况较为常见,其一是和家长沟通婴幼儿在托育园所中的优异表现,其二是和家长沟通婴幼儿在托育园所中的拙劣行为。当托育教师过分强调婴幼儿的拙劣行为时,会让家长感觉到自己受到了指责。托育教师需要根据对不同婴幼儿家长的了解转变沟通态度,寻找合适时机沟通在照护服务中发现的不利于婴幼儿正向发展的不当行为,尽量避开谈话误区。

2. 选择恰当的沟通方式

(1)以平等的身份与家长沟通

家长作为婴幼儿教养的第一责任人,对婴幼儿的了解远胜于教师。虽然部分父母可能在婴幼儿的成长与教育方面的经验不足,但托育教师也应采用平等的身份与其沟通交流,千万不要以教育专家的身份对其进行教导,更不可居高临下对家长进行教育或者责备,同时言语中尽量少出现"应该""必须"等词语,更不要出现打断家长说话的情况,应多听取家长的建议,引导家长主动与教师交流自己在婴幼儿教养方面遇到的困境与疑惑。

(2)沟通要有目的性,注意把握时间

托育教师在谈话前应该做好准备,想清楚谈什么、怎么谈。同时也需要注意时间问题,很多时候婴幼儿的家长因为急于了解婴幼儿在托育园所中的表现情况,喜欢拉着托育教师滔滔不绝地谈话,此时教师应该有转移话题的能力,及时中断漫无边际的闲聊,而把问题拉回到沟通的主题上。

(3)沟通的态度要因人而异

在沟通之前,托育教师要根据婴幼儿家长的性格特点采取相应的沟通方式。如对于那些直率的家长,托育教师可在交流时直接切入正题,就托育园所的实际情况与问题来探讨解决方法;而对于那些平常话不多的家长可以先聊聊家常,对其性格特点进行初步了解后再运用合适的方式进行交流;而对于脾气火暴的家长,托育教师要注意说话的方式,不能直来直去地说,因为这样稍有不慎就会惹怒家长。托育教师与脾气火暴的家长谈话时,应该先说一下婴幼儿近期在机构表现的优点,稳定家长的情绪,观察家长的表情,随后与家长透露对婴幼儿的期望,请家长与教师合作,共同促进婴幼儿的生长发展,这样才能激发起家长谈话与合作的欲望。

3. 常用的沟通技巧

(1)注意谈话环境

恰当地选择、驾驭和利用环境,是决定谈话成功与否的重要一环。谈话环境合适才能让家长畅所欲言,才能达到良好的谈话效果。首先,谈话时教师要与家长保持适当的空间距离。距离近了就会产生一种压迫感会让人隐隐不安,距离远了又有疏远感。教师和家长可以保持一米左右的距离,这样的空间环境能够让谈话者感到舒适与自然。其次,谈话要分场合。当教师与家长谈论最近婴幼儿出现的问题时应尽量避免其他家长在场,否则会让家长感到难为情从而出现厌恶心理。

（2）注意表情表达

在与家长谈话时，托育教师应表露出亲切与真诚，并适时地露出微笑。亲切的笑容具有亲和力，让人可以卸下负担，感到轻松自然。同时教师应该在家长讲话的时候，保持注视的目光，适时地点头或对家长说的话表达自己的意见，这样才能让家长感觉到教师在认真地听他讲，才能激发起家长继续谈下去的兴趣。反之，如果教师在沟通过程中态度冷淡、目光游离，那么家长就会觉得不被尊重，从而削减了谈话的兴趣，结果以冷淡收场。

（二）婴幼儿家庭指导沟通应规避的行为

1. 托育教师不适宜的沟通态度

（1）简短型

部分托育教师在刚刚踏入工作岗位时，在与家长沟通方面的经验比较薄弱，面对家长们的问题经常会不知所措，有时甚至只用一句话来简单地概括，久而久之家长对托育教师的信任感就会降低，慢慢地，家长便不再与教师进行过多的交流和互动，从而导致家长和机构的关系负向发展。

（2）过于密切型

有个别托育教师在与家长进行沟通的时候，为了与家长的关系有进一步的进展而表现得过于热情，这样造成的后果往往是把班级中的一些不应该告诉家长的事情告诉了家长，不利于班级的稳定。同时过于热情会造成家长们与托育教师之间的距离越来越远，让家长觉得"这个老师很唠叨、很烦"，从而不想继续选择这个托育园所。

2. 家庭指导中不适宜的沟通内容

（1）负面内容多

在与家长就婴幼儿的近期情况进行沟通时，部分托育教师经常把握不住沟通的度，直接将其孩子的负面情况讲给家长，让家长感到十分难办。虽然教师的本意是好的，想让家长了解到婴幼儿在托育园所中的真实表现，但是只让家长知道婴幼儿在托育园所中的不足之处，不仅会让家长感到难堪，还会认为托育园所没有能力教养好自己的孩子。

（2）解决策略少

当和家长沟通之后，对于婴幼儿生长发展中存在的不足之处，托育教师难以提出有效的、及时的解决策略时，家长就会质疑托育教师的专业能力。只有当教师不仅将婴幼儿身上的不足之处指出来，而且还会提出相应的解决办法时，这样的沟通内容对于家长来说才是有价值的。

任务四　掌握家庭教育指导的小妙招

案例导入

解理辨析

手机的烦恼

手机的烦恼

米兰是一位爵士舞教师，生下女儿小米后就做起了全职妈妈，全身心地照顾小米。转眼间，小米

1 岁半了，米兰也渐渐地回到工作岗位上继续教授爵士舞。但小米很依赖妈妈，于是米兰每天上午去舞室时就将小米带在身边，练舞时就给小米自己的手机看动画片，久而久之，小米养成了看手机的习惯，不给她看手机就挥着小胖手，"啊唔、啊唔"地哭闹个不停。米兰很是愧疚，认为自己因为工作原因没有将小米照顾好，同时也意识到了事情的严重性，想要寻求婴幼儿教育专家的帮助，提出解决办法帮助小米改善对手机的依赖。

（本案例来源于辽宁省沈阳市实验学校幼儿园，吴颖）

思考："手机瘾"不仅存在于成人身上，1 岁半的小米也存在此种不良行为。小米的妈妈很是苦恼，不知如何是好。看看托育专家给米兰提出了些什么建议？

任务要求

1. 了解家庭教育指导常见的领域及困境。
2. 在家庭教育指导过程中帮助婴幼儿家长树立正确的育儿观念。
3. 掌握家庭教育指导中解决常见问题的有效方法。

掌握家园共育中家庭教育指导的小妙招，将会帮助家长从容面对婴幼儿教育、亲子沟通、婴幼儿问题行为、自我成长等方面的问题，进而发挥家庭教育指导助成长、温亲情、消焦虑、升自我的功能。

一、助成长：婴幼儿教育

生活处处皆教育，婴幼儿的教育不需设定在特定的情景与地点，教育机会常常出现在每一次与婴幼儿相处的过程之中。托育教师在家庭教育指导中，可以通过指导家长设计家庭活动以及创设成长环境的方式，提高家长捕捉教育机会的敏锐度，进而刺激婴幼儿敏感期的发展。

（一）家庭课堂——捕捉婴幼儿日常生活中的教育机会

相较于大部分时间在幼儿园接受教育的 3～6 岁学前儿童，0～3 岁的婴幼儿具有特殊性，教育机会体现在日常生活的点点滴滴之中。因此，托育教师应给予家长有针对性的家庭教育指导，帮助家长承担起家庭教育中的主要责任。家长可在托育教师的指导下，充分利用家中任意活动区域以及任何生活用品，将其作为家庭教育的承载物，帮助婴幼儿成长为独立、专心、自信、自我尊重与尊重他人的超好宝宝[①]。

1. 培养婴幼儿对自我的控制感

自我控制感的培养，有助于 0～3 岁幼儿形成自我意识，是其自主发展的重要前提。意大利著名的幼儿教育思想家玛丽亚·蒙台梭利（Maria Montessori）认为，应结合合理的感官教育让婴幼儿自己去完成他们的"工作"，使婴幼儿在安静、协调的环境之中，通过重复、机械的动作与真实体验，实现婴幼儿自我控制感的培养。

2. 发展婴幼儿的日常生活技能

日常生活技能的掌握，有助于 0～3 岁婴幼儿获得赖以生存的本领，养成良好的行为习惯。日常生活中对"工作"的初步实践与不断练习，有助于婴幼儿逐渐掌握生活技能，从而形成照顾自己以及照顾环境的良好意识与行为。

3. 养成婴幼儿良好的社会行为

良好社会行为的养成，有助于 0～3 岁婴幼儿在未来人际交往中与外界进行良性互动。日常生活

---

① 罗耀先.家庭实施版：蒙台梭利早教真经[M].北京：中国人口出版社，2014：151.

教育中家长对社交环境的重视,有助于婴幼儿养成良好的礼仪常规和礼貌品质,提高社会适应能力和社会责任感,促进婴幼儿个性及社会性发展。

(二)家庭须知——抓住婴幼儿发展的教育敏感期

【知识拓展】

"社会交往"技巧锻炼的家庭活动——我是这家的小主人

0~3岁婴幼儿的心理发展在不同年龄段存在不同敏感期,这也意味着家长在婴幼儿的不同敏感期有着不同的教育机会。同时,受蒙台梭利重要思想的启示,"儿童具有'吸收性心智',并有一种内部力量来认知周围的环境"[①],因此,家长应在有准备的环境中抓住不同敏感期的教育机会,帮助婴幼儿发展心智、品格与技能,塑造充满活力、动力、能力的超强宝宝[②]。

1."语言敏感期"浸润在有爱的环境

刚出生的婴幼儿有着惊人的语言天赋与潜能,家长应认可婴幼儿语言的可塑造性,通过不同的音色、音调和语种等刺激婴幼儿接收语言信息,为其言语能力发展奠定良好基础。与0~8个月的婴儿进行语言互动时,尽量配有眼神、肢体等方面的交流,他/她会用"咿咿呀呀"来回应家长。9~12个月的婴儿对周围声音会更加敏感,1岁左右的婴幼儿喜欢简单词汇的重复与模仿,此时家长应多鼓励婴幼儿练习与模仿发音。2.5岁的幼儿语言发展为对简单语句的应用,此时"叠词家长"的出现不仅是教育关怀性的体现,同时也是帮助婴幼儿通过累叠语言的刺激对不同事物形成初步认知域的手段。

2."秩序敏感期"建立在有序的环境

秩序敏感期最早出现在婴幼儿三四个月大时,家长需注意婴幼儿的哭闹行为,或许他/她在表达对于秩序的不满。秩序敏感期的婴幼儿还会出现"主人"意识和"归位"意识,即每个物品都有自己的主人以及它们都有应该在的固定位置的意识。2~3岁的幼儿会重复做喜欢的事情,进而维护自己的秩序感,此时家长应尽量满足幼儿的要求,创造事物井然有序、人物有条不紊的环境,帮助幼儿建立秩序感。

3."感官敏感期"出现在丰富的环境

感官敏感期的出现意味着婴幼儿将用自己的身体,直接感知并探索奇妙的世界。刚出生的婴儿对光很敏感,6个月后的婴儿对有强烈明暗对比的事物感兴趣,1岁以内的婴儿对人的五官感兴趣,家长可以根据婴幼儿视觉敏感期的不同发展阶段,为其提供视觉刺激。刚出生的婴儿也喜欢有声的世界,3~4个月的婴儿愿意积极寻找声音的来源且喜欢听音乐,3岁左右的幼儿对噪音较敏感,家长应注意眼、耳两种感受器的联结,激发幼儿联觉功能。0~2.5岁的婴幼儿同时处于手口敏感期,会通过抓握、触摸等手部动作,以及尝、吃等口部动作来探索世界,家长应保证婴幼儿接触物的卫生,并为感官敏感期提供丰富的物质支持,帮助婴幼儿自主探索周围环境。

4."关注细小事物敏感期"产生于自由的环境

1.5岁左右开始,幼儿开始对家里以及自然界的小事物充满好奇,如将头发丝收集起来当作珍宝、喜欢捡角落里的小纸屑、在雨后的树下观察蜗牛等,此时家长应学会放手,充分给予婴幼儿自由,让他/她积极探索周围环境,从而培养其细心、认真、求知的品质。

5."动作敏感期"发展于安全的环境

7个月大的婴儿处于行走敏感期,从坐立到行走再到跳跃,协调敏感期在发挥着帮助平衡的作用,并到3岁完成自我平衡训练的较高阶段。除大动作敏感期外,1岁左右的婴幼儿会出现探索空间的敏感期,如喜欢玩钻洞、捉迷藏等。1.5岁会出现手的敏感期,小肌肉动作开始精细发展。婴幼儿处于动作敏感期时,需要家长时刻陪伴确保其周围环境的安全,为其动作发展保驾护航。

6."自我意识敏感期"依赖于理解的环境

2岁左右的幼儿会强调"是我的"这一语句,3岁左右的幼儿会变得反常,经常说"不",也会把自己

---

① 陈云.蒙台梭利家庭教育思想对0~3岁婴幼儿发展的应用研究[J].文教资料,2021(34):102-105.
② 罗耀先.家庭实施版:蒙台梭利早教真经[M].北京:中国人口出版社,2014:92.

的东西藏起来,将别人的东西偷偷带回家。这是婴幼儿"自我"意识形成的关键阶段,通过说"是我的"或"不"将自己与其他人区分开来或达到拒绝他人的目的,"藏"与"偷"的行为是因为其对物品有初步的归属感但又没有建立物品流通性概念。此时家长需要了解一些儿童发展知识,理解婴幼儿的各种反常行为,不批评不指责,在理解的环境下帮助婴幼儿完成自我意识敏感期的发展。

📄 **案例**

小圆的"百宝箱"

"老师,小圆最近总是喜欢捡脏东西,手里还经常攥着一些小小的东西,我很担心他的安全和健康。"小圆妈妈对此感到十分焦虑,于是向托育教师晓庆老师请教。

晓庆老师知道,这是婴幼儿进入细微事物敏感期的典型表现。晓庆老师问:"最近小圆是不是有时会盯着一个地方一动不动,或是喜欢看小小的东西,像衣服上的小图案、泥土里的小虫子等等?"小圆妈妈频频点头:"对对对,他还特别喜欢用手指抠小洞。"晓庆老师说:"1岁半左右的婴幼儿会突然对细小的东西感兴趣,这是因为他们正处于关注细小事物敏感期,所以小圆的表现是正常的。"小圆妈妈长长舒了口气,晓庆老师继续说:"您不要因为怕脏等原因而限制小圆的行为,相反应该创设自由的环境,充分引导小圆勇于探究,培养他敏锐的观察力和良好的专注力。"晓庆老师建议小圆妈妈找一个盒子专门存放这些小东西,随时可以拿出来和小圆一起玩。同时还教给小圆妈妈"拆盲盒"的游戏,将这些小东西装进盒子里,让小圆通过"拆盲盒"的方式增加手部小肌肉运动的机会,锻炼手指的精细化动作,同时培养小圆细心、认真、求知的品质。

（本案例来源于辽宁省沈阳市浑南区教育局花语幼儿园,关晓庆）

思考: 处于关注细小事物敏感期的婴幼儿会有什么样的行为特点呢?作为托育教师,应如何指导家长为婴幼儿创造自由探索的环境,在婴幼儿关注细小事物敏感期促进其发展呢?

二、温亲情:亲子沟通

亲子情感的升温依赖于良好的亲子沟通。通过亲子沟通的家庭教育指导,可以帮助家长关注婴幼儿的表达需求,促进亲子有爱的双向沟通。

(一)提升家长对婴幼儿需求的关注

家长应在全面了解婴幼儿的基础上,满足婴幼儿的表达需求,通过各种途径帮助婴幼儿学会情绪表达。

1. 全面了解婴幼儿

被家长了解甚至理解的婴幼儿会体验到更多的幸福感。家长应学会给自己的大脑留白,有意识地允许婴幼儿的语言进入,倾听在他/她身上发生的快乐的事、悲伤的事、成功的事、失败的事……学会加工零散的信息形成完整的信息链从而全面地了解婴幼儿,提升对婴幼儿的关注度。

2. 满足婴幼儿的表达需求

亲子沟通中两个比较重要的技能是"听"和"说",会倾听的家长会为婴幼儿表达提供更多支持力量。婴幼儿主动进行表达是想被看见、被关注的表现,家长应避免"驴唇不对马嘴"式的回应,这会使婴幼儿产生表达的无能感以及沟通的无力感,要学会以倾听的姿态关注婴幼儿的表达需求,激发婴幼儿表达的欲望以及沟通的安全感①。

3. 帮助婴幼儿学会情绪表达

婴幼儿有负面情绪时,通常会用哭闹、喊叫的方式表达,这样的行为不仅使家长不知如何是好,还会导致婴幼儿情绪难以纾解,并随着事件的累积愈演愈糟。帮助婴幼儿纾解负面情绪,且清楚地表达情绪说出自己的诉求,家长可以采取以下三种方式。第一,给予婴幼儿足够的时间自主表达情绪。在婴幼儿有表达情绪的需求时,家长应做一个倾听者而不是批评者,尽量不以自己的思想影响婴幼儿。第二,应建立与婴幼儿的回应性互动,精准掌握婴幼儿的情绪变化。家长应在回应性照护中与婴幼儿建立良好的依恋关系,留心观察婴幼儿不适当行为,关注细微的语言信息,帮助婴幼儿想表达、会表达自己的消极情绪,及时对婴幼儿的坏情绪进行纾解。第三,帮助婴幼儿了解情绪表达有效工具,如绘本故事,通过寓言的方式在情境中移情,让婴幼儿知道情绪表达的途径②。值得注意的是,如果婴幼儿在合理的情况下却表现出害怕的情绪,抑或是突如其来地发脾气,作为家长应反思婴幼儿表现出这种过激反应,是否是由于家长过度担忧婴幼儿的安全,从而频繁地警告婴幼儿远离危险事物的原因。

(二) 促进亲子间有爱的双向沟通

家长在情绪、行动、言辞上多加润色,将会使亲子双向沟通更有保障。

1. 用好情绪做沟通的润滑剂

尊重、赞美与肯定可以帮助亲子间的沟通更加润滑③。在沟通中,尊重婴幼儿的家长要避免用"你要做什么"的命令口气,而是尊重婴幼儿与成人的差异,尊重婴幼儿说"不"的权利,尊重婴幼儿自己的立场,不塑造婴幼儿"听话"形象。会赞美的家长要把握快、准、诚的赞美原则,即及时地对婴幼儿当下做的正确的事进行赞美,并让婴幼儿明确知道赞美的时间,同时用"真""很"等程度副词表达赞美的真诚。懂得肯定的家长会使婴幼儿自信心倍增,并更容易接受他人指出的问题和建议。

2. 用游戏做沟通的糖外衣

游戏是使亲子沟通效果快速提升的形式。游戏能够营造沟通的话题,也会让沟通更自然。家长在利用游戏沟通时应注意,用观察与参与代替评价与干预,并将自己与婴幼儿放在平等的位置上,将万事皆发展为有沟通机会的游戏,如一起讨论动画片情节、阅读故事书等,激发婴幼儿的游戏力、故事力和互动沟通力④。

3. 家长对婴幼儿不该说这些话

家长应把握沟通时语言输出的底线。0～1.5岁的婴幼儿处于依恋关系建立阶段,他/她在积极自主地建立与世界的联系,家长不能说任何不悦耳的、传递负面情绪的语言让该阶段的婴幼儿产生不安全感。1.5～3岁的婴幼儿对外部环境探索欲望强烈,家长不要常说"不可以",应在保障安全的基础上鼓励其勇敢尝试任何他/她感兴趣的事情,为培养勇敢、自信的品质奠定坚实一步。

📄 **案例**

一双"倔强"的鞋子

为了培养2岁幼儿的规则意识,托育教师小颖在活动区入口处粘贴了几副小脚印,并和孩子们约定入区时把鞋子对齐在脚印上。

---

① 张贵勇.真正的陪伴——爸爸教育孩子的9个关键词[M].北京:中央编译出版社,2014:78.
② [德]邹里希·戴克迈.你的3岁孩子[M].姬健梅,译.南京:南京师范大学出版社,2012:202.
③ 林玫莹.爱孩子就是好好说话[M].北京:机械工业出版社,2017:66.
④ 杨娜.亲子沟通的正确姿势[M].北京:中国纺织出版社,2021:57.

区域自主游戏时，小颖老师发现墨墨的两只鞋没有正确地摆放在小脚印上，而是在相邻的两双脚印上各放了一只，老师提示她重新放好。墨墨重新摆了鞋子，虽然换了两个脚印，但还是没有摆在同一双上面。小颖老师再次提醒她时，墨墨的倔脾气上来了，小脚使劲跺着，还朝老师不满地"哼"了一声。

晚上放学时，小颖老师向墨墨妈妈说了这件事，希望她跟墨墨好好沟通，了解墨墨的真实想法。回到家里，妈妈对墨墨说："两只鞋子是相亲相爱的一家人，它们不能分开，墨墨为什么要把鞋子分开摆呢？"墨墨委屈地说："我没有分开，它们本来就是在一起的！"妈妈很疑惑，便剪了两双脚印放在地上，墨墨把鞋子摆在中间的两个脚印上，指着鞋子说："它们就是挨在一起的。"妈妈恍然大悟，原来墨墨并不知道"一双"的真正含义，所以才坚持自己没有错。找到原因后，墨墨妈妈与小颖老师进行了及时的沟通，在老师的指导下，妈妈和墨墨一起观察一双鞋子的特点，还在每只鞋子的内侧贴上了一个小红点，两个小红点对在一起就对了。从此之后，"倔强"的鞋子再也不"倔强"了。小颖老师称赞墨墨妈妈在进行亲子沟通时，能够用稳定的情绪去了解墨墨出现行为问题的真正原因，从而代替对墨墨说"不可以"，并邀请墨墨妈妈在家长会上向其他家长传递有爱的亲子沟通技巧。

（本案例来源于辽宁省沈阳市沈河区教育局幼儿园，马颖）

思考： 2岁的墨墨总是放反的小鞋子，最后如何在托育教师的指导下通过有效的亲子沟通，变得不再"倔强"了呢？

三、消焦虑：问题应对

婴幼儿的问题行为常常让家长感到苦恼。通过家庭教育指导，家长可以将婴幼儿问题行为归类并掌握适宜方法应对，成为高效能家长从而消除育儿压力与焦虑。

（一）识别婴幼儿的问题行为

婴幼儿的问题行为通常出现在社会性发展、情绪情感以及生活习惯方面[①]。

1. 社会性发展方面的问题行为及锦囊妙计

婴幼儿社会性发展方面的问题行为表现主要包括0～1.5岁婴幼儿的基本信任与不信任的冲突，如眼神与注意的不跟随、哭闹的持续不断等；1.5～3岁婴幼儿的自主对害羞和怀疑的冲突，如以"自我"为中心做事，反抗家长的外界控制，爬、走、说话的放弃等。究其原因，可能是婴幼儿对家长不信任、想要引起关注、宣泄不良情绪、年龄特点的体现、家庭教育不当、发育迟缓等。家长可以多用语言和肢体动作表达对婴幼儿的关心、转移婴幼儿注意力、直接告诉并教会婴幼儿如何做、学会倾听婴幼儿的心声、负强化、反思自身、学习儿童发展相关知识、注重病理性问题等方式，帮助婴幼儿发展社会性。

2. 情绪情感方面的问题行为及锦囊妙计

婴幼儿情绪情感方面的问题行为表现主要包括吮吸手指、口吃、任性、过度依恋、分离焦虑、胆小害羞、特异性恐惧、安全感缺失、情感表达障碍等。究其原因，可能是婴幼儿压力过大、急于表达、教养方式不当、社会或环境适应不良、适应能力不足、心理与生理因素影响等。家长可以采用陪伴、倾听、表情与语气的匹配、关爱教育、寻求托育教师的帮助、转移注意力、增强婴幼儿安全感、榜样作用、代币法、帮助婴幼儿提前熟悉接触环境等方式关注婴幼儿的情绪问题，从而帮助其发展为情绪稳定的人。

---

① 冯夏婷. 幼儿问题行为的识别与应对——给家长的心理学建议（第二版）[M]. 北京：中国轻工业出版社，2018：1.

3．生活习惯方面的问题行为及锦囊妙计

婴幼儿生活习惯方面的问题行为表现主要包括不良的饮食行为如挑食、浪费粮食，不良的睡眠行为如睡前哭闹、尿床，不良的卫生行为如随地如厕、乱扔乱放等。究其原因，可能是婴幼儿不良的家庭环境、不科学的养育方式、身体原因、感官系统未发育完全、后天模仿习得不完全、情绪紧张、被包办溺爱等。家长可以通过精心为婴幼儿准备物质环境、营造有序的家庭氛围、形成家庭秩序和制度、创设有意义的游戏、关注婴幼儿行为并及时纠正、家庭成员统一教育观念等方式，帮助婴幼儿发展为拥有良好生活习惯的人。

（二）激发家长的高效能育儿能力

育儿行动的落实和育儿思想的提升，可以帮助家长激发高效能育儿能力。

1．学会行为矫正的方法，纠正婴幼儿问题行为

行为主义理论可以帮助家长学会婴幼儿行为塑造以及改善不良习惯的方法。

（1）行为塑造法

行为塑造法的理论基础是行为主义理论，简单理解为使用行为塑造技术来教育婴幼儿，基本技术为正强化和负强化、正惩罚和负惩罚。正强化即当婴幼儿出现某种目标行为后，家长设置某种刺激，从而鼓励这种行为的再次发生；负强化则为撤销某样反向或不喜欢的刺激，从而达到行为频率提升的目的。正惩罚为行为出现后加之厌恶刺激；负惩罚为消除一个刺激从而使行为的发生率降低。例如，婴幼儿在饭前主动提出自己戴围兜，家长奖励其看喜欢的动画片或者当天可以不吃不喜欢的食物，从而增加婴幼儿做出正确行为的频率，前者为正强化，后者为负强化。而婴幼儿将家中弄得混乱时，家长让婴幼儿站立十分钟或原本与婴幼儿亲密的家长却突然展现出冷漠的态度，从而减少婴幼儿捣乱的行为，前者称为正惩罚，后者称为负惩罚。

（2）改善不良习惯的方法

习惯是婴幼儿在某种环境中逐渐适应而养成的不易改变的行为倾向，当习惯不利于婴幼儿发展时，则称该行为为不良习惯，可以采用以下4种行为主义方法改善不良习惯。

代币法：类似"钱币"功能，婴幼儿可以通过做出良好行为从而获得对应数量的代币如小红花、五角星等，并可利用这些代币交换为自己喜欢的物品或感兴趣的活动，从中获得情绪价值。

刺激控制法：控制婴幼儿产生某种不良行为的环境，从而控制婴幼儿的行为。如当幼儿坐在沙发上看电视时就会不停地吃茶几上的零食，此时茶几、沙发便是刺激幼儿吃零食的环境，家长可以撤掉茶几并将舒服的沙发换成凳子，创设防患于未然的环境，从而减少幼儿一看电视就吃零食的不良习惯。

渐隐法（脱敏法）：先提供最容易引发正确反应的情景刺激，之后在刺激弱化情况下巩固正确反应，直至这种正确反应在新情境下仍能发生。如有的婴幼儿非常害怕昆虫，但却对家长非常信任。那么家长可以在空闲时间带婴幼儿去博物馆，在观赏之前主动告知婴幼儿昆虫标本是不会伤害到人类的，并帮助婴幼儿建立对昆虫的初步概念，激发其对昆虫的初步兴趣；在此之后，家长也可以在休息日带婴幼儿去到大自然中，陪同婴幼儿寻找昆虫，如采蜜的蜜蜂、搬家的蚂蚁、飞舞的蝴蝶、歇脚的蜻蜓……帮助婴幼儿在大自然中感受生命的意义，建立尊重每一个小生命的信念感。在逐步的情景刺激下，帮助婴幼儿渐隐对昆虫的害怕之感。

反向链锁法：家长将要做的事有条理地分成步骤，并清楚地告知婴幼儿每一步该做什么，让婴幼儿形成顺序概念并照做。之后采用逆推反向深入学习法，从最后一步开始向前做，直至婴幼儿熟练掌握技能，该方法适用于复杂行为习惯的训练，如劳动、做手工等。

2．家长卓越的思维方式，助力婴幼儿卓越成长

当家长不再关注婴幼儿问题行为的表面而是改变自己的思维方式时，具有卓越育儿思想的家长将会出现。

（1）思考婴幼儿一切问题行为背后的原因

婴幼儿行为结果的好与不好是世俗赋予的标准，具有卓越思维方式的家长关注的是婴幼儿问题行为背后的原因，并运用合适方式从根本上帮助婴幼儿改善问题行为。如二孩家庭中两岁半的弟弟不主动开口说话，被儿童发展评估师诊断为语言障碍。这一问题行为的负面解释为语言功能发育迟缓且主观不愿开口，但他的家长并没有把它当作问题产生焦虑，而是仔细观察了弟弟与姐姐的相处模式后，发现弟弟可能是用不开口说话的方式引起姐姐的关注，从而让姐姐帮助他表达自己的意图，用自己的问题行为来验证姐姐是爱他的。于是，家长便不再让姐姐替弟弟表达诉求，而是主动引导弟弟自己说，但姐姐每天都会对弟弟说"爱他"。久而久之，弟弟不再依赖姐姐帮助自己做事，并愿意主动表达自己的诉求。

（2）焦点放在哪里，婴幼儿哪方面就会成长

焦点管理就是将注意力的焦点放在事件积极的一面，这样就会有所进步和成长，这也能解释为什么当家长总是强调婴幼儿的问题行为时反而问题会更加严重的现象。当婴幼儿出现好的行为时，家长可以给予奖赏强化好的行为，但要注意的是焦点管理奖赏的是行为而不是成果。例如，婴幼儿在串珠子竞技游戏中获得了第一名，家长并不是奖励获得第一名的成果，而是要奖励有耐心完成比赛且速度最快的行为，家长持续将焦点放在行为本身，将会帮助婴幼儿养成各种良好的习惯。

（3）运用NLP技巧位置感知法进行换位思考

NLP技巧位置感知法是基于高端心理学理论提出的用4种身份看问题的感知位置的智慧[①]。第一身为自我角度，第二身为对方角度，第三身为旁观者角度，第四身为系统角度。例如，婴幼儿喜欢在泥潭中玩泥巴这件事，站在家长自身角度看，家长会觉得泥巴脏，自己不会玩的同时也会阻止婴幼儿玩；站在婴幼儿角度看，婴幼儿会很享受玩的过程，泥巴也会给婴幼儿带来丰富的情绪价值；站在旁观者的角度看，部分在托育领域的专业人士则会发现商机，去建设一个安全的泥潭专供婴幼儿玩耍；站在系统角度看，在泥潭里玩泥巴是儿童与大自然接触的机会。4种感官位置角度无好坏之分，但在特定的场景下有有效与无效之分，然而家长的智慧则就来自于多视角分析问题的思维之中。

（4）阳光的心态成就智慧家长

阳光型家长对生活充满希望且拥有积极的处事心态，这更容易孕育出阳光型婴幼儿。阳光型的智慧家长应为婴幼儿创设阳光的家庭氛围，以平等的姿态与婴幼儿相处，对婴幼儿充满理解、包容、关爱与支持，充分践行以婴幼儿为中心的理念，尊重其每一个行为，尊重其个性发展与独立思考的能力，这样婴幼儿的成长体验便会阳光肆溢[②]。

📎 **案例**

涂鸦"大作战"

1岁半的婷婷刚搬了新家。一天，婷婷妈妈愁眉苦脸地跟从事托育岗位的尹老师说，新家里洁白的墙壁被婷婷画得一塌糊涂，可把自己气坏了。但很快婷婷妈妈便调整了心态，开始想办法纠正婷婷"乱涂乱画"的问题行为。起初，婷婷妈妈给婷婷买了很多图画本，还跟婷婷讲了一些关于画画的"规矩"，可是一个星期后婷婷又开始"乱涂乱画"，于是便又想到了向尹老师寻求帮助。

原来婷婷在班里就喜欢涂涂画画，而班级提供给幼儿涂画的场所是一面大大的涂鸦墙，尹老师建议婷婷妈妈回家后将大一点的画纸贴在墙上。回家后，婷婷妈妈便根据尹老师的建议在墙上

---

① 张修兵. NLP亲子智慧[M]. 北京：清华大学出版社，2014：69.
② 陶志琼. 成就智慧父母的11个绝招[M]. 北京：中国轻工业出版社，2012：5.

贴了一张大画纸,婷婷很是喜欢,每天回家都在纸上尽情地涂画。后来,婷婷妈妈发现了婷婷的喜好,将关注的焦点聚焦在婷婷绘画天赋上,于是在家里给婷婷布置了一整面的涂鸦墙,而且每天都抽出时间跟婷婷一起画。婷婷再也没有在其他的墙壁上乱画过,而且绘画的质量也愈发好。尹老师认为婷婷妈妈是智慧家长,并又给了婷婷妈妈一些关注婷婷成长的建议,比如把婷婷的"作品"标注好日期拍照留存,放到婷婷的成长档案里,做好婷婷的成长留痕。

（本案例来源于辽宁省沈阳市苏家屯区碧桂园幼儿园,高晓宇）

思考:"乱涂乱画"是婴幼儿的问题行为,还是培养契机?

四、升自我:家长成长

通过自我提升或利用社区等社会力量帮助自己提升育儿能力,是家长履行职责、提升自我的体现。

(一) 家长相随:父母双方是家庭教育的关键

父亲和母亲在婴幼儿成长过程中履行主要职责。

1. 母亲行在前,保障婴幼儿顺利出生

母亲是婴幼儿发育的母体,婴幼儿先天资质的获得将由母亲决定。

(1) 胎儿时期的互动

母亲与胎儿之间存在着相互影响与作用的关系。在孕育宝宝时,母亲应保持孕期情绪的愉悦、稳定。母亲良好的情绪通过身体传导直接作用于胎儿,胎儿的感受反向传导给母亲,形成情绪的循环互动过程,这是双方之间的亲密交流。母亲也可以利用其他刺激物来与胎儿进行互动,如放舒缓的音乐、抚摸肚子、进行对话等,从而影响胎儿形成稳定的脾气性情[①]。

(2) 创造婴幼儿聪明大脑

母亲应注重在婴幼儿胎儿时期的营养搭配,适当补充含有叶酸的食物如菠菜、猪肝等,为婴幼儿大脑发育的健康、健全提供源源不断的能量。人的大脑会在 3 岁之前发育完成 80%,且构成神经系统的神经元之间连接越多,信息传递量就越大,婴幼儿也会更聪明。因此,母亲应让婴幼儿的大脑多接受刺激,如通过亲子互动的方式帮助婴幼儿用眼多观察、用耳多倾听、用手多触碰等,助力大脑内的神经元构成复杂的网状结构,创造婴幼儿的聪明大脑。

2. 父亲伴左右,呵护婴幼儿健康成长

婴幼儿的成长中,父亲角色起到关键性作用,父亲的付出必不可少。

(1) 陪伴婴幼儿成长

父亲在婴幼儿成长中的重要性不容忽视,家庭教育需要父亲担起责任,培养婴幼儿自信、坚定、从容的品质。亲子阅读为婴幼儿养成阅读习惯埋下种子,有父亲陪伴的阅读体验会让婴幼儿对阅读充满期待,并能够学到一定的成人读书原则与技巧。在亲子游戏中,婴幼儿不仅能够在父亲的陪伴下,获得安全感与亲密归属感,也会在欢快、放松的境况下产生很多火花四溅的奇思妙想,成为创造性思维跃发的萌点之地。有父亲参与的亲子运动会可以激发婴幼儿的冒险精神,塑造毅然与永恒之心,养成协作、担当之责。

(2) 榜样的力量

父亲在家庭教育中存在意义之一为榜样。父亲如何成为婴幼儿的榜样? 首先,善于总结自己的缺点并利用恰当的方式去改正;其次,放大自己的优点创设良好人设;再次,父亲要身体力行,不设立自己

---

① 苑媛,张志强. 做温暖的父母——理解孩子的心理语言[M]. 北京:北京师范大学出版社,2014:11.

与婴幼儿之间的双重标准。婴幼儿学习和模仿家长是一种天性与本能,如果你希望婴幼儿成为什么样的人,那么你就修炼自己先成为那样的人。

（3）探索大自然的奥秘

大自然是婴幼儿接受天然教育的场所,父亲可以陪同婴幼儿一起探索大自然,初步启发婴幼儿对新奇事物的好奇心;鼓励婴幼儿尝试有一定难度和危险的事件如过独木桥等,培养探险精神;用亲子独创的方式在大自然中记笔记、画记号,培养婴幼儿细心品质[①]。

（二）一老一幼:社区助力家长与老人携手养育婴幼儿

关注隔代教育以及社区支持,有助于家长处理婴幼儿养育关系以及提高资源利用意识。

1. 基于社区线上辅导,帮助家长学习科学的育儿知识

在线家庭教育指导可以充分发挥社区在教育中的作用,运用现代信息技术实现随时、随地的育儿知识学习。这种社区线上辅导的学习方式不限制受教育者类别,父母、爷爷奶奶、姑姑舅舅等都可以参与其中,形成多元主体的共同参与的育儿模式;不限制场地与时间,家长可以选择任意时间、任意地点进行任意课程的观看。因此建立在线教学网络,建设市、区、街（镇）、社区四级在线网络体系,是当下开展0～3岁婴幼儿家庭教育指导的必要手段。

2. 基于社区资源支持,帮助老人家与小人家增进互动关系

良好的互动和体验是建立良好亲子关系以及隔代关系的基础。陪伴让婴幼儿与家长之间形成良好的依恋关系,使婴幼儿获得幸福感和安全感。年轻的家长陪伴婴幼儿的时间不足时,社区可以发挥作用,建立婴幼儿与隔代长辈的联结,基于各种社区资源开展"一老一幼"系列活动,如"我给爷爷讲故事""我跟奶奶织毛衣"等,将老与幼紧密地联系在一起,推动社会文化的建设与发展[②]。

📋 **案例**

相亲相爱一家人

恰恰和弟弟相差不到两岁。刚开始,恰恰很喜欢刚出生的弟弟,可是看到妈妈经常抱弟弟时,恰恰不干了,哭闹着也要妈妈抱,不准抱弟弟。时间长了,爸爸妈妈都很苦恼。爸爸担心妈妈和弟弟休息不好,干脆带着恰恰住到了奶奶家,见不到妈妈的恰恰又哭又闹,情绪反应特别激烈。

连续闹了几天,恰恰爸爸也挺不住了。刚好奶奶家社区里的幼儿园开展托育咨询服务,恰恰爸爸向他们详细说明了家里的情况,得到了很多专业的建议。爸爸认识到自己不应该忽视孩子内心的感受,更不该强制性地将恰恰与妈妈分离,应该用父母双方的爱与陪伴为恰恰建立安全感。

说到做到,恰恰爸爸妈妈通过家庭会议讨论后开始分工合作,爸爸每天坚持带恰恰到小区遛弯和游戏,妈妈也尽可能平衡照顾弟弟和恰恰的时间,和恰恰进行亲子互动,父母经常表达对恰恰和弟弟同样的爱。一段时间后,恰恰的情绪稳定下来,还经常会咿咿呀呀地说:"将—津—将—爱—义家—银!"

（本案例来源于广西壮族自治区玉林市第二幼儿园,覃茗）

思考: 二孩家庭如何将爱"平均"分配给每一个孩子?

① 张贵勇. 真正的陪伴——爸爸教育孩子的9个关键词[M]. 北京:中央编译出版社,2014:218.
② 陈云. 社区开展0～3岁婴幼儿家庭教育指导的现状、问题和对策——基于南京市的调查研究[J]. 南京开放大学学报,2023(01):35-41.

模块小结

　　了解婴幼儿身心发展特点、掌握科学育儿理念和方法,是每一位家长的必修课。而了解婴幼儿家庭指导中的需求与困境、指导内容、指导方式和小妙招,为家长提供科学的教养指导则是每一位托育教师的必修课。0～3岁是婴幼儿的早期发展阶段,是婴幼儿生长发育的关键时期。在这一时期为婴幼儿提供良好的养育照护和健康管理,有助于婴幼儿在生理、心理等方面得到全面发展。托育教师的家庭指导能够帮助婴幼儿家长抛开错误的教养观念,助力婴幼儿的健康成长。

思考与练习

一、选择题

(一) 单项选择题

1. 婴幼儿辅食添加一般从(　　)开始。

A. 3个月　　　　B. 6个月　　　　C. 7个月　　　　D. 8个月

E. 12个月

2. 3岁的多多小朋友不受外面其他小朋友玩耍的笑声吸引,努力克制自己,专心听爸爸讲话,这是(　　)。

A. 有意注意　　　　　　　　　　　　B. 无意注意

C. 选择性注意　　　　　　　　　　　D. 有意注意和无意注意均有

E. 以上均不是

3. (　　)形式的家庭指导途径是托育教师主动争取婴幼儿和家长接纳的具体行动。

A. 线上指导　　　B. 讲座型家长会　　　C. 介绍型家长会　　　D. 综合型家长会

E. 入户指导

4. 婴幼儿因有改正错误的行为表现,家长便撤销惩罚,取消了限制其看电视的禁令,这叫作(　　)。

A. 正强化　　　B. 负强化　　　C. 正惩罚　　　D. 负惩罚

E. 代币法

5. 针对婴幼儿喂奶,以下做法不正确的是(　　)。

A. 奶嘴的通气孔要剔干净　　　　　　B. 不能让成人吮吸几口再喂婴幼儿

C. 冷藏的母乳不能超过48小时　　　　D. 奶温要维持在55℃左右

E. 母乳喂养后要及时给婴幼儿拍背排气

(二) 多项选择题

1. 以下属于婴幼儿精细动作的是(　　)。

A. 扣扣子　　　B. 翻书　　　C. 行走　　　D. 手指操

E. 握勺子

2. 婴幼儿家庭指导的沟通途径包括(　　)。

A. 家长会　　　B. 家长学校　　　C. 入户指导　　　D. 亲子活动

E. 育儿沙龙

3. 托育教师与家长进行沟通时,以下做法恰当的有(　　)。

A. 以平等的身份与家长沟通　　　　　B. 与家长谈话过于热情

C. 只谈论婴幼儿不好的地方　　　　　D. 交谈时适时露出微笑

E. 闲聊时将话题拉回到要交谈的事情上

4. 针对婴幼儿家庭教育,以下说法正确的是(　　　　)。

　　A. 母亲应注重自己的孕期情绪尽量保持愉悦、稳定

　　B. 胎儿时期母亲应适当补充含有叶酸的食物

　　C. 母亲可利用任何刺激来与胎儿进行互动

　　D. 父亲要身体力行,不设立自己与婴幼儿之间的双重标准

　　E. 父母让婴幼儿尽可能多的用眼、耳、手去感受世界

5. 下列属于婴幼儿常见的营养性疾病的是(　　　　)。

　　A. 小儿单纯性肥胖　　　　B. 缺铁性贫血　　　　　C. 佝偻病　　　　　D. 急性扁桃体炎

　　E. 营养不良

二、判断题

1. 托育教师应对所有家长提供相同的家庭指导。　　　　　　　　　　　　　　(　)

2. 婴幼儿对他人的认知早于自我认知。　　　　　　　　　　　　　　　　　(　)

3. 家长应禁止婴幼儿将任何物品放入口中。　　　　　　　　　　　　　　　(　)

4. 婴幼儿将他人物品带回家,并说"这是我的",家长认为孩子的行为属于偷窃,立即批评了孩子的行为。　　　　　　　　　　　　　　　　　　　　　　　　　　　　　(　)

5. 主干家庭是指由一对夫妻及其未婚子女组成的家庭。　　　　　　　　　　(　)

三、简答题

1. 简述婴幼儿家庭指导的策略。

2. 简要回答婴幼儿家庭指导沟通中应注意的问题。

3. 如何进行亲子有爱的家园双向沟通?

四、实训任务

　　3 岁的婴幼儿明明最近出现了一个"小癖好",他总是拿不属于自己的东西并把它藏起来,明明的家长发现了这个问题,感觉自己的孩子有"偷窃"这一不好的行为,对此很失望,也很无助。

　　思考:(1) 3 岁的婴幼儿明明处于什么敏感期? 为什么出现"偷窃"这一行为?

　　　　　(2) 如果你是托育教师,如何帮助明明家长消除失望? 如何帮助明明改善"偷窃"这一行为?

模块六
家庭、托育园所、幼儿园的
有效衔接与共育

模块导读

根据布朗芬布伦纳的生态系统理论，家庭、托育园所和幼儿园属于影响婴幼儿发展的微观系统，是婴幼儿个体活动和交往的主要场域。托育园所与家庭和幼儿园应建立良好的衔接关系，在照护环境、培育活动、健康护理和成长监测等方面共同聚力，促进婴幼儿的健康发展。

本模块主要阐述家庭与托育园所、托育园所与幼儿园之间的衔接共育，通过案例、理论知识等帮助学习者掌握不同主体之间衔接共育的指导内容、指导途径与实施策略。学习本模块后，学习者可以熟练掌握家庭、托育园所与幼儿园衔接共育的相关知识，并能够将所学的知识应用到家托衔接与托幼衔接的实践中去。

学习目标

1. 了解家托衔接共育和托幼衔接共育的内涵与原则。
2. 掌握家托衔接共育和托幼衔接共育的指导内容、途径与策略。
3. 树立家托衔接共育和托幼衔接共育的意识与科学的教养观念，增强对托育园所的归属感。

思政导航

广州科隆贝儿婴幼儿成长中心的园长梁淑怡，原本是 K12 领域的从业者，在 2017 年生了第一个宝宝，因此对幼小行业产生了兴趣，随着逐步的深入了解，梁淑怡认识到，她之前接触的青少年的一些问题很多时候往往就是在这个 0～3 岁的时候发生的，0～3 岁对于孩子的整个人生来说是非常重要的。同时为了更好地教育自己的孩子以及平衡家庭和事业，于是就开始投身托育行业。至今为止，梁园长已经在托育行业从事了 8 年，最初梁园长接触的是早教行业，之后认识到早教是托育的一个子部分，于是开始扩大板块，接触托育。刚开始基于早教的经验去开办托育，但后来在国家的政策引导和支持下，认识到托育的标准，托育园的建设逐步走向规范化。目前在广州已经开办了两所托育园和一所幼儿园。随着国家政策的号召，许多早教机构开始转变经营方式，聚焦于托幼一体化，其中就有很多梁园长这样的例子。基于此，本模块将从家庭、托育园所、幼儿园的衔接共育入手，涵盖不同主体之间衔接共育的指导内容、指导途径与实施策略，旨在指导托育教师与家庭和幼儿园进行科学有效的衔接共育。

内容结构

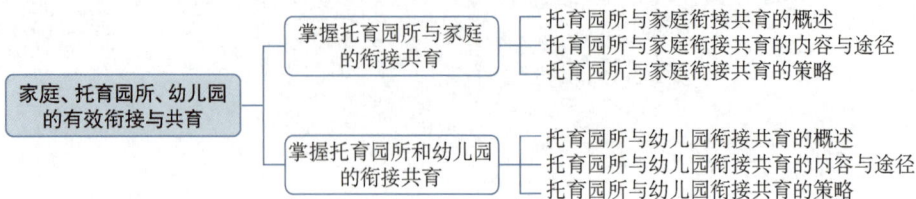

家庭、托育园所、幼儿园
的有效衔接与共育

掌握托育园所与家庭
的衔接共育
- 托育园所与家庭衔接共育的概述
- 托育园所与家庭衔接共育的内容与途径
- 托育园所与家庭衔接共育的策略

掌握托育园所和幼儿园
的衔接共育
- 托育园所与幼儿园衔接共育的概述
- 托育园所与幼儿园衔接共育的内容与途径
- 托育园所与幼儿园衔接共育的策略

任务一　掌握托育园所与家庭的衔接共育

案例导入

爱上幼儿园

解理辨析

爱上幼儿园

　　牛牛2岁了,爸爸妈妈把他送进了一所专业的托育机构。第一天早上牛牛就在大门口上演了一场"生离死别",哭得撕心裂肺,小手紧紧攥着妈妈的衣服不肯松开,令家长头疼不已。

　　菲菲老师好不容易才把牛牛带进了班级。她像妈妈一样把牛牛搂在怀里,手里拿着玩具柔声哄着牛牛,但是牛牛却一点也不买账,还是声嘶力竭地哭。菲菲老师依然很有耐心,不断找些新奇的东西转移牛牛的注意力。过了一会儿,牛牛哭累了,趴在菲菲老师的怀里,眼睛却在偷偷地向四处张望。菲菲老师发现他总是盯着不远处玩具架上一辆蓝色的玩具小汽车,便抱着牛牛走过去,在菲菲老师的鼓励下,牛牛用小胖手抓起了小汽车,坐在地毯上专注地摆弄起来。菲菲老师赶紧抓拍了几张照片发给牛牛妈妈,打消妈妈的顾虑。

　　第二天早上,菲菲老师拿着蓝色的玩具汽车专门在机构的大门口迎接牛牛,虽然牛牛还是哭了,但比前一天已经好了很多。为了让所有的宝宝都尽快度过入托焦虑期,菲菲老师还在班级里设置了家庭合影墙,并允许每个宝宝都带一件自己最喜欢的东西,用依恋物来给孩子提供心理安慰,降低宝宝的分离焦虑。慢慢地,孩子们逐渐适应了托班的生活,每天早上都能高高兴兴地入园了。

　　(本案例来源于辽宁省沈阳市沈河区教育局第二幼儿园,王晓辉)

　　思考:案例中的菲菲老师如何帮助牛牛顺利度过入托焦虑期?

任务要求

1. 了解托育园所与家庭衔接共育的内涵与原则。
2. 理解并掌握托育园所与家庭衔接共育的指导内容、途径与策略。

本任务主要从托育园所与家庭衔接共育的内涵、原则、指导内容、途径以及实施策略方面进行介绍。

一、托育园所与家庭衔接共育的概述

通过学习托育园所与家庭衔接共育的概述,有助于对家托衔接形成基本认识。本部分主要包括家托衔接共育内涵以及家托衔接共育原则两部分。

(一)家托衔接共育的内涵

高质量的托育服务关系婴幼儿的未来发展,而家托衔接共育工作的开展将直接影响到婴幼儿能否顺利适应托育园所生活,也影响婴幼儿的身心健康发展。"衔接"指的是不同的教育或保育场所之间的"连接","共育"指的是专业的托育园所与婴幼儿家庭在保育与教育方面的教养理念与教养行为的协调和互动。托育园所与家庭衔接共育指的是婴幼儿在入托前,家庭与托育园所为了让婴幼儿更好地适应入托后的教养生活,采取措施将托育园所生活与家庭生活两种不同的生活模式进行前后相连,并且托育园所在为家庭的婴幼儿开展保育与教育同时,对婴幼儿家庭也提供科学育儿指导的过程。衔接共育的目的既是确保托育园所通过制定科学系统的方案和提供持续性关怀来帮助婴幼儿顺利过渡到新的环境,也旨在加强托育园所与家庭之间的紧密合作与互动。因此,托育园所不仅要给予婴幼儿良好的照护和教育,也要与家长建立良好的家园合作关系。

家庭与托育园所是两个既有联系又有区别的教养场所,在婴幼儿成长和发展过程中扮演着不同角色。家庭是婴幼儿最早、最重要的生活环境和教育场所,是婴幼儿个体社会化发展的起点,不仅为婴幼儿提供基本的日常照顾和稳定的情感支持,还承担着婴幼儿基本习惯、价值观和行为规范培养的责任。相比而言,托育园所具有专业的照顾者和教育者,能够科学、精准地通过针对性的活动和课程,帮助婴幼儿获得认知、情感和社会性等发展,为婴幼儿家庭提供替代性照护服务。总之,家庭是婴幼儿最重要的教育和照顾场所,托育园所则是在家庭外为婴幼儿发展提供重要支持的专业机构,两者相互联合,相辅相成,共同促进婴幼儿的全面发展。

在传统的照护模式中,母亲是家庭婴幼儿照护的主体,随着女性就业率上升,"无人看护"的问题进一步凸显,母职压力越来越大。基于此,家庭对托育服务的需求也日益旺盛。2019 年国务院办公厅印发的《关于促进 3 岁以下婴幼儿照护服务发展的指导意见》(以下简称《指导意见》)标志着国家的托育服务体系进入了落地实施的新阶段,婴幼儿照护服务体系越来越规范化与科学化,不少婴幼儿家长也开始选择将适龄婴幼儿送入托育园所。但由于活动形式、人际环境以及生活方式不同,托育园所与家庭双方需要合作共育来保障婴幼儿在生理与心理上顺利适应新环境。

1. 活动形式不同

在家庭照护婴幼儿的过程中,家长是非专业人员,身体的养护是主要的育儿要点,且家庭中婴幼儿活动形式也受限于家长的教育素养和活动材料的投放与开发能力。相比,托育园所在物质设施、人员条件、机构管理、卫生安全和科学照护等方面愈加规范。尤其机构中具备专业的托育教师能够根据不同月龄段婴幼儿生理与心理发展特点,制定合理的婴幼儿生活制度,并提供丰富可操作的材料鼓励婴幼儿探索。

2. 人际环境不同

婴幼儿进入托育园所,人际关系发生了巨大的变化。婴幼儿在家庭与托育园所中面对的人际环境存在显著的区别。人际关系的变化首先是照料者与被照料者之间的关系的变化。在家庭中,围绕在婴幼儿身边的一般为家长,婴幼儿对家庭成员的情感依恋强烈。而在托育园所,照料者为专业的托育教师,从熟悉的家庭步入到陌生环境,接触陌生的托育教师,婴幼儿需要建立新的信任关系。此外,年龄相仿的婴幼儿同伴也同样影响着婴幼儿在集体中的社交表现,通过与同伴的交往获得的社交体验有助于促进婴幼儿社交技能、协作能力以及语言表达能力的发展。

3. 生活方式不同

托育园所的整体布局规划主要由活动区、睡眠区、走廊和户外活动区等组成，为婴幼儿提供最适宜的生活环境。保育工作按照婴幼儿的身心发展特点和规律，通过制订科学的保育方案，合理安排婴幼儿进餐、饮水、如厕、盥洗、睡眠、游戏等一日生活和活动。家庭对婴幼儿的保育主要是依靠家长等养育人员的安排与照料，教养质量与养育者的素养紧密相关，婴幼儿的生活方式受到家庭日常生活规律、活动内容与活动资源多样性以及家庭人际交往环境的影响。

（二）家托衔接共育的原则

由于家庭与托育园所的教养环境与方式存在诸多不同，为了促进两个教养阶段能够相互联系、相互融合，减小衔接坡度，使得婴幼儿能够由家庭生活顺利地过渡到托育园所的生活，需要遵循相应的家托衔接共育原则。

1. 婴幼儿发展原则

"三岁看大，七岁看老。"婴幼儿时期是身心发展最快、最敏感的阶段。0～3岁被视为婴幼儿身心发展的关键阶段，也是培养良好习惯的关键时期。在家庭和托育园所的衔接过程中，托育教师和婴幼儿家长应该抓住机会，共同帮助婴幼儿养成良好的习惯，如良好的饮食习惯、独自入睡和作息规律的睡眠习惯、生活卫生习惯、早期阅读的兴趣等。通过家庭与托育园所的衔接共育，婴幼儿可以稳定地进行习惯的养成、维持和强化。因此，家庭与托育园所应该抓住婴幼儿发展的关键期，双方互相配合沟通，保持一致，共同制定并实施相应的教养计划与方案，确保良好的习惯能够在过渡期间得以延续和巩固。

2. 资源整合原则

资源整合原则强调托育园所与其他机构合作以共同为婴幼儿提供全面支持服务。一方面，托育园所可与当地儿科医院、健康中心等医疗机构建立合作关系，共同合作开展健康检查、常见疾病防控等活动，并建立婴幼儿健康档案，以便及时了解婴幼儿的健康状况并采取相应的支持与预防措施。另一方面，托育园所可与心理健康机构及婴幼儿心理学专家合作，以提供有关婴幼儿心理健康方面的支持与服务。同时，可以通过心理健康机构来培训和指导托育教师，提高托育教师心理健康素养。

3. 双向沟通原则

双向沟通原则要求双方能够相互分享信息、理解对方的需求和关注点并共同解决问题，进行平等开放的沟通。首先，托育园所应和家庭之间建立畅通的信息共享渠道，确保家庭及时获得婴幼儿在托育环境中的保育与教育表现，家庭也应主动分享婴幼儿在家庭中的表现。其次，相互理解和尊重可以增强双方的信任并促进合作，充分尊重婴幼儿家庭育儿价值观、育儿方式等，为婴幼儿的发展提供有力的支持。最后，双向沟通强调接受反馈并进行改进。双方的反馈和改进过程可以促进托育服务质量的不断提升，托育园所可以定期邀请家庭参与评估，鼓励家庭提供反馈和建议。

二、托育园所与家庭衔接共育的内容与途径

在了解家托衔接内涵及原则的基础上，本部分主要讲述托育园所与家庭衔接共育的指导内容与途径。

（一）家托衔接共育的指导内容

家庭与托育园所衔接共育的指导内容包括生活适应能力、照护环境、健康护理、培育活动、成长监测五个方面。

1. 生活适应能力

生活适应能力是婴幼儿满足基本的生存需要所具备的基本素质,是为了更好地满足生存发展而在生理和心理等各方面进行的调适。已有研究指出,婴幼儿尤其是1岁半以下的婴幼儿与家庭照护者有着天然的生存与情感的依恋,各方面的适应能力较差。[①] 专业的托育园所主要提供保育和教育服务。保育涉及日常的生活照顾护理、卫生习惯、安全保健等方面;教育主要提供早期认知教育活动等方面。婴幼儿从家庭进入到托育园所中,应增强在生理与心理层面的适应能力。

（1）生理层面

在生理层面,为了提升0～3岁婴幼儿的适应能力,托育园所应关注生理发展和生活保健等方面的影响。研究表明,早期生理需求的满足对婴幼儿的健康和适应能力具有重要影响。

婴幼儿的生理发展主要包括神经系统、运动系统、呼吸系统、消化系统、泌尿系统以及内分泌系统等方面。婴幼儿在出生的头三年身体发育迅速,神经系统方面,婴幼儿的大脑皮层容易兴奋,控制能力较差,注意力难以集中,且由于尚未发育成熟,睡眠时间相对较多。因此,托育园所与家庭既要为婴幼儿提供丰富的蛋白质、磷脂、维生素等营养物质促进大脑发育,也要保证充足的睡眠时间。运动系统方面,婴幼儿骨骼的柔韧性大,但容易发生变形,骨折时容易出现"青枝骨折"的现象。此外,由于肌肉中的水分较多,能量储备较差,易导致肌肉疲劳。因此,既要让婴幼儿在户外活动进行"三浴"锻炼,还要安排符合婴幼儿发展规律的大小肌肉群活动,适当进行手眼协调、手指操作物体等精细化动作的发展。呼吸系统方面,婴幼儿的鼻腔、气管腔较为狭窄且易受感染。因此,要严防呼吸道异物,进餐时小心,防止食物误入气管,同时加强户外体育锻炼,保证呼吸到新鲜丰富的氧气。消化系统方面,婴幼儿的食管肌肉发育不全,调节能力较差,易发生食管反流。因此,要帮助婴幼儿养成细嚼慢咽的进食习惯,注意饮食定量。泌尿系统方面,婴幼儿的肾功能发育还未完善,膀胱的贮尿功能差,排尿次数较多。由此,托育园所与家庭应该培养婴幼儿及时排尿的习惯,不可长时间憋尿。但同时,婴幼儿每天应该适量饮水,促进机体的新陈代谢。婴幼儿的生长发育受到生长激素的影响,而生长激素主要在夜间分泌,因此充足的夜间睡眠能够有效保证身高的增长。

（2）心理层面

婴幼儿的心理发展包括注意、感知觉、记忆、想象、思维、言语、情绪情感、个性及社会性。注意方面,婴幼儿最初的注意与原始的定向性反射相关,是由外界事物引起的定向性注意。托育园所可以根据不同月龄的婴幼儿开展各类训练注意力的游戏,并在注意训练的过程中注重多感官并用。感知觉方面,0～3岁是感觉统合发展的重要时期,婴幼儿孤僻、脾气暴躁、注意力不集中、语言发展缓慢等情况大多由感统失调引起的。因此,托育园所可以根据婴幼儿的感统发展状况,利用感统游戏来进行多感官统合协调训练。记忆方面,婴幼儿最早在出生两周左右出现运动记忆,出生六个月左右出现情绪记忆,再次是形象记忆,到一岁左右出现语词记忆。但总体来看,0～3岁婴幼儿的记忆是以无意记忆为主,有意记忆是在无意记忆的基础上发展起来的,因此,托育园所可以对婴幼儿逐渐提出有意记忆的要求,进行记忆的有意性训练。想象方面,一岁半至两岁的婴幼儿出现想象的萌芽,而表象是想象的前提,缺乏表象就没有想象。因此,托育园所可以通过婴幼儿日常生活活动的经验、场景来丰富表象,并通过做游戏、讲故事的方式来引导婴幼儿开展想象。思维方面,婴幼儿的思维发生在两岁左右,早期婴幼儿的思维以直观行动思维为主,离开实物就无法解决问题。因此托育园所要通过课程、游戏等不断丰富婴幼儿的感性认识。言语方面,0～3岁婴幼儿言语发展顺序为从前言语阶段、言语发生阶段再到口语掌握阶段,且0～3岁婴幼儿的言语主要是情境言语,即理解婴幼儿的言语表达需要结合具体实际的情境。托育园所要注重运用游戏的情境来培养婴幼儿的倾听能力与口语表达能力。情绪情感方面,0～3岁是

---

① 杨菊华.论3岁以下婴幼儿社会化托育服务中的"五W服务"[J].福建论坛(人文社会科学版),2020(01):167-177.

婴幼儿情绪萌芽时期,托育园所要及时消除引起消极情绪的刺激,正确评价婴幼儿的行为。[①] 个性及社会性方面,针对婴幼儿不同的气质特点,采取针对性的教养措施。在依恋方面,依恋关系指的是婴幼儿与照顾者之间形成的社会性联结。依恋关系可以分为安全型依恋、回避型依恋和矛盾型依恋等类型,健康的依恋关系有助于婴幼儿未来与他人建立关系。为培养健康的依恋关系,照顾者需要恰当且敏锐地理解婴幼儿的需求,并积极进行情感交流互动。当婴幼儿离开家庭、进入陌生的托育园所中,他们常会表现出恐惧、紧张和焦虑等情绪。对于婴幼儿家长来说,对婴幼儿的分离焦虑形成正确全面的认识至关重要。为了应对分离焦虑,家长应该在日常生活中培养婴幼儿自理能力,避免过度保护所带来的负面影响。

2. 照护环境

良好的照护环境包括物质环境和心理环境。物质环境应为婴幼儿构建支持性的生存与学习环境,满足清洁卫生和安全的要求;心理环境要注重丰富婴幼儿的情绪体验,帮助婴幼儿发展自我认知和社会能力。

(1)创设安全卫生的物质环境

婴幼儿的安全保护意识较弱,所以托育园所应严禁放置威胁婴幼儿安全的设施设备和危险物品,保持室内环境整洁、安全和舒适,杜绝危险。托育园所应遵循结构性、秩序性和固定性的原则来陈列和摆放活动区的材料。尤其在玩具的设置上,应选择合适的、数量充足的玩具,符合国家安全质量标准和环保标准,并且提供包含玩具名称、材料构成、玩法、适宜年龄的记录,以便婴幼儿照料者根据婴幼儿的年龄特点选择玩具。在户外环境中,婴幼儿需要安全的活动场地和充足的活动时间。根据国家卫生健康委 2019 年颁布的《托育机构设置标准(试行)》规定:"托育机构应当设有室外活动场地,配备适宜的游戏设施,且有相应的安全防护设施。"

(2)营造宽松且充满亲情的心理环境

在营造宽松且充满亲情的心理环境方面,托育园所教师应该以关爱、接纳和尊重的姿态积极主动地与婴幼儿交往,营造愉悦和安全的心理环境,建立积极互动的师幼关系,满足婴幼儿的情感需求。其中一种重要的方式是通过爱抚、亲近、拥抱等动作与婴幼儿的身体接触并与其互动,这些充满爱意的身体接触能让婴幼儿感受到温暖和安全。此外,开展游戏也是教养婴幼儿不可或缺的部分,托育园所的托育教师应该根据每个婴幼儿的发展特点,与他们进行简单的游戏活动。在游戏的过程中,持续关注婴幼儿在游戏互动中的表现,并根据婴幼儿的实时反馈,及时调整游戏活动的内容与方式。

3. 健康护理

托育园所的健康护理工作直接关系到婴幼儿的身心健康发展。托育园所应当制订科学的保育方案,根据不同年龄阶段婴幼儿的需要,合理安排婴幼儿一日生活,做好饮食、饮水、喂奶、盥洗、如厕、清洁、睡眠、穿脱衣服、游戏活动等服务。在膳食搭配方面,营养健康的膳食关乎到婴幼儿的身体生长发育,由于婴幼儿年龄小,消化系统发育和身体吸收功能尚未成熟,要为婴幼儿提供合理多样且适合月龄的膳食。0~6 个月内婴幼儿生长发育需要由母乳提供,6 个月之后开始添加辅食,适量饮水,辅食首选含铁的泥糊状食物,新食物的添加每次只引入 1 种,以检查婴幼儿是否适应。随着婴幼儿年龄的增长,24 个月龄以后的婴幼儿膳食要搭配均衡,每日三餐两点,食物的烹调要有适量油脂、少盐、少糖、少调味品,宜采用蒸、煮、炖、煨等方法。由于婴幼儿发展阶段的特殊性,身心发展都有其各自的特点,托育园所需要提前从婴幼儿家长处获得不同婴幼儿的饮食要求以及过敏食物等,确保托育教师能够提前了解情况。此外,托育园所可以与家庭合作开展食育,在让婴幼儿感受和认识食物的同时,培养婴幼儿良好的饮食行为与饮食习惯。在盥洗方面,应让婴幼儿在自我服务的基础上,培养独立性和主动性,同时托育园所教师耐心引导,对不同年龄和发展阶段的婴幼儿采取相对应的盥洗指导方法。提供婴幼儿安

---

① 赵梦星,夏全惠.0~3 岁婴幼儿情绪的发展特点及培养策略[J].长春教育学院学报,2018,34(04):18-21.

静、适宜、通风良好的睡眠环境,避免环境中的不利因素对婴幼儿的睡眠产生影响。婴幼儿睡觉时,在保证婴幼儿被褥物品和衣物清洁卫生的同时,要注意巡视婴幼儿的睡眠状态并及时调整婴幼儿正确的睡眠姿势,同时根据婴幼儿不同月龄合理安排睡眠时间,确保婴幼儿有足够的睡眠时间。户外活动时间上,婴幼儿每天的身体活动时间至少3小时,其中户外活动时间至少2小时。总之,托育园所要制定合理的一日生活作息制度,根据婴幼儿不同月龄段的生理与心理发展特点来灵活调整各项活动。

4. 培育活动

托育园所应通过创设适宜的环境,合理安排一日生活和活动,促进婴幼儿在身体动作、语言、认知与社会性方面获得发展。

（1）身体动作训练

婴幼儿在3岁以前处于身体动作发育的关键期,可塑性强。在身体动作训练上,应该创设安全的、具有挑战性的环境,提供多种游戏与活动,鼓励婴幼儿爬、坐、立、行等大肌肉动作的发展。同时,提供合适的玩具和材料,通过抓取、投掷等活动,促进婴幼儿的手部精细动作的发展,如握、捏、堆叠等。在平衡与姿势控制、身体感知和空间意识等方面也需要培养与加强。首先,让婴幼儿尝试站立、坐下、保持平衡的动作或玩转圈、跳跃等有助于平衡发展的游戏,能够帮助婴幼儿发展平衡能力和姿势控制。其次,通过游戏和活动,帮助婴幼儿了解身体各部位的名称和功能,促进婴幼儿对自己身体部位的感知和空间意识的发展,增强对物体位置和方向的理解感知能力。此外,可以通过音乐、舞蹈等开展韵律活动,让婴幼儿跟随音乐的节奏做出动作、模仿舞蹈动作,增强婴幼儿对身体运动的感知。

（2）语言培养

语言是婴幼儿表达情感与需求的必要手段,婴幼儿时期是语言培养的黄金期,及时施教可以获得事半功倍的效果。语言的习得一般是通过模仿和强化实现的,不论在家庭还是托育园所中都要为婴幼儿创设良好的语言环境,给予丰富的语言刺激,培养其对语言的感知和理解。因此,家庭和托育园所一方面可以利用丰富多样的绘本、音乐、歌唱和谈话活动,开展语言游戏,不断拓展婴幼儿的词汇量和语言理解能力;另一方面,要营造轻松愉悦的语言表达氛围,鼓励婴幼儿用动作表达自己的想法与感受,通过提出问题、倾听和回应的方式来建立积极的语言交流互动。

（3）认知与社会性发展

在认知发展方面,应通过丰富视觉、听觉、触觉和味觉等感官体验,提供多种颜色、形状和纹理的玩具,支持婴幼儿积极探索周围环境。根据婴幼儿的月龄阶段提供具有启发性的玩具材料来培养想象力和创造力。玩具积木能够激发婴幼儿的空间想象力和手眼协调力,绘画和涂鸦活动能够提高表达与创造能力。在情感和社会性培养方面,运用各种游戏活动帮助婴幼儿理解社会行为规则,并鼓励他们积极与他人交往和表达自己的情感。总之,托育园所和家庭应该根据婴幼儿的身心发展规律,选择适宜的教育内容,着重培养婴幼儿的好奇心、探索精神和解决问题的能力,但要避免过度保护与干预,应给予婴幼儿自主探索的空间。

5. 成长监测

托育园所与家庭应该对婴幼儿进行成长监测,对托育园所而言,成长监测有助于提供个性化的照顾和教育,确保婴幼儿获得个性化和针对性的支持与关注。而对于家庭来说,成长监测可以帮助家长了解婴幼儿的需求,发现潜在问题并及时解决。

生理监测是通过定期的健康检查来评估婴幼儿的身体发育和健康状况,主要包括婴幼儿身体增长的特点和体重增长的规律以及监测身高和体重的生长状况。通过开展生长发育监测,定期体格检查评估婴幼儿的生长发育进程,及时发现问题,在医务人员的指导下尽早干预。一方面,应定期开展健康检查,让婴幼儿接受国家基本公共卫生服务项目0～6岁儿童健康管理。此外,还需要了解常见的婴幼儿生长发育的疾病和特殊的慢性疾病,及早发现消瘦、超重、肥胖、发育迟缓、贫血、维生素D缺乏佝偻病、眼病、听力障碍及龋病等健康问题,及时识别、干预和治疗。另一方面,可以利用生长发育的重要节点和发育指标体系,筛查并评估婴幼儿的健康状况,并及时采取措施来规避影响其生长发育的风险性因素。心理监测主要涉及感知、认知、大运动、精细动作、语言和社会适应与交往等方面。托育园所应与婴幼儿家庭相配合积极进行儿童心理行为发育问题筛查等儿童心理行为发育检查。

(二)家托衔接共育的指导途径

家庭与托育园所衔接共育的指导途径包括入户指导、亲子活动和家庭讲座。

1. 入户指导

入户指导是一对一面向家庭并根据每名婴幼儿的发展特点和家庭情况,有针对性地上门服务,对婴幼儿养育人进行实地指导,帮助其科学地开展教养工作。"入户指导"在许多发达国家是一个普遍的现象,发展较成熟,并且主要为家庭提供教养方面的支持与服务,用于降低婴幼儿家长的养育压力。入户指导一般存在两种服务模式,一种是以婴幼儿为中心,着重根据婴幼儿的发展特点,指导者为其提供适宜性的游戏活动;另一种是以家长为中心,旨在解决成人的育儿困惑,提升家长的教养效能感。[①]

入户指导是一种重要的衔接共育方式,需要根据婴幼儿的生长发育状况给予个性化和针对性的指导。首先,入户指导的专业人员应与家长建立信任关系,初步了解婴幼儿年龄、健康状况等基本情况和家长的育儿困惑,通过观察婴幼儿在家庭环境中的行为和发展情况给予评估,以帮助家长了解婴幼儿的需求和潜力。托育园所的专业人员可以为家长提供包括婴幼儿护理、亲子互动等方面的知识与技能培训,增强家长的育儿能力。其次,在进行指导时,应引导婴幼儿家长树立科学的育儿观念,明确婴幼儿生长发育的关键要点,充分利用家庭中已有的玩具和材料,提出创造性的玩法。同时,对每位接受入户指导的婴幼儿建立相应的指导档案,注意追踪回访,与家庭保持沟通。根据家庭的反馈和婴幼儿的发展情况,调整和优化入户指导方案,确保指导的效果和持续性。最后,入户指导的专业人员可以提供给家长有关托育的资源信息,帮助家长了解并利用各种托育服务资源。

2. 亲子活动

亲子活动,顾名思义是婴幼儿及其家长共同互动形成的活动形式。亲子活动不仅可以使得婴幼儿与家长形成良好的依恋关系,促进婴幼儿心理健康发展,也是托育园所指导家长进行科学养护和教育的途径。

在进行指导时,首先,托育园所应提供适宜的环境和场所,专门设立活动室或场地,为亲子活动提供合适的空间,通过多种渠道向家长传递亲子活动的相关知识,增强家长对亲子活动的重视程度。其次,亲子活动应该是家长和婴幼儿之间平等互动的过程,要尊重婴幼儿的主体性,树立平等的互动关系,与婴幼儿合作完成相应活动。同样,婴幼儿的家长不能被动地执行活动任务,而是要与托育园所的专业人员形成教育合力,共同激发婴幼儿的发展潜力。托育园所可以邀请家长参加一些特定活动,例如亲子游戏日、亲子讲座、亲子工作坊等。这些活动为家长和婴幼儿提供共同参与、学习和成长的机会,促进亲子关系的发展。托育园所可以通过家长会议、家访、电子邮件和即时通讯工具等方式与婴幼儿家长定期交流关于婴幼儿发展状况、特殊需求等信息。最后,家长在亲子活动中要做好示范,成为婴幼儿学习和参与的榜样。家长要支持和鼓励婴幼儿的探索和参与,给予积极的强化和评价,以促进婴幼儿积极行为的发展。

3. 家庭讲座

家庭讲座是托育园所为家长普及先进的托育教养理念、树立科学教养思路的一种指导形式,旨在帮助家长了解0~3岁婴幼儿身心发展特点及教育养护的重点。2019年《指导意见》明确规定:"婴幼儿照护责任的主体是家庭,照护服务要坚持婴幼儿优先,以保障婴幼儿的安全和健康,促进婴幼儿全面健康发展为目的,其重点在于为家庭提供科学的养育指导,并对有照护困难的家庭或婴幼儿提供帮助。"

---

① 何慧华,曹未蔚,于真. 美国入户指导形式的家庭早期教养支持项目分析及其借鉴[J].学前教育研究,2017(08):46-55.

婴幼儿照护服务遵循的是"家庭为主,托育补充"的原则。因此,家庭是托育服务的重要责任主体,需要履行科学的教养职责。同时,基于社区自治的存在形式和家园社协同共育的原则,社区是家庭与托育园所的重要合作伙伴。由此,社区要营造良好的教育氛围,积极宣传各类科学育儿指导的讲座活动,为托育园所举办家庭讲座提供场地。

因此,托育园所与家庭可以共同确定讲座主题与内容,以确保讲座内容与家庭的需求和关注点相符,提高家庭的参与度。为了方便家长的参与,托育园所可以选择在不同的时间段和地点开展家庭讲座。家庭讲座可以通过提问环节、小组讨论或分享经验等方式鼓励家长的互动和参与,让家长们积极参与分享经验。

三、托育园所与家庭衔接共育的策略

本部分主要讲述家托衔接共育的实施策略,具体包括与婴幼儿家庭建立互动关系、规划婴幼儿教养活动计划、建立婴幼儿成长照护档案与倾听并解决家长育儿困惑。

(一)与婴幼儿家庭建立互动关系

良好照护服务离不开托育园所提供的专业化支持。托育园所的形式是多种多样的,婴幼儿家长可以根据婴幼儿的年龄特点进行选择。一般最早从 6 个月龄开始,婴幼儿就可以进入到托育园所中。

为满足婴幼儿家长对科学育儿指导的需求,托育园所应主动与婴幼儿家庭建立互动关系。托育教师与婴幼儿家长之间是平等的关系,托育教师在其中扮演着指导者、倾听者与接纳者的角色,婴幼儿家长则扮演学习者与支持者的角色。首先,托育园所与婴幼儿家长要进行正确的角色定位,明确自身的责任,共同了解家园衔接共育的相关法规政策,建立双方的互动关系。托育园所可以定期进行家访,了解婴幼儿家长的教养观和养育方式。同时,举办定期开放日活动,让家长参观托育园所环境;举办亲子家庭活动,可以增强亲子关系,增进对托育园所的了解与信任。此外,托育园所也可以抓住接送时的简短时间进行高效对话,分享婴幼儿的表现。在互动的过程中,要转变单向化的沟通模式为双向高效的对话模式,增强双方的信任度。托育园所可以提供相关的家庭教育资源,如书籍推荐、培训课程和讲座等,帮助家长了解婴幼儿发展和教育的最新信息。同时,家庭也可以共享家庭教育方面的经验和资源,促进彼此之间的学习与交流。最后,互动关系的维持离不开物质载体,运用网络技术,构建家园合作的信息交流平台,增加交流的便捷性,提升家园沟通效率。

(二)规划婴幼儿教养活动的计划

在《3 岁以下婴幼儿健康养育照护指南(试行)》中提出,0～3 岁健康养育照护包括生长发育监测、营养与喂养、交流和玩耍、生活照护以及伤害预防等。托育园所应积极探索不同生长发育阶段婴幼儿早期教育规律,并根据不同群体婴幼儿家长的教养诉求,共同制订科学的教养计划。

对于 0～3 个月的婴儿,应提供舒适和安全的环境,保证婴儿获得足够的自然睡眠时间。其中,每天总睡眠时间婴儿期为 12～17 小时,幼儿期为 10～14 小时。婴幼儿夜间睡眠时间应达到 8 小时以上。此外,还应鼓励母乳喂养,并为新生儿提供肌肤接触的机会,这有助于促进婴幼儿与家长的情感联结。对于 1～3 个月的婴儿,可以为宝宝提供适宜的户外活动,如散步或在安全的户外环境中进行简单的游戏。对于 4～6 个月的婴儿,可以帮助宝宝建立良好的睡眠习惯,并根据婴幼儿的发育情况逐渐添加辅食。此外,托育园所还应鼓励婴幼儿学会翻身和靠坐,并提供丰富多样的视听刺激以促进感知觉发展。对于 7～12 个月的婴儿,托育园所应帮助婴幼儿养成规律的进餐习惯,并逐渐引导其学会独立行走和探索周围环境。对于 13～18 个月的幼儿,托育园所可以帮助他们顺利度过离乳期,逐渐形成按时进餐和饮水习惯，并且帮助幼儿学会辨别大小便的需求。对于19～24个月的幼儿，可以进一步培养宝宝的自理能力，如协助他们掌握如睡觉、用餐、盥洗等日常生活技能。对于25～36个月的幼儿，托育园所应重点培养他们的自理能力和独立性，帮助其适应集体生活。托育园所应根据婴幼儿的发展阶段和特点，提供各种适宜的教育刺激和支持，以促进婴幼儿在认知、运动、语言和社交等方面的全面发展。同时，与婴幼儿家长积极合作和有效沟通也是实现共同制订科学教养计划的关键。

（三）建立婴幼儿成长照护档案

成长照护档案是托育园所在考虑不同类型家庭需求的基础上，把握婴幼儿发展独特性和个体差异性而建立起来的婴幼儿个性化照护记录。其目的是为不同需求的家庭以及不同年龄特征的婴幼儿提供针对性的日常生活照顾、卫生习惯养成以及身心健康发展等服务。

进入到托育园所，托育教师应及时与婴幼儿家长沟通交流，全面掌握婴幼儿的照护与成长特点，共同建立婴幼儿成长照护档案。为了更好地记录与精准追踪婴幼儿的成长档案信息，托育园所可以以照片和音视频等形式，全面记录婴幼儿身心发展状况。照护档案的建立一方面可以记录婴幼儿体格生长、心理行为发育中的感知、认知、大动作、精细动作、语言、社会适应与交往方面的情况以及眼睛保健、听力保健和牙齿保护等方面的信息，为针对性地制订教养计划、供给服务提供依据。同时，照护档案可以作为社区、托育园所与家庭三方协同共育的重要抓手，有利于构建综合的教养照护模式。

（四）倾听并解决家长育儿困惑

托育园所应以婴幼儿的健康成长为目标，及时了解婴幼儿家长的教养困惑，寻找婴幼儿家长教养能力的最近发展区，与婴幼儿家长建立平等、有效、开放的对话机制。沟通时，双方应该遵循平等和个别差异的原则，以尊重、信任的态度沟通交流。[1] 一方面，托育园所可上门入户对0～3岁婴幼儿的家长提供哺育、保健及教育等方面的育儿指导，为家长提供育儿照料、卫生保健等方面的指导。另一方面，托育园所也可以利用公众号、微信群等向婴幼儿家长提供教养知识，进行针对性的家庭教育指导。婴幼儿家长可以利用零散时间交流育儿问题，托育专业人员根据具体情况及时给予解答与育儿知识的普及。对于婴幼儿家长教育本末倒置的一些行为，托育教师应帮助家长树立正确的育儿观念，提高家长的教育能力，让其明晰0～3岁婴幼儿的身心健康成长是最根本也是最基础的任务。

任务二　掌握托育园所和幼儿园的衔接共育

案例导入

"揪辫子"的小雨点

三岁半的雨点终于上幼儿园了。入园第一天，妈妈向老师介绍说："雨点性格特别开朗，很快就能

---

[1] 华爱华，黄琼.托幼机构0～3岁婴幼儿教养活动的实践与研究[M].上海：上海科技教育出版社，2006.

跟老师和小朋友打成一片。"可是,妈妈离开后,雨点的状态却让老师很意外,她并没有大哭大闹,而是一直躲在老师身后,小手揪着自己的辫子,眼中露出胆怯的神情,偶尔有小朋友声音大一些,她就会蹲在地上捂住耳朵,整整一天的表现跟"开朗"丝毫不沾边。

老师将雨点的视频发给家长,家长看了也很意外,并连连自责道:"当时我们也把雨点送到小托班就好了。"原来这所幼儿园开设了托幼衔接班,为社区里适龄的宝宝提供入园前的衔接适应课程,小区里很多宝宝都报名参加了,但雨点的爷爷奶奶觉得孩子小没必要参加,因此雨点错过了托幼衔接,幼儿园的环境对她来说是完全陌生的。在老师和家长的共同努力下,雨点慢慢适应了环境,又变回那个开朗的小女孩了。

(本案例来源于辽宁省沈阳市浑南区教育局花语幼儿园,王美心)

思考:案例中的小雨点为什么会出现入园不适应? 托育园所、幼儿园应该如何做来避免这样的现象?

任务要求

1. 了解托育园所与幼儿园衔接共育的内涵与原则。
2. 理解并掌握托育园所与幼儿园衔接共育的指导内容、指导途径与实施策略。

托育园所与幼儿园的衔接共育主要从托育园所与幼儿园衔接共育内涵、原则以及指导内容、途径与实施策略方面进行介绍。

一、托育园所与幼儿园衔接共育的概述

通过对托育园所与幼儿园衔接共育的概述进行学习,学习者可以对托幼衔接形成一个基本的认识。本部分主要包含托幼衔接的内涵以及托幼衔接的原则两部分。

(一)托幼衔接的内涵

托育园所与幼儿园的衔接与共育是指托育园所与幼儿园两个教育阶段平稳过渡的教育过程,也是婴幼儿在其发展过程中所面临的转折期,具有承上启下的作用。托幼衔接主要包含教育衔接、同伴互动、家庭交流和社区交流。

1. 教育衔接

教育衔接是托幼衔接共育的重要内涵之一。教育衔接是指托育园所及幼儿园的教师应注重教学理念和教学方式的一致性和多元化,并确保相互之间的衔接、递进和拓展[1]。在教育衔接的过程中要确保教育内容、方法符合当前婴幼儿的接受能力和身心发展水平。通过教育衔接帮助婴幼儿提前了解和熟悉幼儿园的教育方式和生活方式,从而让婴幼儿在入园后更快地适应全新的环境。

2. 同伴互动

幼儿园的集体生活对婴幼儿的社交能力有着一定的要求。托幼衔接共育的另一重要内涵就是注重同伴互动。同伴互动就是指在游戏和社会化活动中,婴幼儿与同伴之间在心理上和行为上运用语言、动作的方式进行相互影响、相互促动的过程[2]。通过同伴间的互动和交流可促进婴幼儿语言表达能力、社交能力的提升。托育教师要为婴幼儿间的交流和互动创造条件,促进婴幼儿间自发交流,例如可

---

① 许晓慧.幼儿园托幼衔接工作优化路径研究[J].教育观察,2020,9(44):127-129.
② 袁家懿.大班科学游戏活动中教师指导幼儿同伴互动的行动研究[D].金华:浙江师范大学,2023.

以将同年龄段的婴幼儿聚在一起,让他们一起玩玩具等。注重幼儿园和托育园所之间的交流,可以让即将进入幼儿园的幼儿去幼儿园参观,通过提前了解以更快地适应幼儿园的教育和生活环境。

3. 家长交流

家庭教育在婴幼儿教育当中发挥着至关重要的作用,家长是实现托幼衔接共育的重要参与者,注重家长交流是托幼衔接共育的重要内涵之一。家长交流是指托育园所以及幼儿园和婴幼儿家庭之间要做好双向沟通和交流,形成教育合力。托育园所和幼儿园要注重家庭在托幼衔接共育中发挥的作用,通过组织各种线上线下交流活动,引导家庭参与到教育中来,加强幼儿园、托育园所和家庭间的联系。

4. 社区交流

托育园所、幼儿园和家庭共同生活在社区环境中,注重对社区资源的利用,以促进托幼衔接稳定开展是托幼衔接共育的重要内涵之一。社区中蕴含着丰富的可利用资源,如图书馆、博物馆、公园、艺术馆等。托育园所和幼儿园可以充分利用社区资源开展教育工作。社区之间可以对接,以获得更加广泛、全面的信息。通过社区活动能够密切托育教师、家庭、衔接支持者和婴幼儿同伴等各主体间的联系,从而有利于托幼衔接教育稳定地开展和落实。

(二) 托幼衔接的原则

把握托幼衔接的原则有助于确保托幼衔接共育实践的科学性,托幼衔接共育的原则主要包含:双向衔接原则、优化配置原则和婴幼儿中心原则。

1. 双向衔接原则

托幼双向衔接原则强调从国家宏观层面出发,寻找各教育主体之间、各衔接环节之间的契合点,明确托育和幼教之间的衔接机制。该原则强调"托"与"幼"管理体制双向衔接,理顺托幼衔接的管理体制。以政府为主导,明确托幼管理主体,对托幼服务进行整体考量,同时厘清各相关部门、机构的职责,形成合理有序的托幼管理体制。同时强调"托"与"幼"教育的双向衔接,转变0~3岁与3~6岁婴幼儿教育之间分割的状态,将0~6岁婴幼儿教育进行整体思考与规划,确定托幼完整的教育目标、方案、策略以及培养相应的师资。还强调托育园所与家庭、社区等多个教育主体的衔接,共同为0~6岁婴幼儿提供整体连贯的保育与教育,谋求协同教育的最大成效[①]。

2. 优化配置原则

托育园所与幼儿园的衔接和共育是一个多主体参与的过程,参与主体包含幼儿园、托育园所、家庭、社区和政府。优化配置原则要求厘清幼儿园、托育园所、家庭、社区和政府在托幼衔接共育工作中的责任边界,挖掘并整合多方参与主体的可利用资源,将各种资源进行科学的规划和有效的组合,使得资源达到充分的利用并服务于托幼衔接与共育,避免资源的闲置和浪费,以此实现提高托幼衔接与共育质量的目标。

3. 婴幼儿中心原则

婴幼儿的身心发展有其特定的规律。婴幼儿中心原则要求托幼衔接的内容、方法应遵循婴幼儿的身心发展规律,以婴幼儿在托幼衔接过程中的需要为基础,进行科学、有针对性的托幼衔接的保教工作。同时强调托幼衔接以促进婴幼儿的发展为目标,幼儿园、托育园所、家庭、社区和政府应确保目标的一致性,形成教育合力,共同致力于婴幼儿的成长。

二、托育园所与幼儿园衔接共育的内容与途径

在掌握了托幼衔接的内涵和基本原则的基础上,本部分主要讲述托幼衔接共育指导的具体内容和

---

① 王景芝,高乐甜. 新时代托幼双向衔接模式的内涵、价值、构建条件与发展路径[J]. 教育与教学研究,2022,36(09):97-107.

途径。

（一）托幼衔接共育的指导内容

托育园所与幼儿园衔接共育的指导内容包含生活习惯、社会性发展、认知发展和健康发展四个方面。

1. 生活习惯

婴幼儿期是养成良好习惯的关键期，良好的生活习惯需要长期引导和培养。在这一时期引导婴幼儿主动学习，养成受益一生的生活习惯，有利于提高其生活自理能力和自我服务水平，帮助其逐渐适应集体生活。生活习惯是指建立合理的作息制度，根据婴幼儿的年龄特征，个人实际情况，妥善安排学习、游戏、锻炼、饮食、睡眠时间，使之生活规律化，促进身心健康发展[①]。生活习惯主要包括生活技能、饮食习惯、睡眠习惯和卫生习惯。

（1）生活技能

生活技能主要包括盥洗、如厕、穿脱衣服等。由于婴幼儿身心发展特点的限制，婴幼儿的小肌肉发展不成熟、手指不灵活、各器官协调组织能力差，婴幼儿的生活能力有所欠缺，各项生活活动需要在成人的协助下完成。注重婴幼儿生活技能的训练，帮助婴幼儿掌握盥洗的顺序和方法、手帕纸巾的使用、穿脱衣服、及时排便等，不断提高婴幼儿的自理能力，增强婴幼儿自信心，提高婴幼儿独立性，帮助婴幼儿快速地适应入园生活。

（2）饮食习惯

为了保证婴幼儿身体发展的营养需要，培养良好的饮食习惯非常重要，在婴幼儿的饮食习惯上，常见的问题有进食速度过快或者过慢，挑食严重，不能独立进餐等。边吃边看电视、边吃边玩、吃零食是婴幼儿较常见的三种不良饮食习惯。帮助婴幼儿学会自己进餐、专注进餐以及不挑食是培养良好饮食习惯的重点。

（3）睡眠习惯

良好的睡眠习惯能有效地消除疲劳，增强个体的新陈代谢，促进身体发育。幼儿园活动的能量消耗会使婴幼儿产生困倦感，充足并且规律的休息可以帮助婴幼儿恢复体力，顺利完成幼儿园的各项活动。婴幼儿普遍存在需要睡前抚慰的问题，睡前抚慰的方式多种多样，包括大人陪睡、用安抚奶嘴、抱毛绒玩偶等。良好的睡眠习惯包括独自入睡、作息规律、睡眠充足、自主做好睡眠准备、睡姿正确等。

（4）卫生习惯

讲卫生是良好生活习惯的一个重要表现，保持良好的个人卫生能有效地预防各类疾病的困扰。婴幼儿不良的卫生习惯主要表现在以下几个方面：其一，婴幼儿偏爱吃甜食，口腔卫生习惯问题最为突出。其二，近视低龄化现象越来越严重。其三，婴幼儿缺乏清洁意识，手部、面部、衣物的卫生难以维持。在保育和教育的过程中，应帮助婴幼儿树立卫生意识，学会刷牙，纠正坐姿，掌握正确用眼的知识，帮助婴幼儿建立良好的卫生习惯。

2. 社会性发展

婴幼儿自出生起就处在一定的社会关系当中。在生活中，最主要、最频繁接触的是家长和同伴，在与他人接触的过程中逐渐形成其社会性和个性，心理发展走向完善。较好的社会性有助于婴幼儿更好的适应集体生活，在托幼衔接共育过程中应注重婴幼儿社会性的发展。

（1）亲子交往

亲子交往是指婴幼儿与其主要抚养人之间的交往。它是婴儿早期生活中最主要、最亲密的社会关系，对婴幼儿认知能力、情绪情感、社会性行为与交往及道德品质与行为的发展有着重要的影响。这些

---

① 祝陶然. 绘本主题人物影响小班婴幼儿生活习惯养成的行动研究[D]. 大理：大理大学，2020.

影响主要通过家长的示范、强化和直接教导实现。家长的教养方式是影响婴幼儿心理发展的关键性因素,教养方式主要包括权威型、专断型、放纵型和忽视型,不同的教养方式对婴幼儿心理发展有着不同的影响。亲子交往受家长的受教育水平、社会经济地位、性格、教育观念以及婴幼儿自身的发育水平和发展特定的影响。在托幼衔接的过程中,家长要重视亲子交往,采取积极、科学的教养方式引导婴幼儿。同时,托育园所和幼儿园应重视与家长的合作,有效地提出调整建议,协调婴幼儿发展与家长教养之间的关系,创造一个积极、良好的亲子交往环境,促进婴幼儿的发展。

（2）同伴交往

同伴关系是除亲子关系之外的另一种重要的社会关系,同伴关系不像亲子关系那样持久和稳固,但为婴幼儿提供了与众多同龄人平等自由交往的机会。同伴交往对婴幼儿的友好社会行为、社交技能和策略、观察学习能力、认知发展和自我意识的发展具有重要的影响。同伴交往在1岁时开始出现,具体表现为婴幼儿之间的应答特征。在1.5岁时,婴幼儿之间相互影响的时间越来越长,影响的方式和内容越来越复杂,彼此间互补性的交往行为开始出现。2岁以后,婴幼儿与同伴交往的主要形式是游戏。同伴交往的类型主要包括受欢迎型、被拒绝型、一般型和被忽视型。家长、托育园所、幼儿园应该重视婴幼儿同伴交往的发展,为婴幼儿进行同伴交往创造良好的环境,并进行及时、恰当的引导。

（3）社会性行为

社会性行为是人们在交往活动中对他人或某一事件表现出的态度、言语和行为反应。社会性行为主要分为亲社会行为和反社会行为。亲社会行为主要指一个人帮助或者打算帮助他人,做有益于他人的事的行为和倾向。反社会行为主要指可能对他人或群体造成损害的行为和倾向,其中最具有代表性、最突出的是攻击性行为。2岁之前的婴幼儿可以表现出最初的友好倾向、安抚动作及分享行为。2岁以后的幼儿亲社会行为进一步发展,可以通过不明显的细微变化来识别他人的情绪和处境,并做出相应的安抚和帮助行为。4岁前幼儿的攻击性行为逐渐增多,4岁时最多,之后逐渐减少。其中工具性攻击行为在1岁左右开始出现,2岁左右表现明显。男孩的攻击性行为多于女孩。社会性行为的发展对于婴幼儿的社会性有重要的意义,家长、托育园所、幼儿园应该对婴幼儿的社会性行为进行相应的教育和培养,注重婴幼儿移情、交往技能和行为的训练。

3. 认知发展

认知层次决定了看世界的高度,认知水平决定了一个人的行为方式。学前期是认知快速发展的阶段,对于日后的发展起到重要的作用。在学前教育阶段,要注意婴幼儿认知发展与培养的衔接性与发展性。

（1）注意与专注力

注意是婴幼儿活动成功的必要条件。注意使心理活动能够选择有一定意义、合乎需要的、与当前活动相一致的信息,同时排除那些与当前活动无关的,甚至起干扰作用的刺激,使婴幼儿对认识对象的反映更加清晰。注重培养婴幼儿的注意品质,有助于发展婴幼儿的专注力,保障幼儿园活动的实施,提高婴幼儿的学习质量。0～3岁的婴幼儿注意的发展各阶段具有不同的规律,托育教师应该重点把握。新生儿对简单、鲜明的图案和人脸有偏爱。1～6个月的婴儿偏好复杂、熟悉、新奇的刺激物,喜欢不规则、轮廓密度大、对称、具有同一中心的图形,获得了客体永恒性。6～12个月的婴儿注意的对象更加广泛,注意的选择性受经验的支配。1岁半到2岁的幼儿的注意开始受表象的影响,当眼前的事物与已有的表象或事实与期待之间出现矛盾或较大差距时,幼儿会产生最大的注意。3岁前婴幼儿的注意时间是非常短暂的,引起婴幼儿注意的事物也是有限的。托育教师应把握婴幼儿注意发展的规律和特点,了解引起注意分散的原因,对症下药,采取相应的措施进行指导。

（2）言语与思维

言语在婴幼儿心理发展的过程中有极为重要的意义。掌握言语有助于婴幼儿意识与自我意识的产生,帮助表达情绪情感,促进个性萌芽。同时,言语掌握有助于改造感觉、知觉、无意注意、记忆等低

知识拓展

婴幼儿移情能力的培养策略

级心理机能,有助于有意注意、有意记忆、意志、社会性情感、想象、思维等高级心理机能的形成。思维是高级的认识活动,思维的发生与发展引起了其他认识活动的质变,思维的间接性与概括性特征使婴幼儿认识事物、接受教育的能力迅速提高。言语与思维是婴幼儿进行高级认知活动的重要支点,对于婴幼儿日后的学习与发展起着非常重要的作用。婴幼儿语音的发展大致经历嗓音阶段(0～2个月)、啊咕声阶段(3～4个月)、连续发音阶段(5～8个月)、语音出现阶段(9～12个月)。句子结构以不完整为主,由单词句发展为双语句或电报句。3岁前儿童的思维具有直观行动性。他们的思维活动离不开对事物的直接感知,并依赖其自身的行动。在托幼衔接的过程中,托育教师应注重学前婴幼儿言语与思维培养的承接性和发展性,为婴幼儿顺利完成教育任务,实现自我成长奠定基础。

（3）想象与创造力

想象在学前期具有重要的发展价值。想象的产生标志着婴幼儿只能对具体事物进行直接反映的局面开始被打破,以反映事物的关系和联系为特征的高级认知机能开始萌芽。创造力来源于想象力,拥有想象力是创造发明的前提。1.5～2岁是想象的萌芽阶段,该时期儿童的想象只是记忆材料的简单迁移,是记忆表象在新情景下的复活,是没有结合故事情节的简单的相似联想。2～3岁是想象发展的初级阶段,具有以下特点:①不能进行有目的的想象,是一种无意想象。②想象过程进行缓慢。③想象依靠感知动作,且与记忆的界限不明显。④想象内容简单贫乏,依赖成人语音提示。婴儿期的创造性思维与先天反射、直接的操作动作和初步的感知活动有关,具有自发性、直接性的特点。在托幼衔接的过程中,一定要把握想象力发展的关键期。保护婴幼儿的好奇心和探索欲望,掌握婴幼儿想象力发展的特点,寻找科学的方法进行引导,在引导的过程中,注重方式的衔接,为婴幼儿想象力的持续发展提供支撑。

4. 健康发展

婴幼儿的生理发展是心理发展的基础,生理发展水平影响着心理发展水平。婴幼儿生理的健康发展为更高层次的心理发展提供了条件。家长、托育园所、幼儿园应该重视婴幼儿的生理健康发展,为婴幼儿正常进行幼儿园活动,提升认知能力及健康快乐成长提供保障。

（1）大动作发展

婴幼儿大动作的发展顺序是抬头、翻身、坐、爬、站立、行走。根据"首尾原则"的发展规律,头颈部控制和躯干控制是最早出现的自主动作,也是更复杂动作发展的基础。5个月婴儿具备了自主抬头的能力,头颈部控制能力的发展,在一定程度上扩大了视野范围,为婴儿比较全面地审视周围的环境状况,了解自己的身体位置,以及身体控制能力的进一步发展创造了条件。到约8个月时,婴儿既能仰卧翻身,也能俯卧翻身,也能在没有任何帮助的情况下独立坐直。到1岁时,婴儿通常能支持站立、独立站立。婴幼儿逐渐学会翻身、独立坐、站立这些自主性动作。头颈、腰、腹等部位自主控制能力的发展,为个体自主位移能力的获得提供了重要基础。爬行是婴儿出现的最早的位移动作,按照"从上到下"的发展原则,上肢的发展先于下肢,大约6个月时婴儿可以手腹爬行,7～9个月时婴儿可以手膝爬行。在此基础上,1岁以后,幼儿逐渐发展起独立行走的动作。行走动作的发展与神经系统的成熟、躯体平衡能力的发展、肢体控制能力的发展、肢体肌肉的强壮程度、视动协调能力密切相关,所以,尽管婴儿可以独立行走,但行走动作与成人有很大的区别。大动作的发展不仅是婴幼儿神经、肌肉系统发育成熟的标志,也是个体适应生存、实现自身发展所必不可少的条件。

（2）精细动作发展

精细动作是指个体主要凭借手以及手指、手腕等部位的小肌肉或小肌肉群的运动。精细动作的发展主要包括手的动作、自主够物动作、握笔和绘画动作及自理动作。手的动作发展依次五指分工、双手配合、摆弄物件、重复连锁动作的顺序。大约在3～4个月,婴儿的五指分工开始发展,6个月后婴儿的双手配合开始发展,之后会进入摆弄物品阶段,到了1岁左右,婴儿出现重复连锁动作。自主够物动作的发展分为前够物和自主够物两个阶段。大约在3个月时,婴儿出现了准确性较高的自主够物动作。

自主够物动作的发展开辟了婴幼儿探索环境的全新途径,对婴幼儿认知发展起着重要的作用。自理动作包括穿脱衣服、洗漱、进食等,自理动作的发展是婴幼儿自理能力的重要衡量标志。在进行精细动作时需要感知觉、注意等多方面心理活动的配合。婴幼儿在发展的过程中需要完成很多任务,如写字、画画、自我服务等,精细动作为完成这些发展任务提供了重要前提,同时也是评价婴幼儿发展状况的重要指标。托育教师应该关注婴幼儿发展的关键期,针对性地培养婴幼儿的各种能力。

(二)托幼衔接共育的指导途径

托育园所和幼儿园衔接共育的指导途径包含网络宣传、集体活动和个别家访。

1. 网络宣传

网络不受时间、空间、地点等因素的限制,对于无时间照料婴幼儿的家长来说是最方便的学习方式。托育园所可以通过建设微信公众号、抖音、快手、小红书、网络线上家长课堂、网络直播讲座等宣传形式,让家长通过网络潜移默化地转变教育观念,认识到托幼衔接对婴幼儿发展的重要意义,引导家庭与托幼机构共同参与和关心婴幼儿的衔接教育。

（1）社交媒体运营

社交媒体指互联网上基于用户关系的内容生产与交换平台。社交媒体是人们彼此之间用来分享意见、见解、经验和观点的工具和平台,现阶段主要的社交媒体有社交网站、微博、微信、博客、论坛、播客等等。托育园所可以创建微信公众号,开设微博、抖音、快手、小红书账号,采用图文、视频等各种形式在社交媒体账号平台上发布婴幼儿保育教育的日常,通过向家长和其他用户展示托育园所为将要入托的幼儿做的准备,进而增进家长和社会大众对托育园所的了解。同时,托育园所可以在社交媒体上将自身的优势、教育理念等信息展示给社会大众,让社会大众理解托育教育的意义,了解正确的托育教育观念,认识到托育教育对婴幼儿发展的重要意义。

（2）网络线上课堂

网络线上课堂与传统课堂相比,不受时间、空间、地点的限制,对于工作比较忙,没有时间照料婴幼儿的家长来说是最方便的学习方式。家长可以随时随地利用闲暇、零碎的时间进行学习。托育园所和幼儿园可以将与婴幼儿生长发展、婴幼儿保育教育的相关知识录制成微课的形式,上传到家长资源课程平台,以便家长进行学习。托育园所和幼儿园可以建立教育资源共享平台,面向社会大众免费开放,定期进行维护,更新课程资源,实现与家长的在线实时互动,帮助家长树立正确的保育教育知识,转变教育观念,正确认识托育教育与幼儿园教育之间的联系,认识到学前教育的整体性。

2. 集体活动

集体活动是实现托幼衔接最直接、最主要的途径。托育园所可以适当地进行一些集体活动,通过集体活动,能够帮助婴幼儿更快适应幼儿园的生活模式。集体活动中强调的是婴幼儿与托育教师以及同伴之间的互动,有利于婴幼儿掌握与同伴交往的社交技能。

（1）空间布置的衔接

活动空间以及空间中的环境材料是托育园所进行活动的媒介,加强空间布置和环境材料方面的衔接与一致性,有助于减少婴幼儿从托班进入到小班的陌生感。在空间布置和材料投放上,托班、小班在游戏区角设置、物品摆放、材料的选择、互动范围等方面注重继承性与发展性。比如,托班可以将材料一一对应、固定位置摆放,小班可以将材料进行分类、固定位置摆放。再则,托班可以选择颜色鲜明、真实的生活材料,小班可以选择生活模拟材料或代替材料。

（2）一日作息的衔接

幼儿园一日生活的各环节都是应婴幼儿需求而存在,对婴幼儿的发展都有其不可代替的价值。幼儿园一日生活的时间和顺序相对固定,主要包括如入离园、生活环节、过渡环节、集体活动环节、自由游戏环节、活动区环节、户外活动环节等。在托班下学期和小班上学期,可以将一日生活作息的时间和顺

微课

托幼衔接共育
的指导途径

序进行调整,比如,托班下学期集体活动的时间可以进行适当的延长,帮助幼儿提前在体力和精力方面适应幼儿园的集体活动。

（3）活动组织形式的衔接

活动形式应逐渐从分散到集中,从简单到多样,逐渐具有组织性。满足托小班的有效过渡,让幼儿能适应托班和小班在活动组织方式上的变化。比如,托班在进行集体活动时可以由分散围坐逐渐转变为坐在小椅子上开展活动,培养幼儿的坐姿和倾听习惯。托班的餐前活动可以由分散游戏转变为餐前谈话或讲故事等形式,培养幼儿倾听和语言表达的能力。托班的过渡活动可以由语言指令式转变为音乐、儿歌、游戏等多种多样的过渡形式。

（4）教育内容的衔接

在生活方面,对托班幼儿通过帮助为主、引导为辅的方式进行生活习惯和生活能力的培养。对于小班幼儿通过引导与自主结合的方式进行生活习惯和生活能力的培养。比如,对于托班中情绪不稳定、哭闹不肯吃饭、挑食的幼儿采取哄一哄、喂一喂、自己选、自己吃等方式帮助和引导婴幼儿进食,对于小班的幼儿应注重鼓励幼儿独立吃完自己的饭菜。在游戏方面,托班下学期可以扩展游戏区域,提供更为丰富的角色和游戏材料。

3. 个别家访

个别家访是指对生理、心理、行为表现特殊的婴幼儿,或者家庭教育存在问题的家长进行有针对性的家访。托育教师通过与家长共同分析婴幼儿的情况,共同商讨下一阶段的教育对策。为了让婴幼儿在衔接过渡阶段得到更好的发展,顺利完成过渡,可以用个别家访对较为特殊的婴幼儿进行针对性的、专门的教育指导。

（1）家访的准备工作

为保证家访的工作平稳有序地开展,托育教师在进行走访前应做好充分的准备工作。

首先,明确家访目的。家访的目的主要包括以下七个方面:第一,了解婴幼儿的家庭成长环境及现状;第二,对婴幼儿的家庭情况摸底;第三,了解家长对托育教师教育及工作的需求和建议;第四,宣传正确的家庭教育思想,帮助家长掌握和运用合理且有效的家庭训练方式方法;第五,帮助家长制订家庭训练计划;第六,加强托育机构与婴幼儿家庭之间、托育教师和家长之间的动态联系;第七,和家长达成共识,促进家园共育,共同探讨有效的教育措施,使婴幼儿得到全面和谐的发展。

其次,预约家访时间。提前预约可以避免让家长觉得教师的家访打乱了他们原有的计划和生活秩序,从而不愿接受家访或造成家访效果不佳。教师可通过微信、电话等多种渠道与家长取得联系,和家长提前预约时间,预约时教师要注意避开婴幼儿午睡、吃饭的时间,尽量不要打扰家庭已有的生活作息时间。

然后,设计家访记录表。家访表就是根据教师要全面了解新生的基本情况来设计的,教师在访问中,可以拿着表格和家长、婴幼儿进行交流。这样有助于教师在访问中目的明确、聚焦问题,不跑题、不遗漏,提高家访的有效性和质量。

最后,整理家访记录。托育教师对家访应做简单的记录,如果担心当面记录会影响家长谈话的效果,可等到回园再进行追忆或者在家长同意的情况下用录音笔记录谈话过程,之后再记录下来。如果是两名教师一起去家访,可以有一个主要负责沟通,一个主要负责观察了解婴幼儿并记录。

（2）家访的内容

家访过程中,托育教师应将婴幼儿平时的表现向家长反馈并交流,同时聆听家长反映婴幼儿的居家情况。可以重点关注婴幼儿的生活习惯、兴趣爱好、个性特点、家庭教育环境,同时对家长们提出的问题认真记录,并进行耐心、细致的解答。在表扬婴幼儿优点的同时诚恳地指出婴幼儿的不足,耐心地传授家庭教育的方法,提醒家长不仅要关心婴幼儿的身体健康,更要关心婴幼儿的情感和行为习惯,共同探讨促进婴幼儿身心健康发展的有效途径和方法。

知识拓展

家访常见问题

三、托育园所与幼儿园衔接共育的策略

本部分主要讲述托幼衔接共育的基本策略,包括医养教结合、家长沟通、入园衔接指导和社区资源开发。

(一) 医养教结合

正确把握医养教的内涵,恰当处理医、养、教三者的关系,是实现医养教一体化的基础。

1. 医、养、教的内涵

"医"是指偏医疗、护理的工作。比如,婴幼儿保健、疾病预防与护理、意外伤害急救等,主要由医护人员承担。"养"是指生活照料的工作。比如,一日生活的安排、营养进餐、饮水、睡眠、如厕、沐浴、盥洗、消毒等,主要由保育教师承担。"教"是指早期教育工作,主要针对婴幼儿发展的五大功能区——精细动作、大动作、语言、认知、社会性进行活动设计和实施,主要由早教托育教师承担。

2. 医、养、教三者的关系

由于对养育、教育关系上认知的偏差,以及对医育的忽视,会造成幼儿园和托育园所衔接中的各种问题。理清医、养、教三者的关系特别重要。早期多数的托育园所存在重养轻教的问题,单纯地认为是解决家长的后顾之忧,只养不教,在具体工作中只强调在"养"字上下功夫,忽视了对婴幼儿的全面教育,缺少应有的活动和智力刺激,不利于婴幼儿的发展。幼儿园存在重教轻养的问题,忽视养育工作的教育功能。同时,托育园所以及幼儿园对医育的重视程度略显不足。这种医养教关系的失衡,对幼儿园和托育园所的衔接极为不利,影响教育的延续性。

3. 医养教结合

医、养、教对于婴幼儿的发展都发挥着重要的作用,托育园所和幼儿园应将三者都重视起来。首先,托育园所和幼儿园都应在"医"字上下功夫。医护工作为婴幼儿的生活与发展提供保障,托育园所和幼儿园应该设置专门的医护部门,增设专业的医护人员,同时对托育教师、幼儿教师进行基本的医学知识培训,学习基本的医治操作,提高托育教师和幼儿教师的医育素养。其次,托育园所和幼儿园应根据婴幼儿不同阶段的特点对婴幼儿进行科学的养教,根据婴幼儿的年龄特点进行适当的养育和教育,养教并重,不能重教轻养,也不能重养轻教。托育园所在满足婴幼儿生活需求,进行生活照料的同时也应该设置一定的活动,对婴幼儿的生活习惯、自理能力、生理发展、认知发展等进行相应的培养和训练,这对婴幼儿的发展及适应入园生活具有积极的作用。幼儿园应养教并重,重视保育工作对婴幼儿的教育功能,实现托幼的有效过渡,促进婴幼儿全面发展。

(二) 家长沟通

家庭是影响婴幼儿生长发育的重要因素,托幼的衔接共育离不开家长的支持与配合。良好的家长沟通有利于增强家长的支持与信任,整合家庭的资源和力量,帮助婴幼儿顺利地实现托幼过渡和衔接。

1. 家长沟通的策略

托育教师在与家长进行沟通时,要掌握一定的策略和方法。尊重家长、倾听家长,是与家长沟通的前提。许多托育教师在与家长沟通时,会出现说多听少的现象和"一通数落"的情况,这样会导致家长内心难以认同,不利于沟通的展开。面对不同类型的家长要有不同的沟通方式。家庭教育突出的特点就是个别性,不同的家庭会形成不同的教育。托育教师应对婴幼儿的家长和家庭情况有基本的了解,针对不同的家庭给予针对性的指导。客观、全面地评价婴幼儿,是与家长沟通的重要方式。托育教师在与家长沟通的过程中切忌只谈问题、不做表扬,全面、客观地向家长反映婴幼儿的情况,可以帮助家

长全面地认识婴幼儿。每个家长都对自己的婴幼儿寄予厚望,全面、客观的评价有利于和家长做到心理相容。应讲究语言艺术,深入浅出,将大道理说小。与家长沟通的过程中如果涉及专业的知识或理论,托育教师应该通俗易懂的表达,这样有助于家长理解和吸收。

2. 家长沟通的形式

托育教师与家长沟通的形式多种多样。从空间上可以分为线上沟通和线下沟通,从对象上可以分为集体沟通和单独沟通。常见的集体沟通形式主要包括开展家长日活动、家长会等。常见的单独沟通形式主要有日常的电话沟通、家访等。除此之外,托育教师应扩展沟通渠道,创新沟通形式,积极与家长建立联系。比如,托育教师可以充分利用接送婴幼儿的时间与家长进行交流。这种交流形式反馈快、见效快、便于操作。还可以使用档案记录与家长进行沟通。档案记录中体现着婴幼儿的成长过程及托育教师的思考,让家长通过阅读档案记录并发表看法,可以促进家长与托育教师共同探究婴幼儿的教育话题,达成一致的教育理念。

(三) 入园衔接指导

进入幼儿园后,婴幼儿往往会有不同程度的不适应的问题,有的表现为哭闹不止,有的不肯离开家长,有的不配合保教工作,有的吵着要找原来托班的老师。引起婴幼儿入园不适应的原因有很多,托育教师应该做好衔接工作,让婴幼儿顺利、快速地适应入园生活。

1. 托育园所的入园衔接工作

托育园所的入园衔接工作主要包含五个方面。第一,在日常的交流中让婴幼儿明白自己以后会上幼儿园,进入幼儿园后会认识新的朋友,学习新的知识,让婴幼儿对幼儿园产生兴趣。第二,熟悉幼儿园的环境和老师。提前带婴幼儿参观幼儿园,体验幼儿园的生活和活动,认识幼儿园的老师,给婴幼儿留下一个美好的幼儿园印象。第三,参加小班的活动。与幼儿园小班教师联系好,组织婴幼儿参加他们的活动,一起游戏,一起生活,让婴幼儿们体验幼儿园的乐趣。第四,召开欢送会。在托大班的幼儿即将毕业前,组织一个欢送会。会上,可以让托大班的幼儿表演一些节目,表达对托育园所和老师的感激和不舍。同时,让小一些的幼儿们表达对哥哥姐姐的不舍,激发托大班幼儿离所入园的自豪,强化入园动力。第五,做好家长工作。平时运用多种形式向家长进行有关婴幼儿入园的宣传工作,引发家长对婴幼儿入园工作的重视与关心,做好婴幼儿进入幼儿园的思想准备和物质准备。

2. 幼儿园的入园衔接工作

幼儿园的入园衔接工作主要包括入园准备和组织入园两部分。入园准备工作包含两大方面。第一,新生入园走访工作。在新生入园前,幼儿园教师应走访家庭和托育园所。提前了解婴幼儿的生活环境和发展状况,包括家庭情况、家长教育观念、婴幼儿的身体状况、自理能力、智力发展、口头表达、社会性、兴趣爱好等。与婴幼儿进行初步的接触并建立感情,减少婴幼儿对陌生老师的紧张与不安。了解托育园所的教养工作情况,以便更好地与托育园所的教育相衔接,顺利开展幼儿园阶段的教育。第二,创设与托育园所相近的生活环境。婴幼儿适应幼儿园生活需要一个过程,小班前期,在教育环境及设备方面尽可能地接近托育园所的样子,以便婴幼儿用已有的生活经验去适应新的环境。组织入园工作主要包括四大方面。第一,通过热情接待新生入园和悉心照料婴幼儿生活,让婴幼儿喜爱自己的老师和幼儿园。第二,创设婴幼儿喜欢的环境,设计有趣的活动,缩小幼儿园与托育园所的环境差距。第三,对新入园婴幼儿逐步提出要求。新入园的婴幼儿会产生紧张和不安的情绪,托育教师若在一开始就提出高要求,会加重婴幼儿的心理负担,让婴幼儿产生反感,所以,老师应对婴幼儿逐步提出要求,让其慢慢适应。第四,做好家长工作。让家长了解婴幼儿初入园的注意事项及引导办法,帮助婴幼儿适应入园生活。

(四) 社区资源开发

社区作为家庭、托育园所、幼儿园的外部环境,蕴含着丰富的教育资源。同时,家长对于社区托育

服务的需求很大。托育园所和幼儿园可以挖掘社区的资源,根据家长的需求和期望进行社区资源的整合与开发,为托幼衔接提供依托。

1. 提供多层次社区托育服务

家庭对于社区托育服务需求可以分为普遍性需求和特殊性需求,普遍性需求是指家庭的共同需求,特殊性需求是指家庭根据自身特殊条件而产生的个别需求。首先,社区应满足家庭对社区托育的普遍性需求。如社区环境与基础设施、社区治安条件等,社区建立的活动中心应在保障婴幼儿安全的前提下,为婴幼儿提供户外活动的可能。其次,依据托幼服务需求的差异性,对于婴幼儿不同层次需求,要予以灵活满足,可以在社区提供短时照护、临时照护、工作日照护等多种类型,以满足家长因不同工作时间而产生的不同托幼需求。社区还可以提供开放式托幼,根据社区居民的需要,提供家长可以陪伴婴幼儿的场所,以便于祖辈在照顾婴幼儿时有固定安全场所可活动[①]。

2. 提升社区托育教师师资

社区托育服务机构的师资力量决定了社区托幼的服务质量,这类托育教师是通过统一考试进入社区托育服务机构的。社区托幼服务机构可以和托育园所建立合作,建立专门的社区托育教师培养基地。针对婴幼儿的生长特点及发展规律,加强社区托育教师的专业素养,以便托育教师在提供托幼服务过程中更加科学与严谨。社区也应实施严格的从业资格考核制度,对社区的托育教师进行入职考核和不定期审核,从根本上提升社区托幼师资水平。

3. 凝聚社区托幼力量

首先,托育园所可以联合居委会在社区开展托幼衔接宣传。向社区居民科普托幼衔接观念,为社区居民开展相关的活动讲座,普及科学托幼衔接知识,让各个年龄段的家长都能学习专业的婴幼儿教育指导知识,促进邻里沟通。其次,组织社区托幼服务志愿者队伍。团结社区中空闲的居民,组成社区托幼志愿者团队,帮助独居母亲照看婴幼儿,减少独居母亲的照看压力。最后,对社区托幼志愿者进行专业的训练,进行定期的考核和科学的管理。充分利用社区资源,提高社区托幼服务质量。

模块小结

本模块我们学习了婴幼儿家庭、托育园所与幼儿园的有效衔接与共育。任务一聚焦家庭与托育园所的衔接共育,主要包括家庭与托育园所衔接共育概述、指导内容、指导途径和实施策略。任务二聚焦托育园所与幼儿园的衔接共育,主要包括托育园所与幼儿园衔接共育概述、指导内容、指导途径和实施策略。

思考与练习

一、选择题

(一)单项选择题

1. 0~3岁婴幼儿最重要的生活场所是(　　)。

A. 幼儿园　　　　　　B. 托育园所　　　　　　C. 家庭　　　　　　D. 社区

E. 社会

2. 根据布朗芬布伦纳的生态系统理论,家庭、托育园所和幼儿园是影响婴幼儿发展的(　　)。

A. 宏观系统　　　　　B. 外层系统　　　　　　C. 中间系统　　　　　D. 微观系统

---

① 黄镠颖.0~3岁婴幼儿社区托幼服务的需求研究[D].马鞍山:安徽工业大学,2021.

E. 时间系统

3. 英国心理学家鲍尔贝针对婴幼儿形成依恋的过程中，关于婴儿表现出分离焦虑是在（　　）。
　　A. 刚出生　　　　　　　　　　　　　B. 出生到 6 周内
　　C. 6 周到 6～8 个月　　　　　　　　D. 6～8 个月到 18 个月
　　E. 18 个月～2 岁及以后

4. 对婴幼儿的保健重点不妥当的是（　　）。
　　A. 持续进行生长发育的监测　　　　　B. 加强体格锻炼
　　C. 预防意外事故的发生　　　　　　　D. 多吃营养品，尤其是优质蛋白
　　E. 鼓励婴幼儿主动探索

5. 下列不属于早期教育环境创设原则的是（　　）。
　　A. 安全为先　　　　　　　　　　　　B. 保教结合，保育为主
　　C. 情感渗透　　　　　　　　　　　　D. 教育为主
　　E. 审美原则

（二）多项选择题

1. 家庭与托育园所衔接共育的指导内容包括（　　）。
　　A. 生活适应能力　　　B. 照护环境　　　C. 健康护理　　　D. 培育活动
　　E. 成长监测

2. 家园合作可能存在的问题包括（　　）。
　　A. 合作内容脱节　　　B. 缺乏沟通　　　C. 合作良好　　　D. 缺乏一致性
　　E. 家长配合

3. 根据婴幼儿的发育水平，可以引导和培养其自理生活能力和良好的行为习惯，具体包括（　　）。
　　A. 7～9 个月龄开始学习固体食物的咀嚼、吞咽技能
　　B. 10～12 月龄学习用杯子喝水
　　C. 15～24 月龄学习排便和如厕训练
　　D. 7～9 个月开始学习流食的吞咽
　　E. 24 个月开始学习走路

4. 托育园所与幼儿园衔接共育的指导内容包含（　　）。
　　A. 生活习惯　　　　B. 社会性发展　　　C. 认知发展　　　D. 健康发展
　　E. 身体发展

5. 托幼衔接共育的原则主要包含（　　）。
　　A. 双向衔接原则　　　B. 优化配置原则　　　C. 婴幼儿中心原则　　　D. 资源共享原则
　　E. 互惠互利原则

二、判断题

1. 托育园所的规模越大越好。　　　　　　　　　　　　　　　　　　　　　（　　）
2. 托育园所只需要配备符合要求的保育人员即可。　　　　　　　　　　　　（　　）
3. 2 岁以上的婴幼儿观看或使用电子屏幕的时间应少于 1 小时/天。　　　　（　　）
4. 4 岁婴幼儿的攻击性行为最多。　　　　　　　　　　　　　　　　　　　（　　）
5. 社会性行为受到遗传、气质、社会文化传统、大众传播媒介、认知以及交往中的情绪状态、心境、周围环境的气氛的影响。　　　　　　　　　　　　　　　　　　（　　）

三、简答题

1. 如何做好家托衔接的工作？

2. 如何理解托育园所与家庭和幼儿园的衔接关系及作用?

3. 托育园所为什么要为婴幼儿入幼儿园做准备? 应该做哪些准备?

四、实训任务

幼儿园小班新生萌萌在园期间,总是吵着要回到之前的托育机构,不肯配合幼儿园教师进行活动。放学后,和家长反映不喜欢现在的幼儿园老师,不喜欢幼儿园的生活。

思考:(1)幼儿园教师应如何安抚萌萌? 请模拟情境完成安抚工作。

(2)幼儿园教师应该如何与家长配合帮助萌萌适应幼儿园生活?

模块七
婴幼儿家园共育中的评价

课件

模块导读

婴幼儿家园共育的评价是检验家园共育成效最重要的途径,评价结果不仅可以反映婴幼儿的发展状态并给出针对性发展建议,还能了解亲子互动、家园沟通合作等主体间相互作用的紧密程度,从而促进婴幼儿、家长、托育教师三者间的关系联结。

本模块主要阐述婴幼儿家园共育中的评价,通过案例呈现与辨析、理论阐释、评价工具介绍与应用等帮助学习者学习婴幼儿家园共育评价的内容和方法,了解多种评价工具及内容并掌握评测方法,通过实操训练将所学的评价技能运用到具体评价情境之中,完成婴幼儿家园共育的有效评价。

学习目标

1. 掌握婴幼儿家园共育评价的主要内容,能够根据内容匹配相应的方法。
2. 了解婴幼儿家园共育评价工具及主要测评内容。
3. 掌握不同类型婴幼儿家园共育评价工具的评测方法。
4. 了解婴幼儿家园共育评价的独特价值,学会正确看待评价的内容与方法,重视在婴幼儿家园共育中进行评价。

思政导航

我国国家卫生健康委员会发布了《0～6岁儿童发育行为评估量表》,该量表于2018年正式开始实施。该量表非常详细地描述了各月龄段婴幼儿需要具备的能力,覆盖大运动、精细动作、适应能力、语言和社会行为五方面的内容。对于家长或托育教师来说,是一个易懂且权威的参考。其实,托育园所也会组织托育教师对婴幼儿的发育和成长进行监测与评估,托育教师作为与婴幼儿朝夕相处的人,对婴幼儿的各方面能力都比较了解,通过测评活动,教师能对每个婴幼儿的发展有一个全面、正确的了解,并为今后如何根据婴幼儿的特点因材施教提供了真实有效的依据。同时,这也能帮助托育教师在家园共育的过程中,让家长更加直观地了解婴幼儿的发展水平,为家长传递正确、科学的育儿理念,沟通婴幼儿的优势和欠缺,提供家园共育的针对性指导,助力婴幼儿健康快乐成长。基于此,本模块将帮助学习者熟悉和掌握婴幼儿家园共育评价的内容、方法和评价工具,重视在婴幼儿家园共育中进行评价。

内容结构

```
                          ┌─ 掌握婴幼儿家园共育 ──┬─ 婴幼儿家园共育评价内容
                          │  评价的内容与方法      └─ 婴幼儿家园共育评价方法
  婴幼儿家园共育 ──────────┤
  中的评价                 │                        ┌─ 婴幼儿发展评估工具
                          └─ 了解婴幼儿家园共育 ──┼─ 照料者互动评价工具
                             的评价工具            └─ 家园沟通合作评价工具
```

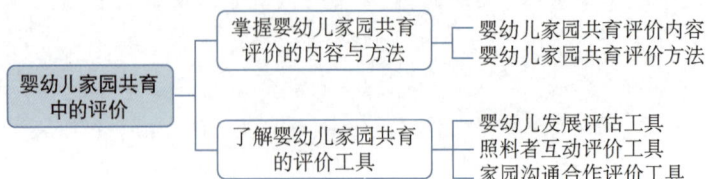

任务一 掌握婴幼儿家园共育评价的内容与方法

案例导入

沉默的宝贝

解理辨析

沉默的宝贝

两岁的笑笑还不太会说话,可把妈妈急坏了。有一天,笑笑妈妈带着笑笑在小区里玩耍,看到了小区里的托育机构,于是笑笑妈妈就赶紧带着笑笑向具有0~3岁婴幼儿照护经验的托育老师求教。"我家笑笑两岁了,但是不怎么张口说话,也不知道是什么原因。老师们有什么办法能帮我看看我家孩子怎么了吗?"

老师一边安抚笑笑妈妈的激动情绪,一边告诉笑笑妈妈可以为笑笑做一次免费的语言发展评估。笑笑妈妈紧皱的眉头和攥紧的手这才松弛了下来,跟随老师的指引来到了一间安静的评估室中。老师利用0~3岁婴幼儿发展评估量表为笑笑进行了语言发展方面的评估。但在评估过程中,笑笑妈妈却几次打断老师和笑笑的交流,尤其是当笑笑对老师的问题没有及时回应时,笑笑妈妈不是埋怨笑笑,就是代替笑笑做出反应。

测评结束后,老师和笑笑妈妈进行了认真的交流,不仅给出了促进笑笑语言发展中肯的建议,也指出了笑笑妈妈在家庭教养中的问题。

[本案例来源于辽宁省沈阳市爱本真儿童之家(原东方爱婴),李云飞]

思考:你知道笑笑接受了哪些语言发展评估内容? 评估者又对促进笑笑语言发展方面提出了怎样的建议?

任务要求

1. 掌握婴幼儿家园共育评价的概念、原则、内容、意义。
2. 能够根据家园共育评价内容选择相匹配的评价方法。

一、婴幼儿家园共育评价内容

婴幼儿家园共育评价中涉及三方主体:婴幼儿、家长及托育教师。基于三方主体的交互作用,形成婴幼儿家园共育评价的三方面主要内容,分别为婴幼儿发展评估、照料者互动评价和家园沟通合作评价。

(一) 婴幼儿发展评估

对 0～3 岁婴幼儿发展的评价,一般采用"评估"一词,往往更关注婴幼儿的客体指向而非其他教育项目[①]。婴幼儿发展评估有助于托育教师和家长深入、客观、全面地了解婴幼儿发展现状,及时发现婴幼儿发育迟缓或发展障碍问题,并有针对性地进行干预。

1. 概念

婴幼儿心理特点与行为表现相互关联,因此婴幼儿发展评估也可称为婴幼儿心理行为评估,由婴幼儿心理评估及婴幼儿行为评估组成。婴幼儿心理评估是指综合运用谈话、观察、测量的方法,对婴幼儿的行为、个性和能力等心理现象进行全面、系统和深入的分析;婴幼儿行为评估是指评估婴幼儿在不同场景下的行为表现和影响行为产生的因素[②]。

2. 原则

在对婴幼儿进行发展评估时,应遵循科学性、全面性、文化敏感性和真实性原则。

(1) 科学性原则

科学性原则是指评估者在对婴幼儿发展进行评估时,应本着务实、严谨、正式的科学态度,应用科学规律的评估标准和体系,采用合理的评估方法和程序,对婴幼儿的发展反馈最真实、客观的认识。

(2) 全面性原则

全面性原则的"全"体现在对婴幼儿评估方向的全覆盖、评估时间的全关注、评估内容的全涉及。评估者需在不同的情境中对婴幼儿认知、动作、情绪、语言、社会性等评估方面全面留意,随时对婴幼儿的做法、反应、动作等行为做详尽周全的记录,以便了解婴幼儿当前的发展水平以及未来可能到达的水平,从而为评估提供建设性信息。

(3) 文化敏感性原则

文化敏感性原则是指评估者在整个评估过程之中保持一定的敏锐度,关注婴幼儿不同的文化背景。不同文化的价值取向影响婴幼儿评估标准,某一文化认同的行为或许在另一种文化下并不被许可,如民族间的文化差异、家庭间的文化差异等等。因此,当评估者在筛选评估工具和进行评估时常常要考虑针对的是哪一文化群体,该文化群体养育婴幼儿时应用哪些养育方式,自己是否具备相应的文化能力。时刻保持对评估的文化敏感性[③]。

(4) 真实性原则

真实性原则强调测评环境和记录的真实。相较于严密的测查,婴幼儿发展评估强调评估的真实性,包括两个方面,一方面是测评环境的真实性,评估环境必须是真实、日常、自然的,不需要刻意制造特定的评估环境,否则反而会束缚婴幼儿的行为,影响评估者进行准确判断;另一方面是测评记录的真实性,评估者需要不带主观色彩地记录婴幼儿身上真实发生的事情,这里有两个关键词,一是客观地记

---

① 高洁,方征.评价、评估、考核、监测:教育评价若干同位概念辨析及启示[J].教育发展研究,2022,42(19):75-84.
② 童连.0～6岁儿童心理行为发展评估[M].上海:复旦大学出版社,2017:83.
③ 霍力岩,潘月娟,黄爽,等.学前教育评价(第3版)[M].北京:北京师范大学出版社,2015:289.

录,二是记录"看得见"的,这也是评估者应具备的基本素养①。

3. 内容

婴幼儿发展评估应注重婴幼儿认知发展、身体运动和健康发展、情绪发展、语言发展及社会性发展评估。

（1）婴幼儿认知发展评估

婴幼儿认知发展是衡量婴幼儿神经系统及大脑发育水平的重要指标。对0～3岁婴幼儿的认知发展进行监测和评估,有助于评估者了解婴幼儿的发育情况及发展规律,并能够帮助有发展障碍的婴幼儿健康成长。评估形式主要有筛查、诊断性评估,嵌入课程的评估,与干预相结合的游戏评估三种类型。婴幼儿认知发展评估的主要内容包括感知、探索和操作、物体关系、概念形成、记忆等②。

（2）婴幼儿身体运动和健康发展评估

婴幼儿身体运动与健康的发展是生理性发展的体现和感知觉发展的基础。婴幼儿动作发展的评估不仅能够衡量婴幼儿生理发展水平,对其认知、个性、情绪情感与社会性等方面的发展也具有重要影响作用。评估形式主要有基于量表的评估、基于真实情境观察的评估以及基于游戏的评估。评估主要内容包含两类,一类是粗大动作或称大肌肉动作(gross motor),如爬、走、跑、跳、上下楼梯等;另一类是精细动作或称小肌肉动作(fine motor),如抓握、使用勺、穿脱鞋袜、握笔画画或写字等,根据不同评估情景、评估条件的限制以及婴幼儿本身特点制定不同的具体评估程序③。

（3）婴幼儿情绪发展评估

婴幼儿情绪是指婴幼儿察觉和理解自己或他人的情绪,并在此基础上进行适当表达、调节和控制,以帮助自己应对挑战、达成目标以及有效参与社会互动的适应性反应④。开展婴幼儿情绪发展评估,有助于评估者基于其情绪发展水平选择恰当的教育方式,促进婴幼儿自我适应、人际适应和社会适应能力的提升。主要有基于实验室观察的评估和基于量表的评估两种评估形式,评估内容主要有情绪识别能力、情绪表达能力、情绪理解能力、情绪调节能力、情绪控制能力等。

（4）婴幼儿语言发展评估

婴幼儿语言发展是指在婴幼儿在0～3岁各阶段对外界声音的反应、言语表现及听觉发育表现。在婴幼儿语言发展各阶段的关键时期,对婴幼儿进行语言发展评估,有助于及时发现语言障碍问题并及时干预。同时,能促进婴幼儿的人际交往,提高逻辑思维能力。主要有基于标准化测验、基于真实情境观察和基于游戏三种评估方式,包括注意、游戏、手势、词汇、语言结构、概念、社会沟通、语言综合技能、语音意识和早期读写能力等多个方面的评估⑤。

（5）婴幼儿社会性发展评估

婴幼儿的社会性是指婴幼儿在参与社会生活、与人交往的过程中,在固有的生物特性基础上形成的独特心理特性⑥。婴幼儿社会性发展评估可以帮助评估者及时发现问题并为后续干预提供科学依据,帮助婴幼儿学会适应社会、与人交往。婴幼儿社会性发展评估形式有基于量表的评估、基于实验室观察的评估以及基于游戏的评估,评估内容包括自我控制、依从性、沟通、适应功能、自主性、情感、人际互动等。

（二）照料者互动评价

照料者互动评价分为师幼互动评价以及亲子互动评价,可以从照料者互动评价的概念、意义以及

---

① 鄢超云.学前教育评价[M].北京:高等教育出版社,2010:91.
② 王兴华,王智莹,朱瑞玲,等.0～3岁婴幼儿认知发展评估工具的分析与启示[J].幼儿教育,2018(Z3):8-14.
③ 刘馨,钟桂英,王兴华,等.0～3岁婴幼儿动作发展评估工具的分析与启示[J].幼儿教育,2017(36):11-17.
④ 李晓巍,魏晓宇,解婧,等.0～3岁婴幼儿情绪发展评估工具的分析与启示[J].幼儿教育,2018(Z3):15-20.
⑤ 刘婷,华诗涵,王兴华,等.0～3岁婴幼儿语言发展评估工具分析与启示[J].幼儿教育,2018(12):42-48.
⑥ 洪秀敏,姜丽云,李晓巍.0～3岁婴幼儿社会性发展评估工具的分析与启示[J].幼儿教育,2017(36):18-23.

主要内容进行全面学习。

1. 概念

婴幼儿照料者是指在教育场所、家庭中照顾婴幼儿日常生活与活动的专业人员或家庭成员,在本部分中主要指托育教师和家长,两类照料者主体与婴幼儿形成了师幼互动与亲子互动两种互动模式[①]。

（1）师幼互动评价概念

0～3岁婴幼儿师幼互动评价是指在托育园所中,对托育教师与0～3岁婴幼儿之间运用言语或非言语的方式进行信息传递、行为指导和情感交流过程的评价。

（2）亲子互动评价概念

亲子互动是指家长与子女之间由于在态度、情感、行为等方面的相互作用、相互影响,从而引起对方的行为、情感或价值改变的过程[②]。0～3岁婴幼儿亲子互动评价则是指对0～3岁婴幼儿与家长间由于态度、情感、行为等方面相互作用、相互影响的动态过程进行评价。

2. 意义

师幼互动以及亲子互动评价对家园共育有着重要意义。

（1）师幼互动评价意义

基于《幼儿园保育与教育评估指南》对师幼互动要求,托育教师应在与婴幼儿的互动中保持积极乐观愉快的情绪状态,以亲切和蔼、支持性的态度和行为与婴幼儿互动,平等对待每一名婴幼儿。良好师幼关系的形成,从婴幼儿角度来看,是婴幼儿与托育教师积极主动作用的结果,在此过程中婴幼儿不断进行自我建构,从而得到身心各方面发展;从托育教师角度来说,认真观察婴幼儿在各类活动中的行为表现并做必要记录,对其发展情况做出客观分析,提供有针对性的支持,是其专业水平和能力的体现;从婴幼儿教育宏观角度来看,是重视质量过程要素的重要组成部分,亦是促进学前教育高质量发展的关键。对师幼互动进行评价有助于引起托育园所对师幼关系的重视,促进托育教师进行自我反思并优化互动行为。通过衡量师幼互动质量的高低影响婴幼儿的发展、托育教师的专业发展乃至婴幼儿教育的过程质量。

（2）亲子互动评价意义

以亲子互动评价为途径,在早期高质量的家庭互动体验中推进婴幼儿全面发展,对促进婴幼儿健康成长具有积极的意义。与此同时,以评价的导向作用引导家长发现并改正不适宜的育儿观念和教养行为,发现托育教师设计与组织亲子活动中存在的问题,并及时、有针对性地进行完善修改,从而提高家长与托育教师的反思能力,提高家园共育合作能力。

3. 内容

照料者互动评价的主要内容分为师幼互动评价内容以及亲子互动评价内容。

（1）师幼互动评价内容

师幼互动过程中的评价主要对其互动的主体、背景、过程、结果四个方面进行评价。

① 师幼互动的主体。师幼互动的两个主体为托育教师和婴幼儿。按照互动的发起者划分,可分为托育教师发起的师幼互动、婴幼儿发起的师幼互动、托育教师与婴幼儿一同发起的高质量师幼互动;按照对照关系划分,可分为教师—个别、教师—小组、教师—集体等形式的师幼互动。

② 师幼互动的背景。由于师幼互动具有情境性的特点,对师幼互动的评价应考虑在不同的托育活动环节,如见面问候环节、区域游戏活动环节、户外安吉游戏环节等,不同的环境如自然环境、室内环境、室外环境等,不同的时间如晨检、午餐、离园等,实现身临其境的师幼互动评价。

③ 师幼互动的过程。师幼互动的过程评价包含对互动内容、方式、性质以及敏感度的评价。互动

---

① 霍力岩. 学前教育评估[M]. 北京:北京师范大学出版社,2015:243-346.

② 王忠民. 幼儿教育辞典[M]. 北京:中国大百科全书出版社,2004:1021.

内容分为由托育教师发起的和由婴幼儿发起的,前者为由上至下的关怀,如日常生活照顾、支持帮助、安慰关心等;后者为由下至上的反馈,如寻求帮助、告状、寻求抚慰等。互动方式包括语言互动即主要以言语行为为沟通的主要形式且伴有少量手势、眼神、动作等,以及非语言互动即完全用手势、眼神、动作进行互动。互动性质分为积极互动、中性互动、消极互动,是从和蔼可亲到厌烦不满的以情感的走向为判断标尺的互动评价。互动敏感分为高敏感度互动和低敏感度互动,高低的判定取决于反馈与回应的程度。

④ 师幼互动的结果。对师幼互动结果的评价是检验师幼互动效果的有效途径,互动的过程和情况会形成特定的互动模式,而这个模式是高控型抑或是自由型、亲密型抑或是生疏型,可以利用采取赋分的形式,用数据分析方法直观地进行标准化判断。

（2）亲子互动评价内容

亲子互动过程中的评价主要对其互动的质量、亲子教育活动、互动的程度三个方面进行评价。

① 对亲子互动质量的评价。亲子互动质量的评价可以从情感、回应、鼓励、指导四个维度进行。情感维度的评价标准为家长与婴幼儿互动时是否温和、身体靠近、向儿童积极表达;回应维度的评价标准为家长与婴幼儿互动时是否回应了婴幼儿的暗示、情绪、言语、兴趣、行为;鼓励维度的评价标准为家长与婴幼儿互动时是否主动支持婴幼儿探索、努力、发起、创造和游戏;指导维度的评价标准为家长与婴幼儿互动时是否进行分享式对话、认知刺激、解说和提问[1]。

② 对0～3岁婴幼儿的亲子互动进行评价。可以通过对亲子教育活动本身进行评价来实现。亲子教育活动目标的评价应考虑是否具备符合年龄的适宜性、具体明确的操作性、全面统整的整合性等特性;对亲子教育活动内容的评价应考虑是否具备促进"最近发展区"水平提升的挑战性、回归自然和生活的开放性、融合德智体美劳教育领域的多元性;对亲子教育活动方法的评价应考虑是否具备经验增长的有效性、教育方式的适宜性;对亲子教育活动环境材料的评价应考虑是否具备基础条件的启发性、物质条件的多样性、教育手段的现代性。

③ 对家长与婴幼儿互动程度的评价。在亲子互动中,家长与婴幼儿的互动程度反映了亲子间互动的效果。对家长与婴幼儿互动程度的评价,可以从家长与婴幼儿肢体接触、言语交流等方面互动的次数、形式、有效性、感受等,检验亲子互动的效果[2]。

（三）家园沟通合作评价

家园沟通合作评价可以判断家园是否形成了合力以及合力的形成程度,可以从家园沟通合作评价的概念、意义以及主要内容进行全面学习。

1. 概念

婴幼儿家园沟通合作是指托育园所与0～3岁婴幼儿家长之间进行的沟通合作。托育园所与家长通过婴幼儿近期情况的交流,作为双方合作的连接桥梁。家园沟通合作的评价主要对婴幼儿家园沟通合作形式、过程、效果进行评价。

2. 家园沟通合作意义

和谐的家园沟通合作有四方受益者,婴幼儿、家长、托育教师、托育园所。在家庭与托育园所的教育理念趋同的氛围中,婴幼儿可以产生秩序感和安全感,实现其稳定发展;托育教师在家园沟通合作的过程中也会提高自己的沟通技能、反思能力,促进专业发展和职业成长空间的提升;家长通过咨询请教专业的托育教师,可以获得正确的教育观念,提升自己的教育技能;托育园所在良好的家园沟通合作模式下可以提高宣传力、知名度和社会影响力,吸引社会多方的支持从而丰富园所资源库,进而带来一定

---

① 宋丹花.0～3岁婴幼儿共同养育家庭的亲子互动与祖孙互动比较研究[D].浙江:浙江师范大学,2022.
② 秦旭芳.0～3岁亲子教育活动指导与设计(第二版)[M].北京:中国人民大学出版社,2021:262.

的招生优势。

3. 家园沟通合作评价内容

家园沟通合作评价主要对其形式、过程、效果三方面进行评价。

（1）对家园沟通合作的形式进行评价

对于家园沟通合作形式的评价可以从频率和方式两个方面展开。沟通合作以周、月、学期为单位判断频率快慢；沟通合作方式以是否开展如家长会、家长开放日、家长教育讲座等活动，形式是否丰富，是否有效果作为评价指标。

（2）对家园沟通合作的过程进行评价

对家园沟通合作过程的评价分为对婴幼儿自身发展和对托育园所教育管理两方面。针对婴幼儿自身发展的沟通合作过程评价涵盖沟通内容是否真实贴切，能否帮助家长及时掌握婴幼儿发展状况，沟通态度是否积极，是否提出发展性建议供家长参考等内容；针对托育园所教育管理沟通合作过程评价涵盖家长是否认同机构的管理制度，教育理念与教育目标，是否参与到机构管理与教育工作之中，托育教师与家长沟通方向是单向还是双向等内容。

（3）对家园沟通合作的效果进行评价

衡量家长对托育教师的认可度、家长参与活动的热情度、家长对班级工作的满意度、家长对托育园所的信任度四个方面，可以在一定程度上说明家园沟通合作的效果。

二、婴幼儿家园共育评价方法

（一）观察法

观察是评价者搜集评价信息最为重要、最为常见的一种方式。评价者可以通过观察家园共育环境和观察家园共育活动来评价婴幼儿的家园共育状况。

1. 观察家园共育环境

环境在幼儿教育中有着举足轻重的作用，环境是无声的教师。良好环境的创设是评价家园共育工作最直接的体现，可以通过观察家园共育环境来评价托育园所的家园共育工作。第一，观察家园共育栏。家园共育栏是家园共育环境创设浓缩的"小窗口"，是"家园沟通的连心桥"，是家园共育工作最直接的体现。要观察家园共育栏的内容是否丰富，是否有教师和家长的育儿文章和经验交流、家长参与活动的照片、家长留言板等。若板块设计合理、内容丰富，则从侧面反映出家园共育工作开展情况较好。第二，观察主题墙。要观察主题墙上是否有家长收集的主题资料、亲子共同制作的作品、家长参与活动的纪实照片。可以说，主题墙的创设能看出家长对布置环境的重视程度、参与程度。收集的资料和与主题相关物品的数量、质量，在极大程度上可以说明家园配合的程度。第三，观察活动区。比如可以观察娃娃家是否有家长提供的各种半成品材料、家长提供的全家福照片等。表演区是否有家长提供的各种服装、道具等。这些家长提供的活动区材料就像家长参与、配合的影子，能体现出较好的家园共育成果。此外，托育园所设置的一些亲子活动场所，比如亲子阅读区、亲子故事角，则更容易观察出家园共育成效。比如可以通过观察亲子阅读区中是否提供家长读书的环境，是否有各种育儿书籍来判断托育园所是否重视家长工作。

观察家园共育环境时，可以通过检核表和等级评定量表对观察结果进行记录。检核表是记录某一种家园共育环境或环境中的设施是否存在，这种方法非常高效，能够节省一定的时间和精力。但是，检核表只是记录存在与否，不记录更多的细节和情境，从而也会丧失很多信息。等级评定量表是记录被评对象具有什么样的性质，需要预先设计等级评定量表。在设计时，首要的是对环境设置做清晰的界定。其次，要对等级进行准确的区分，等级划分过细或者过于笼统都无法准确地区分和记录等级之间的差异。在记录时可以根据观察到的环境情况在相应等级上打勾。

2. 观察家园共育活动

通过观察托育园所的家园共育活动，可以直观感受并评价托育园所的家园共育情况。首先，可以观察托育教师和家长的亲密度。通过观察早晨来园时，托育教师和家长的沟通、谈话，观察托育教师对家长的态度是否热情、回答家长问题是否耐心、家长是否愿意和托育教师交流等，从而能看出这个托育教师和家长的亲密程度。其次，可以观察家长在活动中的参与度。通过观察座谈会、家长开放日等活动家长的参加人数及积极性，就能看出家长是否愿意参加各种活动，其积极性、主动性如何。最后，可以观察托育教师与家长的互动交流情况。在托育园所的家长开放日、各种亲子活动中，家长和教师是否相互配合完成教育活动等。

观察家园共育活动时，可以通过叙事记录、事件记录或频次记录，以及时记录所获信息。叙事记录是用文字描述被评对象的信息，分为叙事连续记录和叙事轶事记录。叙事连续记录是在现场按照实际的发生顺序客观地记录下所有看到的和听到的信息。连续记录需要记录家园共育活动日期、开始和结束时间、活动细节（如谁发起的活动，集体或个别活动）、参与者的信息（姓名、年龄等）、观察目的等。这种记录方法的优点是能够提供翔实、生动的信息，能够揭示现象与事件所处的背景和细节。但是，连续记录比较费时费力，当现场要观察的对象较多、信息较多时，很难将所有细节都记录下来。叙事轶事记录是在事后进行的概括性记录，也可以对某个现象或事件做重点记录。这种记录方法可以提供较详细、生动的信息，但不能提供更细致、全面的细节。这种记录可在观察结束后的任何时间来做，所以应用比较灵活，但是正因如此，也容易出现遗漏、扭曲信息。叙事记录是要将发生的一切都记录下来，而事件记录与叙事记录不同，事件记录只记录预先规定的现象和事件。与叙事记录相同的是，事件记录能够详细描述行为及其情境，提供丰富的信息，但是不适合记录不经常出现的行为。频次记录是在规定的时间段内标记出现的目标行为，以记录某一行为出现的频次。这种记录方法需要预先确定收集的内容和时间、制定记录表格，所以比较节约时间和精力。但正是由于只记录频次，无法记录详细背景与细节、行为发生的先后顺序以及之间的关系等，所以提供的信息不完整。

（二）问卷调查法

问卷调查是一种通过书面提问来获取信息资料的方式。通过调查问卷对管理者、托育教师、家长的家园共育活动开展情况进行调查，调查他们对托育机构家园共育工作的态度、重视程度、认识程度，具有简单易行、效率高的优势。

问卷调查能否取得成功，关键在于问卷的编制。问卷主要由前言和题目两部分组成。前言是问卷不可缺少的部分，它一般包括本项调查的目的与价值、个体作答的重要性、对答卷者作保密的允诺、调查者署名等，要求文字简洁明了。问卷题目的形式主要有封闭型和开放型两种。封闭型题目是指事先给出几种可能的答案，答卷人在给出的答案中作出选择的题目形式。开放型题目是指只提出问题，但没有具体答案的题目。问题在设计时需要注意以下几点：第一，题目要清楚，避免使用模糊的、技术性的术语及行话。第二，一个题目中只能包含一个问题。第三，防止使用导向性的问题，以免给回答者造成较强的暗示。第四，避免会给回答者带来社会或职业压力的问题。第五，尽可能避免使用双重否定性题目。

为调查婴幼儿家园共育的情况，可以设置两套问卷，分别调查托育机构及托育机构管理者、教师和调查家长。针对托育机构及托育机构管理者、教师的调查，问卷问题可以涉及托育机构家长委员会、家长学校的情况，托育机构开展亲子活动、家长开放日、家长会、家访等的频率和具体细节。针对家长的调查，问卷问题可以涉及家长参与亲子活动、开放日、助教、志愿者等情况，家长日常和教师沟通、家园联系的情况，教师家访、约访的情况，以了解托育机构家长工作的开展情况及家长的共育诉求等。为使问卷确实能最大限度地收集评价信息,当问卷草拟之后,可做一个先行性测试,选择一个较小的范围发放问卷,根据问卷发放所反映的问题对问卷作必要的调整。

(三)访谈法

访谈是指为收集评价信息与评价对象或相关人员进行的面对面的谈话,是一种直接收集评价信息的方法。访谈既可以是一对一的个别访谈,也可以是若干人参加的集体座谈。针对托育园所家园共育的评价,访谈对象可以是家长和托育教师两类成员。

针对家长进行的访谈涉及多样的访谈形式。托育教师可以召开家长座谈会,了解家长心目中园所开展的行之有效的家园共育活动、家长委员会在活动中发挥的作用等。托育教师也可以组织一对一的家长约访,有针对性地交流婴幼儿在家园共育活动中的成长,园所的家园联系栏对科学育儿的帮助等。托育教师还可以走进婴幼儿家庭开展上门家访活动,通过观察婴幼儿生活环境和家庭教育情况评价园所家园共育成效,邀请家长对家园共育工作进行评价并把家长的意见和建议及时反馈给托育机构领导。对于一些工作较忙、托育教师接触机会较少的家长,教师可以通过电话、微信、QQ等灵活多样的形式与家长进行沟通,请家长对家园共育工作做出评价。

针对托育教师的访谈可召开教师座谈会、研讨会等,询问托育教师组织家长会、开展家访的频率,家园沟通的形式,亲子活动、家长开放日、经验交流会、育儿讲座等家园共育活动的组织内容,在家园共育活动中的收获等内容。

访谈采用的是面对面收集信息的方法,因此,对访谈者的交谈技巧和交往能力有一定要求。在访谈过程中,访谈者要与评价对象建立融洽的访谈氛围及友好的关系。访谈者也应掌握一些访谈技巧,要学会倾听并回应评价对象。在征得评价对象同意的情况下,可以录音并做好记录,访谈结束后及时整理、分析访谈情况,从而合理评价家园共育工作。

(四)档案袋评价法

档案袋评价法是一种通过查阅、整理有关评价内容已有资料来了解事实的方法。"档案袋"并不一定表现为一个具体的、真实的袋子,更多指的是一些实实在在的、与被评内容相关的、客观留存下来的档案,可能在一个袋子里,也可能不在袋子里。实际上,可以把档案袋中的信息理解为一种实物型资料,是一种已经存在的信息,而不像测量、观察、问卷等,需要通过评价者去实施某一直接指向被评者的活动,只要评价者去直接"拿""取"就可以了。

通过查看托育机构家园共育方面的档案资料评价家园共育情况,可以查阅的资料有以下四类:一是制度建设方面的文件,如家委会机构设置、家园各项制度章程、部门分工、管理机制;二是规划目标方面的资料,如家园计划和总结、召开家长委员会会议记录、实施过程性资料;三是各类活动记录,如托育机构组织开展的家长学校、专题讲座、经验交流会等培训活动记录、家长会记录、家长开放日活动记录、亲子活动过程性档案资料;四是各班幼儿家长联系登记册。

在利用查看档案袋评价法搜集评价信息时,评价者不能够简单地搜集大量与家园共育有关的各种档案,堆积档案,一定要注意搜集与档案有关的、能够说明档案意义和价值的信息。因此,评价信息搜集者应该在搜集档案信息的过程中,通过访谈、对话、观察、与其他档案的相互印证等方式,了解相关信息,并作相应的记录。

任务二　了解婴幼儿家园共育的评价工具

案例导入

神速的妈妈

解理辨析

神速的妈妈

对笑笑进行语言发展测评后,老师对笑笑和妈妈之间互动进行了评估,发现每当笑笑有需求时,笑笑妈妈回应神速,笑笑无需要表达就立刻被满足。笑笑妈妈说在家很少和孩子说话,也从未有过亲子阅读。老师和笑笑妈妈认真交流后,指出了笑笑妈妈在家庭教养中的问题:0～3岁是儿童语言发展的敏感期,要和孩子多交流。当孩子有需求时,家长不要马上回应孩子的需求,应结合具体情境鼓励孩子说出自己的需求,这样才有助于孩子的语言发展。看到这么专业的老师,笑笑妈妈决定把孩子送到早教中心,不仅孩子受益,家长也能学到更多专业的育儿知识。

[本案例来源于辽宁省沈阳市爱本真儿童之家(原东方爱婴),李云飞]

思考:你知道老师是如何看出笑笑和妈妈之间互动存在问题的吗?

任务要求

1. 了解婴幼儿家园共育中婴幼儿发展、照料者互动、家园沟通合作三方面的评价工具及测评内容。
2. 掌握不同的婴幼儿家园共育评价工具的评测方法,能够熟练使用工具进行测评。

本任务主要从婴幼儿发展评估工具、照料者互动评价工具、家园沟通合作评价工具三方面进行介绍。

一、婴幼儿发展评估工具

婴幼儿发展评估的工具主要包括课程、标准化测验量表、干预游戏三方面。

微课

高瞻课程儿童观察记录表

(一)高瞻课程儿童观察记录表

这里系统介绍高瞻课程儿童观察记录表,了解其实施过程,并重点强调高瞻课程的家园共育方面。

1. 高瞻课程与儿童观察记录系统

(1)高瞻课程模式的评估内涵

美国的教育干预学前教育项目高瞻课程(High Sccope)又被称为"高宽课程""海伊斯科普课程",提倡评估者在真实情境中以婴幼儿主动学习为价值取向,用计划—工作—回顾三部曲对学习方式与语言、书写与交流、社会与情感发展、身体发展与心理健康、艺术与科学五个领域共同提取出58个关键经验的教育内容进行观察与评估的课程模式。高瞻课程评估是形成性评估而非终结性评估,也是定量和定性相结合的评估体系[①]。

（2）高瞻儿童观察记录系统内容

美国高瞻儿童观察记录系统（Child Observation Record，简称 COR）是在真实情境中对婴幼儿进行观察和记录的儿童学习与发展评估工具，包括两个工具，即学前儿童观察记录（Preschool Child Observation Record，2.5～6 岁）和婴幼儿—学步儿观察记录（Infant and Toddler Child Observation Record，6 周～3 岁），由教师进行观察记录和评估并为 0～6 岁儿童提供综合、持续的发展性评估，有学者将高瞻课程评估系统认定为回归自然的儿童学习与发展评估[②]。高瞻儿童观察记录系统中对 6 周～3 岁的婴幼儿进行评估的评估工具即婴幼儿—学步儿观察记录，其维度是根据课程内容中 5 个领域 58 条关键发展性指标制定的，主要通过用轶事记录和儿童作品分析的方法搜集和记录婴幼儿成长的证据，并从自我意识、社会关系、创造性表征、运动、交流和语言、探索和早期逻辑 6 个类别和 28 个观察项目描述行为从简单到复杂的五个发展水平，从而对婴幼儿知识、能力、情感等方面进行全面评估。

（3）高瞻儿童观察记录系统使用注意事项

虽然婴幼儿养育理念与评估方法大部分是相通且不分国界的，但完全套用美国的高瞻课程儿童观察记录表作为中国婴幼儿发展评估的评估工具显然是不科学的。中国学前教育领域对高瞻课程理念、模式与评估的引用，大多局限于幼儿园一日生活活动、集中教育活动、区域活动等环节中，运用于 0～3 岁婴幼儿学习与发展评估的探索较少，婴幼儿—学步儿观察记录的使用尚待开发。因此，高瞻儿童观察记录系统本土化、年龄下沉使用的问题如何解决，值得学前教育专家以及工作者们的深思。

2. 高瞻课程评估实施

（1）高瞻课程评估实施环境

高瞻课程的评估实施过程建立在能为婴幼儿提供主动学习条件的环境之中。托育教师和家长要在不同的活动区中为婴幼儿提供他们感兴趣的材料，保证婴幼儿能自主选择材料进行探索和动手操作以完成认知的建构，并引发主动学习的欲望，实现从制订计划—观察婴幼儿活动—对婴幼儿进行评估—制订新的计划循环，在此循环中往复，提升环境支持者以及课程开发者的角色期待。

（2）高瞻课程评估实施步骤

"计划—工作—回顾"是高瞻课程流程的三部曲，比较适宜于 2～3 岁具有思考及言语能力的幼儿。"计划"时间（10～15 分钟）中，托育教师和家长应为婴幼儿提供一个表达想法的机会，尊重婴幼儿的主体性，在开展一日活动前鼓励并引导婴幼儿自主计划；"工作"时间（45～60 分钟）中，托育教师和家长应为婴幼儿提供一个将个人计划付诸实施的机会，提高对"工作"中婴幼儿的观察意识，强化过程性观察评估的效能；"回顾"时间（10～15 分钟）中，托育教师和家长应允许婴幼儿对已经经历或者已经实现的事情进行回顾，在下午重复上午做的事、在第二天重复第一天做的事，在回顾中养成婴幼儿良好的生活习惯，提高婴幼儿的重复学习能力，培养婴幼儿深度钻研的学习态度。

（3）高瞻课程评估实施方法

高瞻课程的评估强调在真实情境中对婴幼儿进行评估，因此评估实施方法分为三种：一为观察，即观察婴幼儿当下正在做的事情，形成一种互动中积极、亲眼所见的客观观察习惯；二为记录，是在观察的基础上，通过文字或者其他显性形式将真实发生的事情留存下来的信息采集过程，重要数据来源于轶事、儿童档案等；三为形成报告，即在观察的基础上记录轶事性档案资料，将它归类为某一观察项目，并坚持连续、周期地汇集记录，最终将婴幼儿不同领域的发展划分到对应的发展水平当中形成儿童发展总结，为家长准备家庭报告[③]。

① 王景芝,底会娟,王鑫.美国高宽课程中形成性评价的应用及其启示[J].河北大学学报(哲学社会科学版),2015,40(06):96-101.

② 刘昊.回归自然的幼儿评价:是什么、为什么、怎样做[J].学前教育,2019(05):4-8.

③ 霍力岩,孙蔷蔷.高宽课程模式的实施与评价[J].福建教育,2017(20):26-29.

3. 高瞻课程的家园共育

(1) 将家长发展为评估主体

高瞻课程中在运用《婴幼儿—学步儿观察记录量表》对婴幼儿进行评估时,需注重主体的多元化。除了托育教师、课程督导等直接与婴幼儿课程接触的教育工作者、行政人员可以作为评估者,对婴幼儿发展水平有影响作用的家长也可以进行高瞻课程评估,通过培训将其发展为评估主体,负责家庭中每日活动计划和定期家庭教育报告的填写。每日活动计划可包含时间、日期(星期)、发展领域、具体活动等要素,家庭教育报告以一定的时间周期如一周、一月进行撰写,可包含育儿目标及达成情况、未解决的问题及解决办法等要素。

(2) 激发家长参与评估的主动性

没有其他人会比家长更加了解婴幼儿。因此,家长是婴幼儿发展评估很好的合作者,通过家访、家长会、家庭教育讲座、家园合作培训等途径可以使家长意识到参与婴幼儿成长的重要性以及以评促健的有效性,从而激发家长参与评估的主动性[①]。

(二) 标准化测验量表在婴幼儿发展评估中的应用

1. 中国研发的儿童发育量表

《中国儿童发育量表》是由中国首都儿科研究所于 20 世纪 80 年代初自主研发的适用于 0～6 岁儿童的本土化的标准化量表,用于综合评估儿童发育水平、监测儿童发育是否异常及发展是否均衡。随后,首都儿科研究所对《中国儿童发育量表》进行了修订,修订后的量表包括粗大动作、手的精细动作、适应能力、语言、社会行为 5 个子量表[②]。中国香港协康会也于 2005 年编制修订完成并运用《儿童发展评估表(修订版)》,这是一套用于对 0～6 岁儿童进行综合性评估的工具,包括六个范畴的评估内容,分别是大肌肉、小肌肉、自理、认知、语言、社交与情绪[③]。《中国 0～3 岁儿童心理发展量表》由金会庆等人编制而成,适用于 0～3 岁婴幼儿,包含运动、言语和社会适应行为三个分量表,共 238 个项目[④]。以上 3 种量表是我国为数不多自主研发且适合现代儿童的信效度良好的量表。

2. 《贝利婴幼儿发展量表》

《贝利婴幼儿发展量表》(Bayley Scales of Infant Development, BSID)是美国加州伯克利婴幼儿发育研究所的儿童心理学家贝利(Bayley)于 1969 年编制的,主要用于筛查较正常发育标准滞后的儿童,并为早期干预计划的制订提供依据。目前最新一版是第三版贝利量表(BSID-Ⅲ),于 2006 年修订完成,由认知量表、语言量表和动作量表三个执行量表构成,还包括社会性情绪量表和适应性行为量表,适用年龄范围为 0～42 月龄的婴幼儿。国内研究者使用较多的是在 BSID-Ⅱ 的基础上修订的城市版贝利量表,即 BSID-C,目前我国尚未引进和修订 BSID-Ⅲ[⑤]。

(三) 干预游戏在婴幼儿发展评估中的应用

干预游戏的评估工具的特点是基于游戏情境,全方面、综合评估儿童。目前,干预游戏在婴幼儿发展评估中的应用主要以美国"以游戏为基础的跨学科评估法"(Transdisciplinary Play-Based Assessment, TPBA)以及儿童早期游戏评估系统为代表性评估工具。TPBA 适用于 0～6 岁儿童,通过让儿童置身于由成人引导者(主试)、家长以及一个或多个儿童共同参与的结构性或非结构性游戏情境中,观察及评估儿童的认知、社会与情感、交流与语言及感知运动领域的发展。儿童早期游戏评估系

① 黄爽."绿色学前教育"如何评估儿童发展——来自高宽课程 COR 评估工具的启示[J].中国教师,2013(11):25-27.
② 刘婷,华诗涵,王兴华,等.0～3 岁婴幼儿语言发展评估工具分析与启示[J].幼儿教育,2018(12):42-48.
③ 李晓巍,魏晓宇,解婧,等.0～3 岁婴幼儿情绪发展评估工具的分析与启示[J].幼儿教育,2018(Z3):15-20.
④ 董燕.我国儿童发育量表研究进展及建议[J].现代特殊教育,2016(22):27-30.
⑤ 王兴华,王智莹,朱瑞玲,等.0～3 岁婴幼儿认知发展评估工具的分析与启示[J].幼儿教育,2018(Z3):8-14.

统适用于 19～52 月龄的婴幼儿,该系统在一间分主题布置玩具的游戏室内引出儿童自发游戏,并对儿童游戏行为进行分次评估[①]。

二、照料者互动评价工具

在照料者互动评价工具中,通常将婴幼儿家长或托育教师作为婴幼儿照料者,对他们与婴幼儿的互动进行评价,可分为亲子互动问卷和亲子互动量表两种形式。

(一) 亲子互动问卷

1. 问卷内容

亲子互动问卷又叫 BPCIS(the Brigance Parent-Child Interactions Scale)量表,是一份家长自陈式问卷。量表是由研究者格拉斯科(Frances Page Glascoe)在 2002 年为监测亲子互动问题从而给予适当指导并研发的。

2. 评测方法

亲子互动问卷共 18 道题项(见二维码),包括 13 项正向题、5 项反向题,均为自陈式三等级量表,即每一题目的答案有三个等级,选项分为"1＝很少""2＝有时""3＝经常",其中第 6、10、13、15、17 题为反向计分,最后计入总分,得分越高表示亲子互动质量越好。据 Glascoe 的研究,受试家庭可将此量表得分结果与标准化了的风险性和韧性因素进行比对,查看亲子互动水平。所谓风险性因素是指不良的亲子互动导致的会阻碍幼儿发展的因素,而韧性因素表示积极的亲子互动所带来的良性影响。两个指标如下:

① 风险性指标:所有题项的填答少于两个积极选项,且/或题项 3、13 和 15 填答"经常"或"有时"的填答多于或等于两个。

② 心理韧性指标:题目 1、4、5、8、12 和 16 若有两个或两个以上回答"经常/有时"且题目 17 回答"很少"。

(二) 亲子互动量表

1. 量表内容

亲子互动量表又叫 PCI(Parent-Child Interaction Scales,PCI Scales)量表,此量表由巴纳德(Barnard)、萨姆纳(Sumner)等人编制修订,分为教育量表(Teaching Scales)和喂养量表(Feeding Scales),量表中文版由美国华盛顿大学护理学院、妇幼健康研究会和首都儿科研究所于 2018 年共同编译而成。教育量表共 73 项,适用于 0～3 岁婴幼儿。喂养量表共 76 项,适用于 0～1 岁的婴儿,均采用"是/否"二分计分法。两个量表都有 6 个子量表,分别是对儿童信号的敏感性、对儿童不安的回应、社会——情绪发展培养、认知发展培养、儿童信号的清晰性和对照护者的回应(见二维码)。

2. 评测方法

亲子互动量表的评测方法是先用摄像机拍摄一段 3～5 分钟的家长教婴幼儿做小游戏(教育量表评测,适用于 0～3 岁的婴幼儿)或给婴幼儿喂食(喂养量表评测,适用于 0～1 岁的婴儿)的视频。而后,经过训练的专业人员通过观察视频中双方的行为、表情、语言等判断双方是否在每个项目上得分,"是"得 1 分,"否"得 0 分,最后分别计算喂养量表和教育量表总分,分数越高亲子互动质量越好。

---

① 王兴华,王智莹,朱瑞玲,等.0～3 岁婴幼儿认知发展评估工具的分析与启示[J].幼儿教育,2018(Z3):8-14.

（三）课堂互动评估系统 CLASS

CLASS 是基于互动的教学的理论框架研制的师幼互动质量评估工具,核心思想是捕捉班级师幼互动过程中的互动主体的反应性特征,即成人对儿童做出的即时、符合当时情境的恰当反应。CLASS 为 7 点制评分量表,其中 1～2 为低分段,3～5 为中分段,6～7 为高分段。近年来,CLASS 量表及其相关理论在近 40 个国家得到推广。研究发现,CLASS 托育机构版在中国同样具有较好的信效度及本土适用性。针对托幼机构师幼互动质量的测量,可使用 CLASS 的婴儿版和学步儿版两个版本。

1. CLASS 婴儿版(CLASS Infant)

CLASS 婴儿版量表仅有一个领域,即回应性照料。该领域指教师如何与婴儿发展温暖、愉悦和尊重的关系,意识到并响应婴儿的需求,帮助婴儿参与学习和探索,并促进婴儿早期语言的发展。CLASS 婴儿版包含关系氛围、教师敏感性、促进探索和早期语言支持 4 个维度,其中,关系氛围指教师与婴儿间的情感性或情绪性的互动与关系,以及婴儿对互动的回应;教师敏感性指教师对婴儿的语言和非语言线索的察觉和响应;促进探索指教师在日常照料和游戏时与婴儿的互动,教师应通过有效的互动支持婴幼儿对学习活动的参与并促进其经验发展;早期语言支持指教师对婴儿进行语言刺激的积极性,以及促进婴儿早期语言发展所使用的技巧的有效性[①]。

2. CLASS 学步儿版(CLASS Toddler)

（1）量表内容

CLASS 学步儿版 (Classroom Assessment Scoring System：Toddler Version,简称 CLASS Toddler)包含 2 个领域和 8 个维度。第一个领域为情感和行为支持,包括积极氛围、消极氛围、教师敏感性、关注儿童的观点和行为指导 5 个维度。第二个领域为学习参与支持,包括促进学习与发展、反馈质量和语言支持 3 个维度。各维度包括若干条指标,各指标下又有若干个观测点（行为标记）（见二维码）。

CLASS 学步儿版内容

（2）评测方法

CLASS 采用李克特 7 点评分方式,其中 1～2 分代表"低水平",3～5 分代表"中等水平",6～7 分代表"高水平"。通常以 20 分钟为一个观察周期,观察者应基于在每个观察周期内观察到的人际互动与个体行为的范围、频率、意图和语气等,关注行为标记的表现,结合指标水平,综合推论得出每一维度的得分。最后计分时,"消极氛围"需要进行反向计分,各领域得分为领域内各维度得分的均值。

三、家园沟通合作评价工具

了解婴幼儿家园沟通合作的评价工具并掌握婴幼儿家园沟通合作评价工具的评价流程和评价方法。

（一）《婴幼儿学习环境评量表》(ITERS-R)

《婴幼儿学习环境评量表》(ITERS-R)是国际上应用最为广泛的婴幼儿学习环境评价工具之一,ITERS-R 沿用了"环境"的广义界定,包括空间的组织、互动、活动、作息安排,以及为家长和教师提供的设置。本量表由七个子量表构成,其中"家长与教师"子量表是婴幼儿家园沟通合作的评价工具,对此量表的介绍将从量表中的家园沟通合作评价内容与评测方法两方面展开。

1. 问卷内容

《婴幼儿托育环境评量表》(ITERS-R)由美国北卡罗来纳大学教堂山分校 FPG 儿童发展研究所西

① 罗丽,刘昊. 美国 0～3 岁婴幼儿托育服务机构质量评估中的 CLASS：内容、特点与应用[J]. 外国中小学教育,2018(10)：45-54.

尔塔·哈姆斯(Thelma Harms)等人开发,是国际上应用最为广泛的婴幼儿学习环境评价工具之一。该量表是环境评分量表系列的一部分,在早期学前教育环境评估量表(ECERS-R)的基础上根据0～3岁婴幼儿身心发展特点与需求改编而成,适宜对0～3岁婴幼儿所处托育园所的教育环境进行观察评价。ITERS-R量表包含空间与设施、个人日常照料、聆听与说话、活动、互动、课程结构、家长与教师七个子量表,共计39个评价项目。其中家长与教师子量表可以对托育机构中家园沟通合作进行评价,家长与教师子量表包括家长支援、教师个人支持支援、教师专业需要支援、教师的互动与合作、教师连续性、教师督导与评价、专业发展机会7个项目(见二维码)。ITERS-R量表在我国的应用研究显示,其在我国托育机构质量评价中具有的一定适宜性,但部分指标也存在文化上的不适宜性和评价的现实困境。

> 知识拓展
>
> 《婴儿学习环境
> 评量表》子量表
> 家长与教师内容

2.评测方法

量表为每次用于一个班或一个小组而设,主要采用李克特7级评分方式:1分指标代表"不足",3分指标代表"最低标准",5分指标代表"良好",7分指标代表"优良"。最后计算子量表家长与教师总分时,分数越高,代表家园沟通合作质量越好。

(二)美国幼教协会评价标准

美国幼教协会(简称NAEYC)是当前美国最权威的集教育、培训、管理、科研等为一体的综合性民间机构,也是美国最大的0～8岁婴幼儿教育服务机构。为指导教育工作者对婴幼儿实施正确的学前教育,NAEYC制定了一系列高质量婴幼儿托育机构的标准、教师资格标准和课程标准。

1.NAEYC《高质量托育机构质量认证标准》

NAEYC制定的《高质量托育机构质量认证标准》可用于评估0～6岁学前教育机构质量,该标准明确了什么样的0～3岁托育机构才是高质量机构,同时还能帮助0～3岁教育工作者提高教育质量。该标准认为,高质量学前教育机构该满足所有进入机构的婴幼儿及成人(包括家长、教师与管理人员)的身体、认知、情绪和社会性发展的需要,使婴幼儿成为健康、聪明和做出贡献的社会成员。

《高质量托育机构质量认证标准》包括10个方面的内容:教师与婴幼儿的互动、课程、教师和家长的交流、教师资格及其发展、管理、人员配置、物质环境、健康和安全、营养和膳食、评价。每方面都包括目的、理论依据及具体评价指标,总标准下又分为4个年龄段(0岁、1～2岁、3～5岁、6岁)的具体标准。其中着重介绍家园沟通合作的评价标准。

(1)家长工作评价标准

① 通过家长工作了解婴幼儿的各种信息。教师运用各种方法从家庭了解家庭结构、文化、宗教、经济情况、婴幼儿兴趣、发展需要等信息,使用方式包括教师参与婴幼儿家庭的社区活动、拜访婴幼儿家庭、根据家庭相关信息调整教学内容与方式等;同时,教师还通过小组会议、个人谈话、问卷等多种方式与家长交流教学理念、课程目标;与家长交流托育机构中婴幼儿的相关信息、交流教师自身增长的知识和技能等;家长有参与和领导家长委员会的机会;家长有彼此认识的机会;教师会邀请家长共同策划活动。

② 教师与家长交流的方式与内容。教师使用家庭能够理解的语言进行交流,如有必要可以请翻译人员。与家长交流托育机构的政策、运行程序等;与家长沟通评估结果,说明婴幼儿的进步;有婴幼儿被评估出异常时,应该及时、保密地与家长沟通。教师与家长每周至少交流一次,分享婴幼儿活动的时间表、照护信息和影响婴幼儿幸福快乐的其他因素。

③ 鼓励家长关注参与决策。帮助家长建立与其他托育机构的联系,鼓励家长参与到婴幼儿活动计划中来,与教师一起达成一致的方案,并运用到教学中。教师鼓励家长对婴幼儿需要的服务做主要决策者。在获得家长书面同意时,托育机构同其他幼儿园分享婴幼儿的信息,帮助家长与当地幼儿园建立联系。为了使婴幼儿在机构和幼儿园之间良好过渡,教师为家长提供进入其他学校和参

与日常活动的信息。

（2）社区资源评价标准

① 帮助有社区服务需要的家长和婴幼儿机构与代理处、社区相关组织建立伙伴关系，教师对能够提供服务和专业支持的人员非常熟悉，专业咨询人员可以帮助婴幼儿和家长充分参与项目，包括残疾的婴幼儿、具有挑战性行为的婴幼儿、有特殊需要的婴幼儿。教师将需要社区服务的家庭的需要记录下来，尽可能收集家庭信息，以便其获得最大限度的支持。教师和家长一起联系社区资源，社区专业人士与家长、教师相互交流，为婴幼儿提供持续的服务与规划，直到达到满意的结果。

② 托育机构和教师利用社区资源增加婴幼儿及家庭的相关经验，如机构与社区联合主办文化活动，邀请社区内表演人员、博物馆工作人员、艺术家、社区居民与婴幼儿分享他们的兴趣及才能；教师联系使用郊区、城市、农村、部落的相关资源；教师将自己的社区知识尽量融合在课程中。

③ 鼓励教师参与专业学会，鼓励机构员工参与社区主办的活动；参与与其他机构合办的培训；参与社区和全州的跨机构联合委员会。机构的领导定期与相邻机构交流，根据彼此的实际情况及兴趣，相互合作。机构的领导有能力根据当地、州、种族或国家的水平修改机构政策，以使服务和资源更适合婴幼儿及其家庭。

2. NAEYC 教师资格标准

NAEYC 早期儿童教育教师专业标准自 1982 年开始算起共有 7 个版本，以 2010 年最新标准为例，全美幼儿教育协会将早期儿童教师的专业能力划分为 7 大标准，其中标准 1 为促进儿童的发展和学习，标准 2 为构建家庭和社区的关系，标准 3 为通过观察、记录和评估为幼儿及其家庭提供支持，标准 4 为运用发展的、有效的方法与儿童和家长建立联系，标准 5 为使用内容知识构建有意义的课程，标准 6 为成为一名专业人士，标准 7 为有关早期儿童教育的实地实习，每个标准包括三到五项关键能力，这些关键能力分解了每个标准的主要内容，突出了早期儿童教师需要知道、理解和能够做到的事情，与每项关键能力相关的支持性解释描述了"准教师"如何展示该能力。下面对有关家园沟通合作方面的标准 2、标准 3 及标准 4 进行详细介绍。

（1）NAEYC 标准 2：构建家庭和社区的关系

教师需要了解到成功的婴幼儿教育依赖于与家庭和社区的良好关系。他们需要了解、理解并重视家庭和社区对婴幼儿的重要性及其复杂的特点，基于以上创建支持性的、相互尊重的交往关系，尽力使所有家庭都能有机会参与到婴幼儿的发展和学习中。

（2）NAEYC 标准 3：通过观察、记录和评估为幼儿及其家庭提供支持

教师需要了解对于婴幼儿的观察、建档和其他形式的评价在所有婴幼儿教育专业人员介绍培训中处于中心位置。知道并理解评价的目标、价值及具体应用。在了解的同时采取负责的方式，进行系统的观察、记录和其他有效的评价策略，并与婴幼儿的家庭和其他婴幼儿职业从业者建立合作关系，为每个婴幼儿的发展带来积极影响。

（3）NAEYC 标准 4：运用发展的、有效的方法与儿童和家长建立联系

教师需要了解对婴幼儿的教育是一项复杂的事业，这要根据婴幼儿的年龄、特点以及课堂上的偶发事件来进行细节上的改变。他们应该理解并运用良好的人际关系和交互性的支持作为其与婴幼儿和家长进行工作的基础。

模块小结

本模块我们认识了婴幼儿家园共育中的评价，从婴幼儿家园共育评价的内容与方法、婴幼儿家园共育评价工具以及家园沟通合作评价工具三个方面展开。任务一将婴幼儿家园共育评价的内容与方

法分为两大部分,三大评估内容为婴幼儿发展评估、照料者互动评价、家园沟通合作评价,四大评价方法为观察法、问卷调查法、访谈法、查看档案袋资料法。任务二带领我们认识了婴幼儿发展评价工具、照料者互动评价工具和家园沟通合作评价工具。

思考与练习

一、选择题

(一) 单项选择题

1. 以下哪项为婴幼儿照护者?(　　　)
A. 婴幼儿家长和托育教师　　　　　　　　B. 婴幼儿家长
C. 育婴师　　　　　　　　　　　　　　　D. 婴幼儿祖父母
E. 托育教师

2. 哪一项是最直接的家园共育评价方式?(　　　)
A. 访谈　　　　B. 观察　　　　C. 问卷调查　　　　D. 实验
E. 测试

3. 婴幼儿家园沟通问卷调查是一种通过(　　　)来获取信息资料的方式。
A. 书面提问　　　　B. 问答　　　　C. 观察　　　　D. 实验
E. 测试

4. 以下哪项为我国本土化婴幼儿发展量表?(　　　)
A.《中国儿童发育量表》　　　　　　　　B.《贝利婴幼儿发展量表》
C. "以游戏为基础的跨学科评价法"　　　D.《婴幼儿—学步儿观察记录量表》
E.《CLASS 学步儿版》

5. 针对托幼机构师幼互动质量的测量,CLASS 包含(　　　)版本。
A. 婴幼儿家长版和教师版　　　　　　　　B. 婴儿版和学步儿版
C. 婴儿版　　　　　　　　　　　　　　　D. 学步儿版
E. 婴幼儿机构版

(二) 多项选择题

1. 婴幼儿发展评估的原则包括(　　　)。
A. 科学性原则　　　B. 全面性原则　　　C. 文化敏感性原则　　　D. 真实性原则
E. 认知发展原则

2. 婴幼儿发展评估的内容包括(　　　)。
A. 婴幼儿认知发展评估　　　　　　　　　B. 婴幼儿身体运动和健康发展评估
C. 婴幼儿情绪发展评估　　　　　　　　　D. 婴幼儿语言发展评估
E. 婴幼儿社会性发展评估

3. 婴幼儿家园沟通合作的主要评价方法为(　　　)。
A. 观察法　　　　　　　　　　　　　　　B. 问卷调查法
C. 访谈法　　　　　　　　　　　　　　　D. 档案袋评价法
E. 实验法

4. CLASS 婴儿版回应性照料包括(　　　)。
A. 关系氛围　　　B. 教师敏感性　　　C. 促进探索　　　D. 早期语言支持
E. 亲切关怀

5. NAEYC早期儿童教育教师专业标准有关家园沟通合作方面的内容包括(　　　　)。

    A. 构建家庭和社区的关系

    B. 通过观察、记录和评估为幼儿及其家庭提供支持

    C. 运用发展的、有效的方法与儿童和家长建立联系

    D. 尽可能的收集家庭所得信息

    E. 与家长交朋友

二、判断题

1. 婴幼儿心理特点与行为表现相互关联。　　　　　　　　　　　　　　　　　　　(　　)

2. 以亲子互动评价为了解婴幼儿发展状况的途径,实现在早期高质量的家庭互动体验中推进婴幼儿认知、语言、社会性等全面发展,对促进婴幼儿健康成长具有积极的意义。(　　)

3.《中国儿童发育量表》是由中国首都儿科研究所于20世纪70年代初自主研发的适用于0~6岁儿童的本土化的标准化量表。(　　)

三、简答题

1. 简述美国NAEYC的三项家长工作评价标准。

2. 简述婴幼儿发展评估所遵循的原则。

3. 简述婴幼儿家园共育的评价方法。

四、实训任务

1. 预约参观一所托育园所,了解其托育教师是如何进行家托沟通的。

2. 预约参观一所托育园所,了解其托育教师会如何对婴幼儿的发展水平进行测评。

参 考 文 献

［1］马忠虎.家校合作［M］.北京：教育科学出版社，1999.

［2］教育部.中华人民共和国家庭教育促进法［EB/OL］.（2021-10-23）［2024-01-03］.http://www.moe.gov.cn/jyb_sjzl/sjzl_zcfg/zcfg_qtxgfl/202110/t20211025_574749.html.

［3］郭文英.架起家园共育的彩虹桥［M］.北京：北京师范大学出版社，2009.

［4］教育部.教育部等九部门关于印发《"十四五"学前教育发展提升行动计划》和《"十四五"县域普通高中发展提升行动计划》的通知［EB/OL］.（2021-12-14）［2024-1-3］.http://www.moe.gov.cn/srcsite/A06/s7053/202112/t20211216_587718.html.

［5］基础教育教学研究课题组.幼儿园家园共育指导［M］.北京：高等教育出版社，2014.

［6］刘晓东.儿童精神哲学［M］.南京：南京师范大学出版社，1999.

［7］Gestwicki Carol. Home, School and Community Relations: A Guide to Working with Parents(2th ed)［M］. New York: Delmar Publishers，1997.

［8］康璐昕.日本学前儿童托育服务体系研究［D］.延吉：延边大学，2020.

［9］内阁府子ども・子育て本部.子ども・子育て支援新制度について［EB/OL］.（2022-11-12）［2024-1-3］.https://www.cao.go.jp/consumer/iinkai/2014/172/doc/140930_shiryou5_1.pdf.

［10］保育所保育指針概要［EB/OL］.（2021-7-5）［2024-1-3］.https://www.mhlw.go.jp/content/12401000/000800750.pdf.

［11］人民网.人民来论：托育机构需要标准化"托底"［EB/OL］.（2023-11-10）［2024-04-05］.http://opinion.people.com.cn/n1/2023/1110/c431649-40115513.html.

［12］人民网.托育机构监控录像资料保存期不少于90天［EB/OL］.（2024-04-02）［2024-04-05］.http://society.people.com.cn/n1/2024/0402/c1008-40208052.html.

［13］南京市人民政府.市政府关于批转市人口计生委《南京市0～3岁婴幼儿保育机构设置管理暂行办法》的通知［EB/OL］.（2014-07-12）［2024-02-07］.https://www.nanjing.gov.cn/zdgk/201408/t20140801_1056248.html.

［14］洪秀敏.高质量托育服务亟须高素质人才队伍建设［N］.人民政协报，2022-04-13(10).

［15］成丽媛，李佳，李海霞，等.美国幼儿教师资格及其认证方式简介［J］.学前教育研究，2007(12)：45-49.

［16］朱宗顺.美国幼儿教师教育的普通知识标准［J］.学前教育研究，2006(09)：54-56.

［17］王晓岚，丁邦平.美国学前教育师资培养的方式、特点及其启示［J］.学前教育研究，2010(10)：49-54.

［18］姜勇，严婧，徐利智.国际学前教师教育政策研究［M］.上海：华东师范大学出版社，2012.

［19］姚文峰.美国INTASC新教师资格标准及其认证制度［J］.新课程研究（教育管理），2007(05)：58-61.

［20］陈志敏.美国伊利诺伊州初任教师专业标准及启示［J］.中小学校长，2011(02)：65-68.

［21］秦旭芳，朱琳.我国托育师资职业素养评价指标构建及保障［J］.现代教育管理，2023(03)：68-79.

［22］叶平枝，丘苑，周苑妤.托育机构教师核心素养评价指标体系的构建［J］.教育发展研究，2022,42(02)：36-46.

［23］中国政府网.国家卫生健康委办公厅关于印发托育机构负责人培训大纲(试行)和托育机构保育人员培训大纲(试行)的通知［EB/OL］.（2021-08-23）［2024-02-13］.http://www.nhc.gov.cn/rkjcyjtfzs/s7786/202108/92e9dba86aff41ac82bdc1fcf09eb13c.shtml.

［24］刘金华.托育机构家园共育工作的研究与思考［J］.早期教育，2021(01)：9-11.

［25］李洪曾.家庭教育指导的目的、任务、性质与渠道［J］.山东教育（幼教刊），2004(Z3)：4-5.

［26］何婧.0～3岁婴幼儿父母的养育压力类型及其养育指导需求——基于潜在剖面分析的结果［J］.陕西学前师范学院学报，2023,39(06)：1-11.

［27］杨菊华.论政府在托育服务体系供给侧改革中的职能定位［J］.国家行政学院学报，2018(03)：89-96+155.

[28] 范伟,祁占勇,李清煜.家庭教育指导服务模式:国际经验与启示[N].中国社会科学报,2022-5-6(a).

[29] 罗耀先.家庭实施版:蒙台梭利早教真经[M].北京:中国人口出版社,2014.

[30] 陈云.蒙台梭利家庭教育思想对0~3岁婴幼儿发展的应用研究[J].文教资料,2021(34):102-105.

[31] 张贵勇.真正的陪伴——爸爸教育孩子的9个关键词[M].北京:中央编译出版社,2014.

[32] [德]邬里希·戴克迈.你的3岁孩子[M].姬健梅,译.南京:南京师范大学出版社,2012.

[33] 林玟莹.爱孩子就是好好说话[M].北京:机械工业出版社,2017.

[34] 杨娜.亲子沟通的正确姿势[M].北京:中国纺织出版社,2021.

[35] 冯夏婷.幼儿问题行为的识别与应对——给家长的心理学建议(第二版)[M].北京:中国轻工业出版社,2018.

[36] 张修兵.NLP亲子智慧[M].北京:清华大学出版社,2014.

[37] 陶志琼.成就智慧父母的11个绝招[M].北京:中国轻工业出版社,2012.

[38] 苑媛,张志强.做温暖的父母——理解孩子的心理语言[M].北京:北京师范大学出版社,2014.

[39] 陈云.社区开展0~3岁婴幼儿家庭教育指导的现状、问题和对策——基于南京市的调查研究[J].南京开放大学学报,2023(01):35-41.

[40] 杨菊华.论3岁以下婴幼儿社会化托育服务中的"五W服务"[J].福建论坛(人文社会科学版),2020(01):167-177.

[41] 赵梦星,夏全惠.0~3岁婴幼儿情绪的发展特点及培养策略[J].长春教育学院学报,2018,34(04):18-21.

[42] 何慧华,曹未蔚,于真.美国入户指导形式的家庭早期教养支持项目分析及其借鉴[J].学前教育研究,2017(08):46-55.

[43] 华爱华,黄琼.托幼机构0~3岁婴幼儿教养活动的实践与研究[M].上海:上海科技教育出版社,2006.

[44] 许晓慧.幼儿园托幼衔接工作优化路径研究[J].教育观察,2020,9(44):127-129.

[45] 袁家懿.大班科学游戏活动中教师指导幼儿同伴互动的行动研究[D].金华:浙江师范大学,2023.

[46] 王景芝,高乐甜.新时代托幼双向衔接模式的内涵、价值、构建条件与发展路径[J].教育与教学研究,2022,36(09):97-107.

[47] 祝陶然.绘本主题人物影响小班婴幼儿生活习惯养成的行动研究[D].大理:大理大学,2020.

[48] 黄镠颖.0~3岁婴幼儿社区托幼服务的需求研究[D].马鞍山:安徽工业大学,2021.

[49] 高洁,方征.评价、评估、考核、监测:教育评价若干同位概念辨析及启示[J].教育发展研究,2022,42(19):75-84.

[50] 童连.0~6岁儿童心理行为发展评估[M].上海:复旦大学出版社,2017.

[51] 霍力岩,潘月娟,黄爽,等.学前教育评价(第3版)[M].北京:北京师范大学出版社,2015.

[52] 鄢超云.学前教育评价[M].北京:高等教育出版社,2010.

[53] 王兴华,王智莹,朱瑞玲,等.0~3岁婴幼儿认知发展评估工具的分析与启示[J].幼儿教育,2018(Z3):8-14.

[54] 刘馨,钟桂英,王兴华,等.0~3岁婴幼儿动作发展评估工具的分析与启示[J].幼儿教育,2017(36):11-17.

[55] 李晓巍,魏晓宇,解婧,等.0~3岁婴幼儿情绪发展评估工具的分析与启示[J].幼儿教育,2018(Z3):15-20.

[56] 刘婷,华诗涵,王兴华,等.0~3岁婴幼儿语言发展评估工具分析与启示[J].幼儿教育,2018(12):42-48.

[57] 洪秀敏,姜丽云,李晓巍.0~3岁婴幼儿社会性发展评估工具的分析与启示[J].幼儿教育,2017(36):18-23.

[58] 王忠民.幼儿教育辞典[M].北京:中国大百科全书出版社,2004.

[59] 教育部关于印发《幼儿园保育教育质量评估指南》的通知[J].中华人民共和国教育部公报,2022(Z2):18-26.

[60] 宋丹花.0~3岁婴幼儿共同养育家庭的亲子互动与祖孙互动比较研究[D].金华:浙江师范大学,2022.

[61] 秦旭芳.0~3岁亲子教育活动指导与设计(第二版)[M].北京:中国人民大学出版社,2021.

[62] 王景芝,底会娟,王鑫.美国高宽课程中形成性评价的应用及其启示[J].河北大学学报(哲学社会科学版),2015,40(06):96-101.

[63] 刘昊.回归自然的幼儿评价:是什么、为什么、怎样做[J].学前教育,2019(05):4-8.

[64] 霍力岩,孙蔷蔷.高宽课程模式的实施与评价[J].福建教育,2017(20):26-29.

[65] 黄爽."绿色学前教育"如何评估儿童发展——来自高宽课程COR评估工具的启示[J].中国教师,2013(11):25-27.

[66] 董燕.我国儿童发育量表研究进展及建议[J].现代特殊教育,2016(22):27-30.

[67] 罗丽,刘昊.美国0~3岁婴幼儿托育服务机构质量评估中的CLASS:内容、特点与应用[J].外国中小学教育,2018(10):45-54.

图书在版编目(CIP)数据

婴幼儿家园共育/秦旭芳,肖文主编.--上海:
复旦大学出版社,2024.8. -- ISBN 978-7-309-17538-7

Ⅰ.G616

中国国家版本馆 CIP 数据核字第 2024WZ7500 号

婴幼儿家园共育

秦旭芳　肖　文　主编

责任编辑/夏梦雪

复旦大学出版社有限公司出版发行

上海市国权路 579 号　邮编:200433

网址:fupnet@ fudanpress. com　http://www. fudanpress. com
门市零售:86-21-65102580　　团体订购:86-21-65104505
出版部电话:86-21-65642845
上海丽佳制版印刷有限公司

开本 890 毫米×1240 毫米　1/16　印张 10.25　字数 296 千字
2024 年 8 月第 1 版第 1 次印刷

ISBN 978-7-309-17538-7/G · 2611
定价:42.00 元